PALAVRAS COMO BALAS

Imprensa e intelectuais antifascistas no Cone Sul (1933-1939)

CONSELHO EDITORIAL
Ana Paula Torres Megiani
Eunice Ostrensky
Haroldo Ceravolo Sereza
Joana Monteleone
Maria Luiza Ferreira de Oliveira
Ruy Braga

PALAVRAS COMO BALAS

Imprensa e intelectuais antifascistas no Cone Sul (1933-1939)

Ângela Meirelles de Oliveira

Copyright © 2015 Ângela Meirelles de Oliveira

Grafia atualizada segundo o Acordo Ortográfico da Língua Portuguesa de 1990, que entrou em vigor no Brasil em 2009.

Edição: Joana Monteleone/Haroldo Ceravolo Sereza
Editor assistente: Camila Hama
Projeto gráfico e diagramação: Camila Hama
Assistente acadêmica: Bruna Marques
Revisão: Julia Barreto
Capa: Gabriel Siqueira
Assistente de produção: Jean Ricardo Freitas

Imagem da capa: Los intelectuales están de pie – RED – Movimiento (Montevidéu, jul. 1935)
Arquivo Edgard Leuenroth – Unicamp

Esta edição contou com o apoio da Fapesp

CIP-BRASIL. CATALOGAÇÃO-NA-FONTE
SINDICATO NACIONAL DOS EDITORES DE LIVROS, RJ

O46p

Oliveira, Ângela Meirelles de
PALAVRAS COMO BALAS : IMPRENSA E INTELECTUAIS ANTI-FASCISTAS NO CONE SUL (1933-1939)
Ângela Meirelles de Oliveira. – 1. ed.
São Paulo : Alameda, 2015.
300p. : il. ; 23 cm.

Inclui bibliografia e índice
ISBN 978-85-7939-338-9

1. Cone Sul - História. 2. Movimentos antifascistas - América Latina - História. 3. América Latina - Política e governo. 4. Imprensa - América Latina - História. I. Título.

15-25026   CDD: 327.8
                     CDU: 327(8)

ALAMEDA CASA EDITORIAL
Rua Treze de Maio, 353 – Bela Vista
cep 01327-000 – São Paulo – sp
Tel. (11) 3012-2403
www.alamedaeditorial.com.br

Aos antifascistas de ontem e de hoje

Ao Elie e ao Martim

À memória de Gil Meirelles

Las fronteras, en general, son muy interesantes desde el punto de vista de los nacionalismos. Los estadistas deberían hacer experimentos sociales en las zonas fronterizas. Una estada de pocos años en las fronteras múltiples de las naciones del mundo haría mucho bien a los hombres de Estado. Quizás, así, los comunistas serían menos comunistas y los fascistas menos fascistas. Y los hombres más hombres.
Dice que cuando se viaja por el extranjero, se vuelve uno más patriota. Me parece que no es esto verdad. Cuando se viaja por el extranjero se vuelve uno menos patriota. A quien no lo crea, le aconsejo que cruce LEALMENTE todas las fronteras. Pero lealmente.

Cesar Vallejo, Trujillo, 14/11/1926.

SUMÁRIO

Prefácio 13

Introdução 17

Parte I – Associações, imprensa e intelectuais na luta antifascista 49

Apresentação 51

Capítulo 1 – O antifascismo como experiência associativa no Cone Sul 53

A intelectualidade brasileira contra o fascismo: entre o sectarismo e a repressão 54

A luta antifascista em disputa 54

Os intelectuais da ANL: povo, política e cultura 59

A luta antifascista na imprensa: da militância nas sombras ao pan-americanismo 68

Os intelectuais antifascistas nos países do Prata: convergências 76

As AIAPEs do Prata: mediações internacionais e soluções locais 78

Os intelectuais aiapeanos na luta antifascista: debates e ações 86

A unidade quebrada: vozes dissonantes 96

CAPÍTULO 2 – A IMPRENSA E A LUTA ANTIFASCISTA 101
A centralidade da imprensa na luta contra o fascismo 101
Apresentação dos periódicos antifascistas 103
A imprensa desmascarando o fascismo 111
A imprensa e o ideal de "defesa da cultura" 115
Preservar ou transformar: por que a cultura deveria ser defendida? 119
Nacional x internacional: qual cultura? 123
As ações em "defesa da cultura" 133

PARTE II – CIRCULAÇÃO DE IDEIAS E DE INTELECTUAIS ANTIFASCISTAS 143

Apresentação 145

CAPÍTULO 3 – INTERCÂMBIOS POR MEIO DA IMPRENSA 147
A circulação da imprensa antifascista 147
Diálogos impressos: Argentina, Uruguai e França 157
Diálogos impressos: Brasil, Uruguai, Argentina e França 165

CAPÍTULO 4 – PEREGRINOS DO PENSAMENTO: OS CONGRESSOS E A LUTA ANTIFASCISTA 185
Congresso antiguerreiro latino-americano de Montevidéu (1933) 185
Congresso de Escritores pela Defesa da Cultura em Paris (1935) 198
II Congresso de Escritores pela Defesa da Cultura na Espanha (1937) 205
Congresso Internacional das Democracias, em Montevidéu (1939) 212

CAPÍTULO 5 –. DEBATES SOBRE OS INTELECTUAIS FRENTE À POLITICA 223
As trajetórias de Barbusse e Rolland: debates sobre o engajamento 224

O *Retorno da URSS* de André Gide: debates sobre a crítica   237

A palavra ou o fuzil: debates sobre a Guerra Civil Espanhola   246

CONCLUSÃO   259

REFERÊNCIAS   265

APÊNDICE   295

AGRADECIMENTOS   297

Lista de Abreviaturas e Siglas

ABI – Associação Brasileira de Imprensa
AEAR – Associação de Escritores e Artistas Revolucionários
AIAPE – Agrupación de Intelectuales, Artistas, Periodistas y Escritores
AIDC – Associação Internacional para a Defesa da Cultura
ANL – Aliança Nacional Libertadora
BSAIC – Bureau Sul-americano da Internacional Comunista
CAM – Clube dos Artistas Modernos
CCM – Clube de Cultura Moderna
CDCP – Centro de Defesa da Cultura Popular
CJPI – Comissão Jurídica e Popular de Inquérito
CLES – Colégio Libre de Estudios Superiores
CTIU – Confederação dos Trabalhadores Intelectuais do Uruguai
CVIA – Comitê de Vigilância de Intelectuais Antifascistas
FUA – Frente Única Antifascista
IC – Internacional Comunista
LC – Liga Comunista
PCs – Partidos Comunistas
PCA – Partido Comunista Argentino
PCB – Partido Comunista do Brasil
PCU – Partido Comunista Uruguaio
PCF – Partido Comunista Francês
PSA – Partido Socialista Argentino
PSB – Partido Socialista Brasileiro
PSU – Partido Socialista Uruguaio
RAPP – Associação Russa de Escritores Proletários (em russo)
TSN – Tribunal de Segurança Nacional
UCR – União Cívica Radical
UIER – União Internacional de Escritores Revolucionários

PREFÁCIO

O livro que apresento aos leitores, com enorme satisfação, é resultado de uma ampla pesquisa de doutorado realizada por Ângela Meirelles Oliveira junto ao Programa de História Social da USP.

O objetivo principal do trabalho foi compreender o significado e a amplitude da luta dos intelectuais antifascistas no Uruguai, na Argentina e no Brasil. A partir das inúmeras fontes coletadas nesses países, a autora reconstituiu a circulação de ideias que uniu intelectuais latino-americanos dispostos a batalhar contra o fascismo que, da Europa se espalhava, pela América do Sul.

Optou por estudar o período que antecede a II Grande Guerra (1933-1939) porque, nesses anos, as ideias fascistas já tinham se materializado em regimes dessa natureza em alguns países da Europa. A luta contra o fascismo, como mostra a autora, ganhou força a partir da Guerra Civil Espanhola e se caracterizou, não só pelo recurso às armas, mas também pela força das ideias que, partindo do continente europeu, atravessaram o Atlântico.

Como os intelectuais tiveram papel importante na luta contra o fascismo, Ângela Meirelles se propôs analisar o significado da militância exercida através da escrita que revela a crença no poder das palavras. Assumindo a causa antifascista, já iniciada em alguns países da Europa, diversos intelectuais escreveram manifestos, artigos e textos de outra natureza publicados em revistas e jornais que, não só circulavam internamente, mas também por outros países.

Para reconstituir a trajetória dessa batalha, privilegiou a abordagem transnacional, valendo-se de autores que indicaram os caminhos metodológicos a serem seguidos num estudo dessa natureza. A opção pela análise "transnacional" também orientou a sua tarefa, muito bem sucedida, de reconstituir o movimento de circulação de ideias antifascistas entre intelectuais, não só latino-americanos, mas também, europeus.

A ampliação da análise para alguns países da Europa se deu no decorrer da pesquisa nas fontes no Brasil, Uruguai e Argentina, com a constatação de que havia uma forte conexão entre intelectuais antifascistas dos dois lados do Atlântico. O intercâmbio de ideias entre latino-americanos e europeus, principalmente, espanhóis e franceses - que se destacaram como pioneiros nessa luta após o ano de 1933 – foi muito intenso. A reconstituição dessas conexões foi uma tarefa árdua, mas a contribuição da pesquisa para o conhecimento do tema se tornou muito mais relevante.

A partir dos primeiros contatos com a documentação, a autora percebeu que a luta antifascista, nos diferentes países, mostrava que muitas questões abordadas pelos intelectuais eram suscitadas por problemas relacionados a conjunturas internas. Levando em conta as especificidades nacionais, a autora pode mostrar como se deu o processo de apropriação e ressignificação das ideias antifascistas que circularam pelos países da Europa e do Cone Sul.

Embora a pesquisa se restrinja à década de 1930, o tema exigiu um recuo à década anterior para explicar o avanço das ideias de extrema direita que surgiram na Europa, traumatizada pelos horrores da Primeira Guerra. Ainda na década de 1920, o fascismo teve grande repercussão entre intelectuais latino-americanos e contribuiu para a organização de movimentos políticos de natureza autoritária, inspirados nos movimentos europeus.

Mas, como mostra a autora, não menos importante foi a reação contra tais ideias, por parte de inúmeros intelectuais da região que organizaram "Frentes Antifascistas". Para compreender essa tentativa de luta, inspirada na experiência francesa do Front Populaire – a autora realizou pesquisa na França.

A consulta a fontes francesas, sobretudo revistas criadas por importantes líderes do movimento antifascista (Henri Barbusse e Roman Rolland, entre outros) permitiu que a autora estabelecesse paralelos entre as duas experiências de luta antifascista. Além disso, permitiu que acompanhasse a circulação de ideias entre intelectuais europeus e latino-americanos. Mostra que, a partir do contato com intelectuais franceses, surgiu a ideia de organizar as Frentes Antifascistas em países do Cone Sul.

Comenta, com muita propriedade que, embora a iniciativa não tenha tido êxito, revelou a importância da participação dos intelectuais latino-americanos na mobilização para a luta contra a violência e preservação da cultura ameaçada pela "barbárie" fascista.

Pela qualidade do trabalho e importância do tema, recomendo, entusiasticamente, a leitura deste livro.

Maria Helena Rolim Capelato

INTRODUÇÃO

¡Palabras como balas hay que usar contra vosotros, enemigos!

Nydia Lamarque (Buenos Aires, 1936)

O verso de Nydia Lamarque ilustra os sentidos da atividade do intelectual engajado na luta contra o fascismo entre 1933-1939; no exercício de sua militância, eles optaram por lutar obstinadamente por meio da escrita, na crença de que as palavras expressas nos manifestos, poemas, livros e jornais tinham o poder equiparável àquele das armas. Eis porque esse poema, divulgado amplamente pelos jornais antifascistas dos países platinos nos anos 1930, foi escolhido para dar título a este livro.

Nos conflitos bélicos que antecederam a grande guerra, sobretudo a Guerra Civil Espanhola (1936-1939), a luta contra o fascismo se deu por meio das ideias e também das armas. Não foram poucos os que nela se engajaram por acreditarem, como afirmou Angel Rama (1969, p. 56), que "las ideas vencen a las ideas, pero solo las armas destruyen a las armas". O autor, ao recuperar esse pensamento de Marx, salienta a preponderância do papel das ideias no processo de transformação da sociedade. Muitos dos intelectuais confiaram no poder do verbo e na sua disseminação e circulação para refrear a expansão do fascismo.

O objetivo deste trabalho é compreender o significado da luta dos intelectuais antifascistas no Uruguai, na Argentina e no Brasil, procurando reconstruir a circulação de ideias que uniu intelectuais de diferentes nacionalidades em torno da crença da importância da luta contra as ideias e práticas fascistas.

Neste estudo, procuramos ir além da perspectiva da história comparada, privilegiando a abordagem transnacional que indica os caminhos para "poner en diálogo más las ideas que las fronteras" (FUNES, 2006, p. 22). Essa orientação metodológica permitiu estudar o continente latino-americano em sua especificidade, desconsiderando polos determinantes e subordinados característicos por muito tempo dos estudos sobre a cultura e a política do continente (PRADO, 2005, p. 27). O estudo transnacional, por meio do qual se procurou reconstruir o movimento de circulação de ideias antifascistas entre países sul-americanos, se estende para além desta região e alcança os espaços europeus nos quais a luta antifascista teve início, tendo ganhado força com a participação de intelectuais espanhóis e, sobretudo, franceses.

Cabe esclarecer, de início, que a investigação está restrita a países do Cone Sul,[1] porque nessa região os contatos entre brasileiros, argentinos e uruguaios foram muito amplos e significativos. Com relação ao Chile, uma extensa pesquisa demonstrou a peculiaridade de sua luta antifascista, envolvida com a única Frente Popular exitosa da América do Sul; talvez por isso mesmo este país tenha tamanha especificidade, o que dificultava a análise comparativa aqui proposta. Já o Paraguai não foi incorporado devido à ausência de um movimento antifascista expressivo naquele país. Vale ressaltar, entretanto, a importância da figura do militante comunista paraguaio Oscar Creydt, que atuou contra o fascismo na condição de exilado na Argentina.

Andrés Bisso refere-se ao antifascismo latino-americano chamando a atenção para um "uso local e continental de um discurso europeu". Segundo o autor, o antifascismo no continente não passou de "un discurso ideológico, que sirve como herramienta de operación política a través de la cual se intenta [...] ubicar al enemigo circunstancial en una posición de 'disparo' segura, al identificarlo con la desacreditada figura de 'fascista'" (BISSO, 2000). Em oposição a este entendimento, o que se buscou comprovar com a pesquisa que deu origem a este livro é que o antifascismo sustentou reivindicações políticas e culturais suscitadas pela conjuntura dos referidos países latino-americanos.

---

1   Em termos geográficos, o Cone Sul refere-se estritamente à região que está ao sul do Trópico de Capricórnio, o que excluiria, no Brasil, grande parte de São Paulo, o Rio de Janeiro e todo o nordeste do país, palco de lutas importantes neste período. Por outro lado, se fosse utilizada a noção de América do Sul, pareceria um exagero geográfico e generalizante. Na ausência de uma definição mais precisa e a fim de evitar enumerações repetitivas, a ideia de Cone Sul pareceu apropriada. Na ausência de um qualificativo mais adequado, será utilizado o adjetivo sul-americano.

A intelectualidade latino-americana se envolveu na luta antifascista, fenômeno *internacional*, tomando para si uma "bandeira de luta" que acabou sendo ressignificada por meio de um processo de apropriação. Não se trata de supor uma ressignificação completa, mas uma adaptação própria do movimento de circulação de ideias. Esta obra irá demonstrar que tal apropriação deveu-se em grande parte às preocupações com o "nacional", herdadas fortemente das reflexões da década anterior.

Patrícia Funes (2006, p. 14), ao analisar aspectos da geração de intelectuais latino-americanos dos anos 1920, mostra que eles foram muito marcados por dois episódios que tiveram ampla repercussão em vários países da América Latina, especialmente nos do Cone Sul: a Reforma Universitária, que teve início na Argentina em 1918,[2] e a Semana de 1922 paulista, que representou um marco em relação aos movimentos de vanguarda artística que se fortaleceram em outros países do continente. Segundo a autora, esses acontecimentos levaram a redefinições sobre o tema do "nacional". Muitos dos intelectuais que se envolveram com o movimento antifascista tinham vivenciado esses dois momentos, de forte cunho "fundacional" para o pensamento latino-americano. Tais preocupações com o nacional ajudam a explicar a adesão de intelectuais e artistas, tanto em movimentos de extrema direita, inspirados em aspectos da ideologia fascista, como os que se integraram nos movimentos antifascistas. Halperín Donghi (2007, p. 25) sugere que os anos 1930 representaram uma continuidade em relação aos anos 1920: "ahora lo nuevo no son las ideas, sino las situaciones que se tratan de entender usando como instrumento esas mismas ideas".

O autor se refere à inegável importância da herança da geração "pós-bélica" que, confrontada com os efeitos da crise econômica de 1929, acabou por acirrar posicionamentos políticos em torno de questões que até então eram discutidas apenas no plano das ideias. O desencanto com a Europa, a ascensão da "hora americana", a valorização da alternativa soviética, questões em pauta desde a década anterior foram confrontadas com a radicalização ideológica característica dos anos em foco que, segundo David Priestland (2010, p. 192), "... desat[ó] una encarnizada lucha sobre quién debía soportar la carga de la Depresión". O resultado dessa nova conjuntura foi a polarização que interpôs, de um lado, a direita radical identificada com o fascismo e, no outro espectro, uma ampla gama de tendências políticas de cunho liberal, socialista e comunista, bem

---

2   A Reforma Universitária teve início na Argentina em 1918 e inspirou movimentos similares em vários países latino-americanos, que passaram a reivindicar a democratização das universidades e da sociedade em geral.

como os adeptos das soluções propostas por Roosevelt para solucionar os problemas da crise de 1929, que atingiu profundamente a América Latina.

É interessante notar como o antifascismo na América Latina suscitou polêmica entre os próprios atores da época, o que fica evidente na fala do militante argentino Ernesto Giudice:

> Hay dos grupos de personas que ante toda manifestación antifascista opinan de este modo: se trata de una maniobra comunista, sentencia el primer grupo, que pertenece a la policía, celosa de "su función"; se trata de una acción inútil, opina el segundo, "porque el fascismo ni existe ni es posible en la Argentina o América". Cierto que en este segundo grupo no hay la mala fe del primero, pero sí un profundo desconocimiento de nuestra realidad social y política. Y es contra ese desconocimiento que se debe argumentar serenamente, pues la importancia del asunto no autoriza a dejar que sobre el fascismo persista la enorme confusión que hasta ahora se ha tejido en base a tantos análisis superficiales y ligeros.[3]

Com relação à ideia de que o antifascismo na América Latina foi uma bandeira exclusiva dos comunistas, pretendemos mostrar que esse movimento não esteve restrito a esse aspecto, ao contrário, foi um fenômeno político e cultural que envolveu atores de tendências ideológicas diversas (GROPPO, 2007, p. 96).[4] A historiografia mais recente se dedica a matizar o peso da "influência comunista" na luta antifascista, dando espaço para as diversas tendências que têm tido seu papel ignorado ou considerado insignificante (GROPPO, 2007; TERONI; KLEIN, 2005). É justo reconhecer a importância dos comunistas e da Internacional Comunista (IC) na luta antifascista, no entanto, é inviável corroborar a tese de uma grande articulação partindo de Moscou que controlava cada passo da luta antifascista no mundo, especialmente quando os argumentos tratam de uma coordenação "dissimulada", que convencia e arregimentava a intelectualidade a concordar com suas proposições sem que os intelectuais estivessem conscientes do fato. Não

---

[3] GIUDICE, Ernesto. Fascismo y fenómeno fascista universal. *Contra-fascismo*, Buenos Aires, año 1, n. 1, 25 abr. 1936; reproduzido em *Monde*, Montevidéu, ano 1, n. 7, p. 16, jul./agosto 1936.

[4] Groppo afirma que "El antifascismo fue un componente de la cultura política comunista aunque no un atributo exclusivo de esta cultura, contrariamente a los que da a entender una corriente historiográfica reciente, de la que François Furet es una de las figuras más representativas".

se pode, nesse caso, subestimar o potencial crítico dos interlocutores, pois existe o risco de estar aí assimilada uma visão policialesca em relação aos "prosélitos desse credo infamante".[5] A propósito dessa questão, Serge Wolikow questiona: "O antifascismo teria sido somente uma ilusão democrática difundida pelos agentes da Internacional Comunista?" (WOLIKOW, 2005, p. 8).

Na luta antifascista atuaram intelectuais "simpatizantes", ou seja, aqueles que não eram formal ou declaradamente filiados aos PCs, comumente chamados de "companheiros de viagem". O termo, cunhado por Leon Trotsky nos anos 1920 em seu livro *Literatura e Revolução*, buscava classificar os artistas e escritores que apoiavam passivamente a revolução proletária em curso, e que ainda não haviam produzido uma arte revolucionária (TROTSKY, 2007, p. 64). A expressão, em se tratando dos anos 1930, ganhou um sentido que valorizava negativamente a proximidade com o comunismo, passando a significar "cegueira política" e ingenuidade.

Sem entrar no mérito dos termos usados para caracterizar esse tipo de intelectual, estes serão aqui tratados como aqueles que, a partir de uma postura crítica, partilharam opções políticas com os comunistas, sem, no entanto, aceitarem submeter-se a uma coordenação de Moscou. Procuraremos mostrar que existe uma sensível diferença entre Victorio Codovilla e Raúl González Tuñón, entre Eugenio Gomez e Jesualdo Sosa, entre Octávio Brandão e Aníbal Machado. O estudo de Ana Paula Palamartchuk (1997, p. 169) nos ajuda nesse sentido; a autora explica tais diferenças, considerando, no entanto, todos como intelectuais comunistas:

> Assim, longe das instâncias decisórias do partido e do possível prestígio que esta posição poderia causar, os *"intelectuais comunistas"* necessitaram do prestígio exterior ao partido para sobreviverem acima de tudo como *"intelectuais"*.
> Já neste ponto percebe-se as diferenças entre eles: de um lado, o envolvimento com a *"causa"* comunista manifestado através de simpatias, e, de outro, o envolvimento mais radicalizado originando os dirigentes partidários. Mas entre estes dois casos-limites de *"ser um intelectual comunista"* houve um arco-íris de experiências.

---

5 Essa, entre outras expressões, era frequentemente utilizada pela polícia política para se referir aos opositores, sempre qualificados como comunistas.

Para além da questão dos "companheiros de viagem", deve-se levar em conta que houve certa diversidade na constituição dos partidos comunistas nacionais, especialmente na América Latina, como mostra Groppo (2007, p. 93). Palamartchuck refuta a ideia de que, no Brasil dos anos 1930, havia um partido-instituição, "autorregulado e transcendente às práticas de seus militantes e dirigentes, portador de uma identidade hegemônica que permite somente a existência de conflitos nos termos internos ou os ditados pela IC". (PALAMARTCHUK, 2003, p. 6). Sendo assim, é necessário considerar que, na luta antifascista, puderam atuar também os comunistas não ortodoxos. A referência a essas questões é necessária para mostrar que a atuação dos comunistas e simpatizantes não ocorreu como um reflexo imediato das manobras da IC, mas decorreu de uma mescla, muitas vezes contraditória, entre as estratégias indicadas por Moscou e as especificidades da cultura e das demandas nacionais.

Devemos também levar em conta o fato de que um intelectual comunista dos anos 1930 acompanhou os debates referentes à difícil transição da fase "classe contra classe" para a estratégia das Frentes Populares, promovida pela Internacional Comunista (IC).[6] Apesar do forte controle da IC sobre os PCs nacionais no período stalinista, as novas orientações levaram um tempo a serem incorporadas pelos militantes, como constata a historiografia com relação aos militantes comunistas brasileiros e argentinos.[7] Bruno Groppo considera que esta virada na estratégia da IC ocorreu como resposta às pressões de operários e intelectuais, a exemplo do que aconteceu em

---

6   A estratégia conhecida como "classe contra classe" foi adotada no VI Congresso da Internacional Comunista em 1928 e disseminada na América Latina a partir de 1929, após a Conferência dos Partidos Comunistas da América Latina e Caribe. Esta foi a fase em que os PCs agiram com maior sectarismo, ao excluir todos que não aceitassem a "proletarização" ou condenando qualquer coligação com outros partidos. A compreensão da ameaça representada pelo fascismo italiano e alemão e da necessidade de ampliação dos quadros aliados em prol deste objetivo resultou na "virada" estratégica da Internacional Comunista em direção a uma política de amplas alianças conhecida como Frentes Populares, ocorrida oficialmente após o VII Congresso em julho de 1935.

7   Segundo Oscar Terán (1983, p. 32), na Argentina, "el [pensamiento] de Aníbal Ponce se halla profundamente penetrado por una serie de convicciones definidas en el período de "clase contra clase" y que tendrán en su discurso una perdurabilidad más allá de las incluso radicales rectificaciones de línea de la Comintern a mediados de la década de los treintas. Esta perdurabilidad es un rasgo también reconocido autocríticamente por el propio Partido Comunista Argentino, que si bien ya en 1929 adaptaba su situación nacional a los lineamientos internacionales citados, aún en 1934-1935 seguirá adherido a estas concepciones [...] "extremistas"...". No Brasil, vários são os trabalhos que tratam da persistência da linha obreirista entre os militantes do PCB, entre eles o do Del Roio (1990).

6 de fevereiro na França.[8] O autor afirma que "en 1935, el Komintern no hizo más que adaptarse a un viraje que ya se había iniciado, tanto en el movimiento obrero como en el mundo intelectual desde 1933, después de la llegada de Hitler al poder". (GROPPO, 2007, p. 104).

Para além dos atores comunistas, participaram da luta socialistas, social-democratas, liberais,[9] radicais e independentes, esses inspiraram poucos estudos a respeito de sua participação no antifascismo. Em suma, foram se integrando ao movimento uma gama de atores que militaram contra o fascismo em uma chave não revolucionária.

Um editorial de *Acción*, periódico dirigido por Carlos Quijano no Uruguai, faz menção à associação de todo militante antifascista ao comunismo. Ele e seu grupo, militantes da Agrupación Nacionalista Demócrata Social, aturam contra o governo de Gabriel Terra e contra o fascismo. Por serem constantemente acusados de estar "a serviço de Moscou", o editorial ironizou:

> Estamos pues, al servicio de Moscú. Somos sus instrumentos, sus agentes y sus solapados propagandistas. Lo somos, porque hay que vivir y las empresas capitalistas no nos han querido tomar a su servicio. Hubiéramos preferido — también lo confesamos — este empleo, porque es de "tout repos", está mejor pagado y viste mejor. Pero llegamos demasiado tarde, también nosotros, a un mundo que ya no ofrecía, en el campo burgués – perdón por la palabra – pingües colocaciones.[10]

A partir dessas observações preliminares, cabe esclarecer que o foco de análise está na luta dos intelectuais de diferentes tendências e gerações que tiveram forte atuação no espaço público, mais especificamente na imprensa escrita, manifestando suas posições de combate às ideias fascistas e aos regimes que as puseram em prática. Fazem parte do objeto de estudo escritores, poetas, jornalistas, advogados que, à

---

8   A data se refere a uma manifestação de monarquistas e antiparlamentaristas, muitos integrantes da Action Française, que tomaram as ruas de Paris para protestar contra o governo radical de Édouard Daladier. Os protestos resultaram em dezenas de mortos e milhares de feridos, no que foi entendido como uma tentativa de golpe pelos fascistas contra a III República na França, por resultar na renúncia de Daladier. Em reação a esta expressão da direita francesa, a esquerda deu início às articulações para a ação conjunta contra o fascismo. Ver Bernstein (1975).

9   Com respeito aos liberais, na interpretação de Priestland (2010, p. 218), "la experiencia del fascismo había [los] desplazado (…) hacia la izquierda".

10 NOSOTROS, los comunistas, *Acción*, Montevidéu, ano 4, n. 123, p. 1, 26 dez. 1935.

maneira dos *dreyfusards*, atribuíram-se o dever de intervir politicamente nessa luta de dimensão intercontinental (FUNES, 2006, p. 39).

Esse não era o entendimento de alguns militantes da IC sobre o intelectual. O grupo que organizou, a partir de Paris, os movimentos posteriores do Comitê Mundial de Luta contra a Guerra e o Fascismo tinha uma visão mais ampla sobre o intelectual. Essa interpretação incluía setores da classe média, como se pode notar através de um diálogo entre Plaud e Udeanu: [11]"A quem nós chamamos de intelectuais? Todos os profissionais liberais e de ensino". [12] Tal concepção estava ligada à necessidade de incorporar à luta política grupos que não fossem estritamente proletários, desde que aceitassem "abandonar sua classe de origem", integrando-se no coletivo composto pelas massas oprimidas.

A ampliação da definição do intelectual também se explica a partir dos desdobramentos do Congresso de Escritores de Moscou, em 1934, que delegou aos escritores e aos artistas em geral a missão de construir, formalmente, uma cultura proletária, realista e revolucionária (ROBIN, 1986). David Caute (1967, p. 39) analisa ainda a inserção dos intelectuais nos partidos comunistas a partir de cinco premissas: prestígio, excelência profissional, agitação política, jornalismo político e estímulo à atitude política e cultural das massas.

Tendo em vista as concepções dos organizadores do movimento antifascista no plano internacional, operou-se com um conceito de intelectual mais amplo, razão pela qual nos utilizamos da perspectiva de Angel Rama, nos seguintes termos:

> Com excessiva frequência, veem-se nas análises marxistas os intelectuais como meros executores dos mandatos das Instituições (quando não das classes) que os empregam, perdendo-se de vista sua peculiar função de produtores, enquanto consciências que elaboram mensagens e, sobretudo, sua especificidade como desenhistas de modelos culturais, destinados à constituição de ideologias públicas. (RAMA, 1985, p. 47-48).

Também contribui para a compreensão do significado do intelectual a noção de engajamento. Não se trata de definir os intelectuais nos termos *gramscianos*, segundo o

---

11   Segundo Sandra Teroni e Wolfgang Klein (2005, p. 41) Udeanu e Louis Dolivet eram pseudônimos de Ludwig Brecher, funcionário do aparelho de Willi Munzemberg. Ele era colaborador de Barbusse no jornal *Monde* e no movimento Amsterdã-Pleyel.

12   REUNION DU SECRETARIAT MONDIAL DU JEUDI 10 JANVIER 1935 [*Relatório*] 10 jan. 1935. 15f. – Archives du Parti Communiste Français, Paris.

qual interesses de classe dariam aos intelectuais orgânicos "homogeneidade e consciência da própria função" (GRAMSCI, 1988, p. 3). Os intelectuais que lutaram contra o fascismo eram, em sua maioria, integrantes da "pequena burguesia" ou da "aristocracia" que se colocavam como porta-vozes das classes populares, incluindo operários. Não estamos nos referindo a intelectuais de origem proletária, mas aos que postulavam, a partir de seus saberes, um desejo de intervenção na realidade. Por outro lado, levando-se em conta a força da incorporação do ideal de "defesa da cultura", os intelectuais que lutaram contra o fascismo se aproximam muito mais da noção de "clérigos", visto como protetores de valores ditos "universais" (a própria ideia de Cultura, Verdade, Civilização).

Como bem apontou Patrícia Funes (2006, p. 43), as tradições que norteiam a definição do intelectual podem ser fundidas:

> Las tradiciones, aunque importantes, no agotan la definición de los intelectuales, ya que si bien son herederos de una tradición, son sobre todo "heraldos de un proyecto". Mandarines, legisladores, interpretes, dotados de una competencia cognoscitiva y capacidades de creación, generalización, difusión de ideas, de un saber "extraterritorial" que trasciende sus disciplinas específicas, un discurso "critico reflexivo", una posición beligerante, antagonista del poder o bien de colaboración con el "buen gobierno"; representantes o "ventrílocuos" de los que no tienen voz, con vocación de intervención y liderazgo moral o político, suelen ser notas que aluden a la condición intelectual.

A autora sugere um caráter polissêmico da noção de intelectual que, na perspectiva de Sirinelli, permite o apontamento de duas dimensões: uma mais ampla, entendida enquanto categoria profissional de "mediadores culturais", e outra mais restrita, alicerçada na noção de engajamento. No entanto, segundo Sirinelli (2003, p. 238-240), esse debate entre as duas acepções é um "falso problema", tendo o historiador do político que partir de uma definição ampla do termo.

Com relação ao recorte temporal deste estudo, o ponto de partida é a ascensão de Adolf Hitler ao poder na Alemanha, em 1933, momento no qual o fascismo tornou-se "um problema de envergadura mundial" (BISSO, 2007, p. 66). Nesse mesmo ano realizou-se, em Montevidéu, o Congresso latino-americano antiguerreiro; para lá se deslocaram militantes e intelectuais que iniciavam uma tentativa de mobilização continental contra a guerra, que acabou incorporando a reação ao fascismo. A análise se encerra em 1939 porque naquele ano ocorreram acontecimentos que resultaram em uma inflexão na luta antifascista em todo o mundo. A assinatura do pacto de não agressão entre a URSS e a Alemanha nazista despertou intensos debates entre a intelectualidade antifascista em várias partes do mundo, inclusive na América Latina. Os debates produziram desentendimentos e cisões que abalaram fortemente a união dos grupos antifascistas. Além disso, a eclosão da guerra, nos últimos meses de 1939, exigiu reposicionamentos das forças políticas do mundo todo e, consequentemente, uma modificação em relação às alianças anteriores.

ANÁLISES SOBRE O FASCISMO

Os estudos sobre o fascismo produziram, nas palavras de Bertonha (2012), "uma verdadeira floresta de papel impresso na busca de estabelecer uma 'teoria geral sobre o fascismo'". Devido à vastíssima historiografia sobre o assunto, que não é propriamente o foco do trabalho, optou-se por apresentar um breve histórico sobre a ascensão dos regimes fascistas nos países da Europa Ocidental, apenas com a intenção de situar o surgimento do antifascismo na Europa e na América.

O movimento denominado *Action Française* é considerado como precursor das ideias que posteriormente deram origem ao fascismo na Europa.[13] Mas foi na Itália que essas ideias se transformaram em prática política. Benito Mussolini, um ex-militante socialista, rompeu com o partido ao final da Primeira Guerra Mundial e fundou uma organização paramilitar de combate "aos inimigos da Itália": a democracia e o socialismo (KONDER, 1977). No decorrer dos anos seguintes, foi formulada, nesse mesmo país, a doutrina fascista.

A Alemanha, desde a derrota na Primeira Guerra, enfrentava grandes dificuldades decorrentes das imposições do Tratado de Versalhes. Nesse contexto, os movimentos nacionalistas foram tomando corpo, recuperando parte do ideário que inspirou o movimento pangermanista do final do século XIX, considerado matriz das ideias nazistas, sobretudo no que se refere à defesa da raça ariana. Com o apoio desses movimentos que conseguiram explorar o descontentamento da população com a crise que assolava o país, Adolf Hitler chegou ao poder em 1933.

---

13 A Action Française foi um movimento monarquista e contrarrevolucionário que surgiu na França, em 1898, logo após o caso Dreyfus. De forte cunho antissemita, nacionalista e germanófobo, seu representante e líder mais proeminente foi o poeta Charles Maurras.

No mesmo ano, Primo de Rivera fundou a Falange na Espanha para combater os republicanos que saíram vitoriosos na eleição presidencial de 1931. Essa organização política de caráter fascista foi responsável pelo fortalecimento do nacionalismo de extrema direita. Os falangistas atuaram fortemente na articulação da Guerra Civil Espanhola e na ascensão de Franco ao poder. Já em Portugal, uma ditadura militar inaugurada em 1926 foi substituída, em 1933, pelo Estado Novo, instaurado por António de Oliveira Salazar, político que se identificava com as ideias fascistas. Em meados dos anos 1930, Itália, Alemanha e os países ibéricos eram governados por regimes de natureza fascista.

Neste livro, emprega-se o termo fascismo (e sua antítese, antifascismo) para se referir genericamente aos regimes orientados por ideias e formas de governo similares, cuja principal característica é a presença de um Estado autoritário, representado por um líder que exerca uma política de massas.

O antifascismo carece ainda de estudos mais específicos, sobretudo no que se refere a suas características transnacionais, nas quais se inserem os movimentos antifascistas objetos desta análise. Os estudos sobre o antifascismo no Cone Sul são escassos, mas alguns trabalhos já existentes sobre o assunto ajudaram a definir o recorte da pesquisa. Foi a partir da leitura do artigo de Adrián Celentano (2006) que se optou por realizar uma pesquisa sobre o tema, com o objetivo de tentar reconstruir a existência de uma "rede antifascista" na região. No Brasil, os pioneiros são os trabalhos de João Fábio Bertonha (1999), que investigou o antifascismo italiano em São Paulo e Ricardo Figueiredo de Castro (1999), que analisou a Frente Única Antifascista (FUA). Na Argentina, os trabalhos de Andrés Bisso (2000, 2005, 2007) e Ricardo Pasolini (1997, 2005), sobre o antifascismo liberal e a Agrupación de Intelectuales, Artistas y Periodistas (AIAPE), respectivamente, constituem importantes referências, mesmo que este último não tenha expandido seus estudos em direção a outras organizações antifascistas constituídas em países vizinhos. Quanto ao Uruguai, apesar da ausência de um estudo específico sobre a luta antifascista nesse país,[14] os trabalhos de Aldrighi (1996) e Bresciano (2009) ajudam a balizar o papel das comunidades italianas na luta contra o fascismo.

O desafio desse estudo sobre o antifascismo está relacionado a seu caráter múltiplo e muitas vezes contraditório. Segundo Jacques Droz (1985, p. 9), autor que se

---

14   Pelo menos duas obras da historiografia uruguaia (PARIS; RUIZ, 1987 e AGUIRRE GONZÁLEZ, 1985) confirmam a escassez de investigações sobre o período do entre-guerras em geral e antifascismo em particular.

dedicou ao estudo da história do antifascismo na Europa, o movimento ocorreu em "países diferentes, em momentos diferentes e em circunstâncias diferentes, trazendo as marcas de tradições políticas e ideológicas que antecederam seu nascimento."

Nos anos 1930, nos países sul-americanos em foco ocorreram transformações importantes decorrentes da crise de 1929. Nessa conjuntura, sucederam golpes de Estado que introduziram no poder governos conservadores que se insurgiram contra conquistas sociais e democráticas incorporadas pelos governos anteriores. A historiografia uruguaia e argentina mostram o peso real e simbólico dos movimentos reacionários constituídos nesses países nos anos 1930, com o intuito de desqualificar os governos que incorporaram as conquistas dos movimentos sociais dos anos 1920.

O golpe de Estado ocorrido no Uruguai, em 31 de março de 1933, liderado por Gabriel Terra,[15] propunha uma ruptura com o passado *batllista*,[16] desencadeando "la conmoción de buena parte del sistema de símbolos y significaciones identificado con el período anterior" (CAETANO, 1989, p. 86). No que se refere à Argentina, Oscar Terán (2008, p. 229) afirma, enfaticamente, que nos anos 1930, "ninguno de los grandes registros de la vida de una nación escapó al derrumbe". Esse ano marcou, segundo o autor, uma ruptura na história do país, com o golpe de estado do general José Felix Uriburu em 6 de setembro de 1930, por meio do qual o presidente radical Hipólito Yrigoyen foi deposto. Esses acontecimentos deram início a um processo de revalorização do liberalismo oligárquico e retomada dos laços econômicos com a Inglaterra, que resultaram em acordos execrados pelos setores nacionalistas. Nos dois casos, os

---

15 Gabriel Terra era um dissidente *batllista* que havia sido eleito em 1931 para um mandato de quatro anos; em meio a seu governo resultante de um processo político legal, Terra dissolveu o Parlamento, censurou a imprensa, e deu início a um regime ditatorial que perdurou até 1938.

16 *Batllismo* é a uma corrente política do Partido Colorado no Uruguai que denomina os seguidores do presidente José Batlle y Ordoñez. Segundo Souza (2003), em seus dois governos (1903-1907 e 1911-1915), Batlle foi responsável pelas reformas políticas e eleitorais que culminaram com a hegemonia do urbano frente ao mundo rural. No plano econômico, o *batllismo* impulsionou desenvolvimento industrial baseado na modernização e diversificação da produção agropecuária; no plano político, realizou reformas eleitorais que garantiriam aos cidadãos direitos democráticos. Aproximou-se dos setores populares urbanos, com a fundação de clubes políticos dos quais participavam a população em geral. Em seu governo, houve significativa mudança nos quadros administrativos, isolando a velha aristocracia do poder e dando espaço para técnicos e intelectuais mais jovens. Batlle era também profundamente anticatólico, e foi responsável pela secularização do país: separação total entre a Igreja e o Estado, aprovação do divórcio por mútuo consentimento (1910), abolição do juramento sobre os evangelhos (1908), supressão do ensino religioso nas escolas públicas (1909).

golpes vieram acompanhados de forte retórica conservadora. Nessa cruzada política, os avanços sociais e democráticos do *batllismo* no Uruguai e do radicalismo[17] na Argentina foram associados aos fracassos econômicos derivados da crise, aos "males da democracia"; o discurso estendia-se também aos liberais e aos comunistas, "... fuente primigenia de los males denunciados" (ROMERO, 2009, p. 69).

O golpe de estado uruguaio, articulado nas entranhas dos partidos tradicionais, visava, num primeiro momento, reformar a Constituição de 1919, que havia instituído o bicefalismo[18] no poder. As medidas que se seguiram à autointitulada revolução *marzista* [19] resultaram, pelo menos nos dois primeiros anos, em forte perseguição aos opositores, por meio de cassações, deportações e prisões, além de sucessivos episódios de censura à imprensa. A composição corporativa dos sindicatos foi descartada na Constituição *terrista* de 1934 (PORRINI, 1994, p. 118), mas a Carta definiu o Estado como "árbitro e conciliador" dos conflitos entre patrões e empregados. Em relação à natureza do regime *marzista*, historiadores refutam a ideia de uma inspiração fascista na ditadura de Terra, afirmando:

> Los golpistas no querían remplazar la democracia liberal por algún sistema de partido único, la representación partidaria por la representación de intereses, ni el gobierno de los partidos por el de algún líder carismático con sueños plebiscitarios. (CAETANO; GARCÉ, 2004, p. 333).

No entanto, houve simpatia de conservadores *marzistas* pelo fascismo italiano e pelo falangismo espanhol (BARRÁN, 2004, p. 150); de maneira geral, "en la pugna ideológica y política finalmente fueran derrotados sus puntos de vista. Aunque no se puede negar que pudieran dejar algunas semilla." (PORRINI, 1994, p. 118). Durante a ditadura de Terra, os partidos políticos não foram colocados na ilegalidade, o Parlamento voltou a funcionar em 1934 e houve eleições nacionais; em alguns momentos, medidas

---

17   O partido da União Cívica Radical (UCR) governava o país há catorze anos por meio do sufrágio livre masculino. Esse partido, criado no ano 1889, havia ganhado força com a representação das massas populares, dos imigrantes e filhos de imigrantes, das classes médias – cada vez mais numerosas e com aspirações políticas – e também dos operários. Os radicais combatiam os grupos oligárquicos tradicionais na política nacional, defendendo o estabelecimento de uma democracia formal.

18   Por bicefalismo entende-se o sistema de divisão de poderes instituído pela Constituição uruguaia de 1919, por meio do qual o Poder Executivo dividia suas funções com um Conselho de Ministros.

19   O termo *marzista* refere-se ao mês (marzo) em que ocorreu o golpe de Gabriel Terra.

extraordinárias foram tomadas, como a cassação ao direito de reunião e à liberdade de imprensa (PORRINI, 1994, p. 119). O governo de Terra perdurou até 1938, quando novas eleições foram convocadas e seu cunhado, Alfredo Baldomir, eleito.

De forma semelhante, o governo de Uriburu na Argentina era composto por conservadores simpáticos às ideias autoritárias, possuindo um forte impulso para a introdução de um Estado corporativo e nacionalista, inspirado nas ideias e forma de governo instaurado por Mussolini (BISSO, 2005, p. 48). A diferença em relação ao regime italiano consistia na grande impopularidade do golpe e do governo *uriburista*. A ausência de apoio popular e a rejeição das elites liberais às ideias que orientavam o governo de Uriburu acabaram impedindo a concretização dos projetos políticos do general. A retomada da legalidade requereu uma manobra política que conciliasse interesses diversos. Desse "arranjo" resultou uma estratégia política que condenou os processos eleitorais subsequentes a sucessivas intervenções fraudulentas. A propósito desse momento, Andrés Bisso (2007, p. 50) comenta:

> Nascerá un tipo de democracia muy particular que se caracterizará por respetar los mecanismos e instituciones formales del sistema, pero supeditando la elección de los cargos electivos a la más absoluta fraudulencia.

Já no primeiro processo eleitoral, de fins de 1931, a candidatura de um membro da UCR, Marcelo T. de Alvear, foi impugnada, dando a vitória ao candidato oficial Augustín P. Justo, um militar representante de setores moderados do Exército. Ao assumir a presidência, Justo declarou ter colocado fim à política *uriburista*. No entanto, seu governo deu início a um período de predomínio do conservadorismo oligárquico, que significou um retraimento das forças políticas progressistas na sociedade argentina. Em 1938, a vitória do candidato governista Roberto M. Ortiz, em uma eleição repleta de irregularidades, representou a derrota da Frente Popular, que havia proposto novamente a candidatura de Alvear.

O processo político que se iniciou na década de 1930 no Brasil teve um caráter distinto dos que ocorreram no Uruguai e na Argentina. As profundas transformações políticas e econômicas, fruto também de uma ruptura institucional com a ascensão de Getúlio Vargas ao poder em 1930, não tiveram este caráter reacionário, ou seja, contrário aos avanços sociais ocorridos no período anterior. O movimento de luta armada que pôs fim à República representou um rompimento com as estruturas políticas do passado republicano, marcadamente elitistas, dando início a um processo de modernização do país e introdução de uma política social que, ao mesmo tempo, garantia direitos e exercia controle sobre as classes trabalhadoras.

Os primeiros anos do governo Vargas foram caracterizados por conflitos entre grupos que representavam interesses opostos quanto ao modelo de desenvolvimento a ser implantado. Tal confronto resultou, nesses primeiros anos, em vários episódios de enfrentamento político e/ou armado: a Revolução de 1932, organizada pelas elites paulistas, que reagiram contra a perda de hegemonia do Estado devido ao fortalecimento do poder central; a Constituinte de 1933, que deu origem uma nova Constituição no ano seguinte, marcada pela tentativa de conciliação entre as forças opostas e a Insurreição Comunista de 1935, violentamente reprimida pelo governo. O arranjo conciliatório que caracterizou a Carta de 1934 durou pouco: em 1937 Getúlio Vargas articulou um golpe, com apoio das Forças Armadas, Igreja e setores nacionalistas de direita. A Constituição decretada na sequência do golpe legitimava o Estado Novo, regime autoritário que permaneceu em vigor até 1945. Durante esse período foi posto em prática o projeto varguista de modernização, que previa uma alteração na estrutura política a partir de um Estado centralizado com poder de intervenção na sociedade e na economia (NEVES; CAPELATO, 2004, p. 146).

O governo Vargas dos anos 1930-45 caracterizou-se pela existência de fases distintas: a do governo provisório (no pós 1930), a constitucional (entre 1934 e 1937), e a ditatorial (entre 1937-45); esta última pode ser dividida em duas fases, separadas pela entrada do Brasil na guerra em 1942. O chamado Estado Novo foi organizado por ideólogos, alguns deles declaradamente fascistas, como era o caso de Francisco Campos, autor da nova Constituição autoritária, inspirada na *Carta del Lavoro* italiana. No entanto, como mostram alguns autores, apesar do perfil autoritário e da presença de intelectuais simpatizantes do fascismo no governo, o regime não pode ser identificado como fascista. Segundo Thomas Skidmore (1969, p. 53):

> É importante compreender que, ao contrário dos seus mentores europeus em matéria de fascismo, Vargas não organizou nenhum movimento político para nele se basear seu regime autocrático. Não havia partido de Vargas, movimento do Estado Novo, nem quadros governamentais na sociedade brasileira. [...] Todos os grupos de alguma significação haviam sido desbaratados ou suprimidos.

Com essa breve apresentação, entende-se que a luta antifascista no Cone sul esteve relacionada ao combate aos governos autoritários, com simpatias pelas ideias e regimes fascistas da Europa, guardando, no entanto, especificidades que os diferenciavam. A composição de ideais autoritárias nacionalistas, antiliberais e anticomunistas, mesmo que não alimentasse a estruturação de um estado totalitário, foi suficiente para que a luta dos intelectuais antifascistas dos referidos países se sustentasse contra os governos surgidos nos anos 1930.

Some a isso o fato de que tais governos foram coniventes com grupos e movimentos de orientação declaradamente fascista que surgiram ou ganharam força naquele momento. A Unión Nacional del Uruguay, a Legión Cívica Argentina[20] e a Ação Integralista Brasileira (AIB)[21] são só alguns exemplos. O processo de circulação de ideias, já nas primeiras décadas do século XX, também havia introduzido ideias fascistas na América do Sul, que já estavam sendo gestadas desde o final do século XIX na França e Espanha em oposição às ideias iluministas.

João Fábio Bertonha (2012) apresenta um panorama geral dos grupos de extrema-direita latino-americana inspirados no fascismo e alerta para a inexistência de "cópias simples dos fascismos europeus". Os grupos antifascistas da região definiam o inimigo como "fascista criollo" ou "fascista indígena". Foi a partir da oposição a esses grupos que intelectuais antifascistas se engajaram com mais intensidade.

Cabe mencionar, finalmente, o fato de que os regimes fascistas se empenharam em estabelecer relações com os países da América Latina, especialmente Uruguai, Argentina e Brasil. Os governos desses países mantiveram, em maior ou menor grau, relações econômicas e culturais com a Alemanha e a Itália. Esses Estados e também a Espanha franquista, por sua vez, se dedicaram, com bastante afinco, à propaganda extraterritorial voltada às comunidades de emigrados, reforçando o ideal nacionalista dos desterrados e aumentando sua zona geopolítica de influência (BERTONHA, 2012). As relações dos países com regimes fascistas eram vistas pelos intelectuais antifascistas como ameaças de "nazificação" e "fascistização" de amplas regiões do continente.

---

20   Segundo Romero, J. L. (2008, p. 244), posteriormente denominada Alianza de la Juventud Nacionalista, encabeçada pelo general Juan Bautista Molina, foi a organização mais expressiva do fascismo argentino. Dezenas de outras associações surgiram nesse momento: Acción Nacionalista Argentina, presidida por Juan P. Ramos, Guardia Argentina, por Leopoldo Lugones, entre outras.

21   O movimento político criado em 1932 por Plínio Salgado acabou sendo proibido pelo governo após uma tentativa de insurreição para tomar o poder em 1938.

A apresentação dessa síntese sobre a conjuntura política dos países do Cone Sul escolhidos para análise teve como objetivo mostrar o cenário no qual atuaram os intelectuais antifascistas da região. Para além da luta contra os regimes autoritários e pela redemocratização em seus países, eles atuaram contra as ameaças de expansão dos regimes fascistas no continente. A ameaça era real, pois os governos italiano, alemão e espanhol tentaram, por diversos meios, conquistar aliados e expandir seus negócios na região; essas tentativas foram acolhidas por indivíduos ou grupos que tinham afinidade com as ideias apregoadas por representantes desses regimes europeus. Partindo dessas constatações, entende-se que os intelectuais engajados na luta antifascista nos países do Cone Sul militavam em oposição a essas três facetas da ameaça fascista no continente.

AS FRENTES POPULARES

A luta contra o fascismo ganhou expressão política a partir do surgimento das Frentes Populares. Nos anos 1930, pela primeira vez desde o surgimento dos partidos comunistas na década anterior, uma coalizão de forças de esquerda uniu-se para combater um inimigo comum. A partir do momento em que a IC aceitou a possibilidade de formação de alianças políticas com outros partidos, a nova estratégia, além de amenizar o tom sectário em relação às outras forças de esquerda, produziu uma nova interpretação sobre o fenômeno fascista; antes considerado como um produto quase natural do capitalismo passou a ser interpretado, segundo B. Groppo (2007, p. 102), como "la dictadura terrorista abierta de los elementos más reaccionarios, más chauvinistas y más imperialistas del capital financiero". Para aceitar a ideia de aliança com outros partidos políticos, o discurso de Moscou teve que abrir mão das propostas mais radicais e, por esse motivo, a ideia da implantação da ditadura proletária foi adiada.

Hobsbawm (1984, p. 195) interpreta essa mudança a partir de outro ângulo de análise: entende que a tática das frentes foi "uma estratégia cuidadosamente pensada para o avanço do socialismo", já que a derrota do fascismo era entendida como a inevitável derrota do capitalismo.

Quanto à motivação de outros grupos (socialistas, liberais, radicais), para aceitarem coalizões que resultaram na formação de Frentes Populares caberia um estudo detalhado sobre esta questão. No entanto, Priestland (2010, p. 195) afirma que elas se explicam a partir do prestígio obtido pela URSS, até mesmo frente aos liberais, em virtude da solução bem-sucedida em face da crise econômica de 1929.

> En aquellas condiciones una versión más modernistas y al parecer más abierta del comunismo cobro atractivo para muchos simpatizantes de la izquierda, convencidos de que solo la disciplina comunista era capaz de hacer frente a una derecha tan poderosa.

A historiografia sobre as Frentes Populares concorda em apontar o protagonismo das esquerdas francesas para a transformação ocorrida na IC (GROPPO, 2007, p. 104; DEL ROIO, 1990, p. 256). O episódio de 6 de fevereiro de 1934, já mencionado, teria impressionado Georgui Dimitrov, que a partir desse acontecimento procurou convencer Stalin da necessidade de mudança nas orientações de Moscou; tais mudanças foram feitas e respaldadas pela IC somente em julho de 1935. Wolikow (1996, p. 16) atenta para a especificidade da cena política francesa e das "tradições republicanas" como um ponto a ser considerado para se compreender as razões da formação da Frente Popular nesse país, que não se explicam apenas pelas pressões internacionais.

Na França, os partidos socialista, comunista e radical lograram articular uma coalizão frentista; em 1936 saíram vitoriosos das eleições legislativas e elegeram o socialista León Blum, que se manteve no governo até 1938. A experiência vitoriosa da Frente Popular Francesa servirá de inspiração para os intelectuais do Cone Sul que lutaram contra o fascismo, como se verá ao longo desta obra. Outras frentes bem sucedidas ocorreram na Espanha (1936) e no Chile (1938).

Nos países em foco neste estudo, houve tentativas de articulação de Frentes Populares que, por diferentes motivos, não foram bem-sucedidas. É interessante notar que, por meio do estudo desse "fracasso", pode-se matizar a relação dos comunistas, "mostrando que não podemos [...] afirmar mecanicamente que esta combinação baseava-se unicamente sobre os interesses políticos imediatos de Moscou". (DE LA LLOSA, 2007, p. 51). Cabe esclarecer, de maneira breve, como se deu a configuração das Frentes Populares nos países do Cone Sul.

A resistência ao golpe de Estado liderado por Gabriel Terra é fundamental para se compreender a tentativa de articulação de uma Frente Popular no Uruguai. Da ala mais à direita dos partidos tradicionais havia saído o apoio ao golpe de Estado.[22] Esses

---

22 Os partidos tradicionais do Uruguai eram o Partido Nacional e o Colorado. O primeiro manifestava em seu lema a defesa dos ideais conservadores da independência política e amparo ao setor agropecuário. Também possuía sua facção majoritária, liderada por Luis Alberto de Herrera que, em oposição radical ao intervencionismo estatal, aliou-se ao marzismo para tentar colocar fim à hegemonia colorada instituída pelo poder bicéfalo da Constituição de 1919. Já o Partido Colorado, marcado

partidos, mesmo sendo hegemônicos, estavam longe de ser homogêneos em termos de ideias. No interior dos grupos havia importantes focos de oposição ao *terrismo*, como a Agrupación Avanzar, à esquerda do *batllismo*, e a Agrupación Nacionalista Demócrata Social, de cunho democrático e anti-imperialista, cuja principal figura política era o intelectual Carlos Quijano. Aliados na luta oposicionista estavam também os chamados partidos de ideias: o Socialista e o Comunista.

Logo após o golpe de 31 de março de 1933, a oposição começou a se articular. A resistência ao *marzismo* encontrou seu ápice em um movimento armado conhecido como "Revolución de enero", ocorrido no início do ano de 1935.[23] Após esses acontecimentos, o movimento opositor à ditadura de Terra "adquirió en muchos casos un marcado cariz anti-imperialista e antifascista" (PARIS; RUIZ, 1987, p. 59). Concentrados em um primeiro momento no interior do país, em especial na província de Cerro Largo (a nordeste de Montevidéu, fronteira com o Rio Grande do Sul), houve a adesão de militantes de todos os grupos opositores à ditadura e assim se formou a Frente Popular de Cerro Largo. As Frentes Populares formadas no interior do Uruguai articularam-se meses antes da mudança oficial nas orientações da Internacional Comunista, ocorridas em julho de 1935 (PARIS; RUIZ, 1987, p. 66).

A articulação política pró-unidade logo alcançou Montevidéu. No entanto, os esforços dos grupos opositores à ditadura em direção à constituição oficial de uma Frente Popular foram em vão. As legendas dos partidos tradicionais negaram-se, veementemente, a compor um programa político comum e o temor em relação à articulação das forças de esquerda em torno de um mesmo ideal desencadeou uma intensa campanha antifrentista, associando-a a uma "conspiración bolchevique mundial" (PARIS; RUIZ, 1987, p. 69). Da mesma forma, os dirigentes dos partidos fizeram

---

pelo liberalismo progressista e democrático do começo do século, era composto por duas vertentes importantes: o *batllismo* e o *riverismo*. O primeiro, majoritário, surgiu no começo do século XX dos ideais reformistas e modernizadores do ex-presidente José Batlle y Ordoñez; o segundo, liderado por Fructuoso Rivera, buscava afastar-se do intervencionismo estatal do *batllismo* em direção ao liberalismo clássico. Outras vertentes minoritárias diluíram-se nessas duas opções no decorrer da década de 1930, que se dividiram em apoiadores de Gabriel Terra (*riveristas*) e em seus opositores (*batllistas*).

23 Segundo Aguirre González (1985), dele participaram militantes do nacionalismo independente e do *batllismo*, liderados pelo caudilho Basílio Muñoz; o Partido Comunista e o Partido Socialista não participaram. As batalhas entre a ditadura e os revolucionários duraram nove dias e custaram várias vidas. A repressão *terrista* usou aviões para bombardear o acampamento dos insurgentes e, assim, desarticulou o movimento.

aprovar a "Lei de Lemas" em 1935,[24] que limitava a ação dos grupos dissidentes dos partidos hegemônicos.

A luta contra a ditadura de Terra chegou ao final do ano de 1937 com a promessa, por parte dos governistas, de convocação de novas eleições. O retorno à legalidade, sem grandes transformações políticas ou socioeconômicas no país, foi lido anos depois por Carlos Quijano como um ponto de inflexão na história uruguaia, mais relevante até mesmo do que a própria ruptura institucional representada pelo golpe de Gabriel Terra:

> El 31 de marzo es un recodo de nuestra historia: pero no lo es menos y acaso lo sea más, el año 1938. En este último, con más claridad que en aquella fecha [...] la historia del país se bifurcó. El 31 de marzo fue la reacción encabezada por las clases dominantes y más capaces. 1938, mostró que la resistencia al golpe de Estado había equivocado el camino. [...] Cuando los núcleos políticos desalojados el 31 de marzo, volvieron al gobierno, dejaron en pie no sólo las estructuras que habían posibilitado el golpe, sino también las propias construcciones de la dictadura. Se reinstalaron en el edificio conservado y reacondicionado o adornado por ésta. Todo siguió como antes y la lucha que contra la reacción se inició el 31 de marzo, en vez de abrir nuevas alternativas al país, se diluyó en una oscura confusión. (QUIJANO *apud* RAMA, 1969, p. 105)

A Frente Popular no Uruguai nunca chegou a ser estabelecida, minada pela força dos partidos tradicionais. A despeito das inúmeras tentativas de coalizão, apoiadas por um Partido Socialista consolidado e por dois grandes grupos políticos, as forças que apoiavam o *terrismo* foram cruciais, tanto para a desarticulação dessa oposição em nível eleitoral, quanto para uma transição "amena" em direção à democracia formal.

Com relação à Argentina, o país sob o governo de Justo começou a dar sinais de recuperação econômica já em 1933, por meio da assinatura de acordo com a Grã-Bretanha no que diz respeito ao comércio internacional de carnes.[25] Essa relativa esta-

---

24 Para Porrini (1994, p. 122) "Este conjunto de leyes busco favorecer una predominancia clara de los partidos Nacional y Colorado, ante el peligro cierto de disgregación y alejamiento que comenzaba a producirse en sectores de los mismos. Hay que considerar además que en la coyuntura dictatorial, se habían generado condiciones más favorables al acercamiento de las 'fracciones' no dictatoriales de los partidos colorado y nacional, con los partidos de izquierda, comunista y socialista".

25 Esses acordos ficaram conhecidos como Pacto Roca-Ruciman, por meio do qual Justo garantia a compra da carne argentina pela Inglaterra em troca de inúmeras concessões financeiras.

bilidade econômica deu novo vigor às atividades sindicais enfraquecidas desde a crise de 1929 (ROMERO, 2009, p. 83). Em 1935, centenas de grevistas se aliaram à crescente mobilização política contra Augustín P. Justo, visto como corrupto e fraudulento, e em torno das eleições presidenciais de 1937.

Os partidos de oposição começaram a articular a criação de uma Frente Popular, centrada nos representantes da União Cívica Radical (UCR),[26] que tinha alguma penetração nas massas trabalhadoras. Marcelo T. de Alvear foi alçado candidato, com a proposta de retomar as práticas da liberal democracia. No ano de 1936, a comemoração do 1º de maio representou o ponto alto desse processo, por ter agrupado todas as frentes de oposição ao golpe de setembro e à posterior "democracia" definida como fraudulenta.

> Ese año la Confederación General del Trabajo, cuya dirección se había reconstituido con predominio de socialistas y comunistas, celebró el 1º de Mayo con un acto conjunto de los distintos partidos de oposición: radicales, demo-progresistas, socialistas y comunistas adhirieran a los reclamos dos trabajadores, fustigaran a los "herederos del 6 de septiembre" y reclamaran por la libertad y la democracia. Por primera vez en esa fecha, se cantó el Himno Nacional, y Marcelo T. de Alvear fue elogiado como "un obrero auténtico de la democracia nacional" (ROMERO, 2009, p. 80).

Nas eleições de finais de 1937, concorreram Roberto M. Ortiz, pela Concordância,[27] Marcelo T. de Alvear, pela Frente Popular e Nicolás Repetto, pelo Partido Socialista, que não integrou a frente opositora. O Partido Comunista Argentino (PCA) compôs a chapa em torno do candidato radical. O processo eleitoral culminou com a vitória "fraudulenta" de Ortiz.

A Frente Popular fracassou na Argentina, derrotada pela estratégia dos grupos políticos dominantes em torno do projeto conservador. É necessário apontar que a ci-

---

26 Em relação à UCR, esta estava cindida em duas correntes: a personalista, organizada em torno de Hipólito Yrigoyen e seus herdeiros políticos, e os opositores a essa tendência, os antipersonalistas, que se aproximavam dos conservadores.

27 O governo da Concordância – nome dado à aliança política em torno de Justo – era formado pelo Partido Democrata Nacional (ou Partido Conservador), pela União Cívica Radical Antipersonalista e pelo Partido Socialista Independente.

são de grandes forças políticas do país, o Partido Socialista[28] e a UCR, podem ter sido essenciais para o enfraquecimento da coalizão, contudo, as irregularidades apontadas no processo eleitoral impedem uma real avaliação da força política arregimentada pela Frente Popular na Argentina.

Com relação ao Brasil, existe um amplo debate na historiografia sobre o caráter da Aliança Nacional Libertadora (ANL), suas motivações e principalmente sobre o papel da IC no peculiar desfecho da organização. De maneira geral, as reflexões dividem-se entre aqueles que a analisam a partir de uma articulação com Moscou e, por outro lado, aqueles que privilegiam "os fatores internos", que teriam desencadeado os movimentos armados de novembro de 1935. Entre estes últimos, cabe mencionar Nelson Werneck Sodré e Marly Vianna (1995, p. 15-21), que classificam a revolta armada como "a última manifestação dos movimentos tenentistas no Brasil".

A historiografia mais recente entende que a fundação da ANL partiu de uma ampla mobilização da sociedade brasileira no período, para além da responsabilização de uma força política específica, como o PCB ou os tenentes (DEL ROIO, 1990, p. 277). Ricardo Figueiredo de Castro destaca, neste sentido, a atuação da Comissão Jurídica e Popular de Inquérito (CJPI),[29] que recebeu o apoio de intelectuais, jornalistas, advogados, professores, estudantes, além da adesão de sindicatos, partidos políticos e deputados federais e estaduais, contribuindo para "solidificar as tentativas que então se gestavam de criação de uma ampla frente de combate ao fascismo e, sobretudo, da 'reação' representada pelo latifúndio e pelo imperialismo" (CASTRO, 1999, p. 163).

A ANL foi oficialmente fundada em 23 de março de 1935 por personalidades não vinculadas ao PCB. Luis Carlos Prestes foi aclamado presidente de honra da instituição. Entre março e julho de 1935 foram fundadas células da ANL em diversos estados e cidades brasileiras, com uma mobilização que incluía desde profissionais liberais e militares a trabalhadores manuais, sendo de principal expressão a presença dos intelectuais. Paulo Sérgio Pinheiro (1992, p. 274) entende que "a ANL inovou em

---

28 O Partido Socialista Argentino (PSA) dividiu-se em diversos grupos: os Independentes apoiaram o governo da Concordância, Nicolás Repetto manteve-se isolado em uma candidatura única, enquanto que uma dissidência de esquerda do PSA, que posteriormente daria origem ao Partido Socialista Obrero (PSO), em 1937, apoiou a coalizão frentista derrotada.

29 A Comissão Jurídica e Popular de Inquérito (CJPI) foi fundada em novembro de 1934 visando investigar o envolvimento das forças policiais na morte do militante comunista Tobias Warchavski.

termos de campanha política, promovendo manifestações, marchas, comícios, tirando a política das conversas entre cavalheiros e levando-a para as ruas".

O PCB, apesar de ter declarado, inicialmente, que não aderiria à ANL, estava presente na organização por meio da figura de Prestes e de inúmeros militantes sindicais (VIANNA, 2007, p. 343). Em julho de 1935, a declaração de Prestes, de forte cunho insurrecional, impulsionou a repressão que resultou na ilegalidade da Aliança. A partir desse momento, o PCB e os militares associados a ele passaram a ter hegemonia na organização. Del Roio aponta que, apesar da mudança de tática da IC, os militantes do PCB viam na Frente Popular uma oportunidade para tomar o "poder pela via insurrecional" (DEL ROIO, 2007, p. 63).

A proibição da legenda da ANL não minou, no entanto, os ânimos daqueles que estavam sensibilizados pelo ideal da Frente Popular. Outras organizações foram criadas para manter a mobilização, como a Frente Popular por Pão, Terra e Liberdade, em outubro de 1935, servindo mais como um expediente para driblar a interdição da ANL já que os propósitos eram os mesmos. No mês seguinte, contudo, a eclosão dos movimentos militares em Natal, Recife e Rio de Janeiro interromperam drasticamente as mobilizações com a prisão indiscriminada de militantes e simpatizantes do PCB e da ANL acusados do envolvimento na insurreição comunista.

A ANL apresentou, portanto, muitas facetas. Para os militantes comunistas, era entendida como uma Frente Única,[30] estratégia que delegaria ao PCB a direção das massas operárias pertencentes aos partidos de esquerda. Esse fato, aliado às tradições tenentistas fortemente revolucionárias e conspirativas, desencadearam a tentativa fracassada de revolução armada (VIANNA, 2003, p. 33). Já os intelectuais entendiam a organização como uma Frente Popular que havia coligado as mais amplas forças políticas brasileiras em luta contra Vargas e o fascismo.

Comparar e conectar

Referindo-se às "situações sincrônicas" que permitem a leitura da história da América Latina em paralelo, Maria Lígia Prado (2005, p. 18) retoma o clássico estudo de Marc Bloch que, na condição de crítico à restrição da historiografia ao espaço nacional, também questionava a artificialidade da ênfase na "unidade de lugar" frente à

---

30 A política de Frente Única é o nome dado às alianças previstas pela estratégia comunista da "classe contra classe". Ela permitia a unificação da classe trabalhadora de diversas tendências políticas em uma luta comum (a união "pela base"), desde que sob a direção dos partidos comunistas.

importância que deveria ser dada à "unidade do problema". Tendo em vista que a experiência do antifascismo foi comum a vários países da América Latina, o estudo dessas realidades de maneira comparada permite averiguar de que forma cada uma dessas experiências nacionais trouxeram a marca das tradições de lutas políticas e culturais que as antecederam.

A valorização do método comparativo na História, contudo, sofreu alguns revezes a partir de novas abordagens que surgiram no campo historiográfico, ou seja, com a perspectiva da história transnacional (SIGEL, 2005) ou história conectada (SUBRAHMANYAM, 1997). Os defensores desse novo enfoque passaram a julgar a história comparada, grosso modo, como demasiadamente submetida às perspectivas exclusivamente nacionais. Para este trabalho, considerou-se que tal oposição entre comparação e a abordagem transnacional ou conectada não procede, já que essas perspectivas não são excludentes. Elas partem das mesmas premissas que orientam a história comparada, que, ao estabelecer a artificialidade da "unidade de lugar", apontam para as constantes ligações e conexões entre espaços nacionais usualmente vistos de maneira isolada. Assim, o estudo comparativo aliado a uma abordagem pela ótica da circulação de ideias constitui outro aspecto importante que norteia este livro.

Para tal, os aportes teóricos de Maria Ligia Prado e Olivier Compagnon foram fundamentais por fornecerem subsídios críticos para o cotejamento dessas duas abordagens. Segundo Compagnon (2012), a América Latina é um território fecundo para o comparatismo, por abrigar sociedades próximas e ao mesmo tempo diferentes entre si; compará-las pode propiciar o estabelecimento de novas hipóteses sobre cada país e mesmo a respeito da América Latina em geral. Prado (2005, p. 30) reafirma também a possibilidade da composição das duas abordagens, porque ambas permitem assumir uma postura critica em relação às "visões eurocêntricas e dicotômicas".

Com relação ao estudo da circulação de ideias, os aportes teóricos de Serge Gruzinski foram fundamentais para o trabalho porque permitem valorizar os personagens que figuram como mediadores culturais, no caso, os intelectuais. Segundo o autor, o estudo dos indivíduos pode desvelar a maneira pela qual o local e o global se articulam e rearticulam constantemente (GRUZINSKI, 2001, p. 190). Olivier Compagnon (2009, p. 7), ao se referir ao estudo dos mediadores, aponta para uma possível apreensão mais complexa dos processos de circulação de ideias, já que possibilita o estudo dos percursos não lineares:

Ao reconstituir os itinerários pessoais dos mediadores culturais, identificando as redes de pessoas que são formadas durante o processo de difusão de um produto, descrevendo as novas sociabilidades decorrentes destas redes, certo número de pesquisas mostrou que os processos de difusão de um ponto a outro não são lineares.

O estudo dos mediadores e das instâncias de mediação (organizações, partidos, tradições políticas) relacionados aos movimentos antifascistas exigiu que fossem levados em conta os compromissos políticos desses atores, pois como procura mostrar Gabriela Pellegrino Soares (2011, p. 96), "a transmissão realizada por um *passeur* nunca é neutra". Importante nessa mediação é também, para a autora, o suporte material por meio do qual as ideias são veiculadas, pois eles "contribuem para modelar o conteúdo das ideias que veiculam e, da mesma forma, sugerem formas específicas de recepção" (SOARES, 2011, p. 91). No que tange a este livro, a imprensa pode ser considerada elemento central para o intercâmbio de ideias, bem como para a expressão pública dos mediadores que atuaram entre as realidades políticas do Cone Sul e destes com o continente europeu, sobretudo com a França.

Os intelectuais, mediadores no processo de circulação de ideias entre esses espaços, faziam parte de associações e, ao mesmo tempo, atuavam fortemente na imprensa. Pretende-se analisar a relação entre as três instâncias de mediação: a do ator individual, a das organizações antifascistas e a dos periódicos (jornais e revistas) que atuaram como veículos na circulação dessas ideias.

No que se refere ao estudo dos intelectuais, cabe mencionar, novamente, a contribuição de Jean-François Sirinellli (2003, p. 232), que propõe a retirada desses atores do "ângulo morto da pesquisa". O estudo dos intelectuais estaria, segundo o autor, cercado de questionamentos que acabaram por retirá-los do foco das pesquisas históricas; *grosso modo*, os questionamentos se referem: à proximidade no tempo, ou seja, temas relacionados à História recente; ao problema da empatia (o pesquisador é também um intelectual); sua relação com o poder (sobretudo o Estado); e, principalmente, à dificuldade em se estabelecer a real dimensão do papel dos intelectuais nos acontecimentos políticos (SIRINELLI, 2003, p. 233-235). O autor não considera válidas essas restrições, e ainda sugere que se dê atenção para estudo, não só dos "grandes" intelectuais, mas para aqueles que fazem parte do "estrato intermediário dos intelectuais de menor notoriedade", ou ainda, para os que são completamente desconhecidos (SIRINELLI, 2003, p. 246). Essa recomendação faz todo o sentido para a investigação que, ao tentar apreender um conjunto amplo de intelectuais a fim de acompanhar o processo de circulação de ideias antifascistas no plano transnacional, acabará aproximando intelectuais de renome, como Raúl González Tuñón, de outros até então ignorados, como José Barboza Mello.

O estudo das organizações antifascistas sul-americanas, que também faz parte deste trabalho, remete ao campo da Nova História Política, que ampliou as possibilidades de pesquisa a respeito de formas variadas de participação na vida pública (REMOND, 2003). A aposta feita no interstício historiográfico que havia entre "o cidadão e o poder, entre o partido e o sufrágio, entre o instituído e o informal" possibilitou estudos como o de Jean-Pierre Rioux, sobre o tema das associações políticas no cenário francês dos anos 1930. Rioux (2003, p. 103) refere-se a elas como "ativas participantes da arte política democrática", que querem influenciar a opinião pública, dispor dos meios de comunicação, circular na órbita dos partidos, agitar e promover ideias políticas.

Por fim, é necessário mencionar as referências metodológicas que fundamentam a análise dos periódicos. No que se refere aos jornais, toma-se como parâmetro as análises de Maria Helena Capelato que, em vários trabalhos, mostrou a importância da imprensa tanto como fonte quanto como objeto de estudo historiográfico. A autora destaca a atuação dos jornais como instrumentos de intervenção na esfera pública e privada, bem como na construção da história que eles, ao mesmo tempo, registram e participam (CAPELATO, 1986). A imprensa é uma fonte valiosa tanto como registro de informações de uma época quanto pela sua capacidade de produzir "representações" da sociedade.

Tânia R. de Luca, ao percorrer os caminhos dos estudos *da* e *sobre a* imprensa no Brasil, aponta alguns procedimentos imprescindíveis a serem respeitados no trato dessa fonte. O primeiro deles está relacionado à análise da materialidade dos periódicos, o que pode indicar as condições técnicas de produção da época, as práticas de leitura e circulação desse objeto e os "possíveis sentidos assumidos pelos periódicos no momento de sua circulação" (DE LUCA, 2005, p. 132). Também devem ser levados em conta os mecanismos de difusão e distribuição do periódico e sua tiragem, para tentar perceber a amplitude da recepção; essas tarefas, segundo a autora, ajudam a historicizar os impressos. A análise dos conteúdos é considerada como etapa central dos procedimentos, porque através deles podemos nos dar conta das escolhas e motivações das ideias que seus autores pretenderam transmitir. Por fim, a autora enfatiza a importância de se buscar compreender a articulação do grupo responsável pela linha editorial e seus colaboradores, colocando os periódicos – as revistas em especial – no centro dos itinerários de sociabilidade.

Beatriz Sarlo (1992, p. 10) analisa, dentro do conjunto de impressos, o papel que tiveram as revistas para os intelectuais latino-americanos. Por sua intencionalidade política, as vê como meio privilegiado para pensar "aquele presente que pretendiam transformar". A crítica literária argentina ainda aponta para o que ela chama de "geografia cultural" das revistas, que ocorre em uma dupla dimensão, ou seja, "el espacio cultural concreto donde circulan y el espacio-bricolage imaginario donde se ubican idealmente" (SARLO, 1992, p. 12). As revistas são, portanto, palco de batalhas estéticas e político-ideológicas, território fértil para pesquisar os projetos de futuro e os programas de ação intelectual.

Considera-se que esses aportes metodológicos sobre os periódicos ajudam a analisar esse tipo de documentação, por permitir a reconstituição das batalhas político-ideológicas travadas no decorrer da luta antifascista. Os periódicos contribuíram para a conformação de espaços transnacionais através dos quais as ideias antifascistas se conectavam, entrecruzavam e circulavam informações, contribuindo para melhor organização e fortalecimento da luta política nos dois lados do Atlântico.

Para a pesquisa que deu origem a este livro foram consultadas dezenas de periódicos, indispensáveis para abarcar a heterogeneidade das vozes que se manifestaram contra o fascismo. Fazem parte do elenco de periódicos antifascistas os seguintes títulos: *O Homem Livre* (1933-1934), São Paulo; *Diretrizes* (1938-1944), *Marcha* (1935) e *Movimento* (1935), do Rio de Janeiro; *Unidad, por la defensa de la cultura* (1936-1938), de Buenos Aires e *AIAPE, por la defensa de la cultura* (1936-1944),[31] Montevidéu. Ademais, algumas publicações secundárias como *Contra-fascismo* (1936) e *Monde* (1936), de Buenos Aires e Montevidéu, respectivamente, foram analisadas.

Além desses, foram consultados órgãos da imprensa ligados aos partidos comunistas; apesar da grande irregularidade na circulação, eles foram muito importantes para a compreensão do posicionamento dos partidos locais. Foram consultados: o jornal *Classe Operária* (1928-1942), que teve pouco envolvimento na mobilização de intelectuais para a luta antifascista, e também o *Jornal do Povo* (1934), que circulou no

---

31   Para a elaboração deste trabalho se utilizou documentação inédita pertencente à Seção de Arquivo e Documentação do Instituto de Letras (SADIL), da Faculdade de Humanidades e Ciências da Educação, Universidade de la República (Montevidéu). Coleção AIAPE, por la defensa de la cultura.

Rio de Janeiro e congregou em sua redação alguns intelectuais. Por meio do jornal uruguaio *Justicia* (1919 -19?) e do argentino *La Internacional* (1932-1936) foi possível recuperar aspectos importantes do cotidiano das lutas antiguerreiras na região do Prata. Com esse objetivo também foram consultados o *Boletín del Comité Organizador del Congreso Anti-Guerrero Latinoamericano* (1932-1933) e o *Frente Anti-Guerrero* (1933), da Argentina. Algumas revistas doutrinárias ou sindicais publicadas na região serviram para reconstituir a interpretação dos comunistas sobre a luta contra o fascismo e sobre as mobilizações para a luta contra a guerra. Trata-se das revistas argentinas *Soviet* (1933-1935); *1936* (1936), *Nuestra Revista* (1937-1938) e *El Trabajador Latinoamericano* (1932-1933), órgão da Confederação Sindical Latino-americana (CSLA), e *Movimiento* (1933-1936), da Confederação de Trabalhadores Intelectuais do Uruguai (CTIU), ambas de Montevidéu.

Foram pesquisadas também revistas dedicadas à divulgação cultural, criadas pelos comunistas, mas não configuradas como imprensa partidária: *Contra* (1933), *Actualidad* (1932-1936) e *Nueva Revista* (1934-1935), todas argentinas; *Cultura*, mensário democrático (1938-1940), do Rio de Janeiro, *Problemas* (1937-1938), de São Paulo e *Seiva* (1938-1943), de Salvador.

A imprensa militante de outras tendências também foi consultada. Refiro-me a jornais e revistas socialistas do Uruguai, da Argentina e, em pequena escala, do Brasil.[32] O uruguaio Emilio Frugoni, diretor do jornal *El Sol* (1922-1967) foi um ativo participante da AIAPE de seu país. O mesmo pode se dizer das dissidências de esquerda do Partido Socialista Argentino que, por meio de suas publicações *Izquierda* (1934-35) e *Avance* (1937-1938), dialogaram com as publicações da AIAPE argentina. O maior destaque, no entanto, deve ser dado à revista *Claridad*, (1926-1941), do militante socialista Antonio Zamorra que, nos anos 1930, transformou sua revista em uma plataforma da luta antifascista para intelectuais de diversas tendências.

O clima político de defesa das Frentes Populares possibilitou a criação de diversos periódicos. Pelo menos um deles foi fruto da ação direta do Partido Comunista: o jornal *A Manhã* (1935), do Rio de Janeiro. Este diário foi dirigido pelo jornalista comunista Pedro Motta Lima durante os nove meses que antecederam os movimentos militares de 1935 no Brasil, e teve atuação importante na divulgação de plataformas da

---

32 Em relação ao Brasil, constatamos que a imprensa socialista desse período era pouco significativa. Do Partido Socialista Brasileiro (PSB), seção São Paulo, destacam-se a revista *Socialismo* (1933-1934), e *Luta social*, órgão do PSB paulista (1933-1934).

ANL, tanto com relação às questões político-econômicas como à política cultural. Seu correspondente em São Paulo foi *A Platéa* (1888-1942), jornal de longa vida que, em 1935, também apoiou a ANL.[33] Por fim, o jornal *O Homem Livre* (1933-1936), criado por Hamilton Barata no Rio de Janeiro, também deu suporte à ANL, apesar da falta de clareza ideológica de seu criador.

Como publicações frentistas foram pesquisados também os jornais criados pelas vertentes de esquerda dos partidos tradicionais uruguaios: *Avanzar* (1930-1940), da dissidência do Partido Colorado, e *Acción* (1932-1939), dos social-democratas, dirigido por Carlos Quijano.[34]

Pela importância inegável que algumas publicações tiveram para o debate nos anos 1930, revistas culturais foram incorporadas às fontes desta investigação: as brasileiras *Revista Acadêmica* (1933-1945), *Boletim de Ariel* (1931-1939), *Dom Casmurro* (1937-1945) e *Lanterna Verde* (1934-1944); a argentina *Sur* (1931-1992), que nos anos 1930 teve importante atuação na luta antifascista, apesar de sua postura anticomunista; o boletim uruguaio *Ensayos* (1936-1939) e a tradicional revista *Marcha* (1939-1974), que também estiveram envolvidos na luta contra o fascismo.

Por fim, tendo em vista a importância da circulação de ideias antifascistas entre a França e o Cone Sul, foram consultadas as seguintes revistas francesas, porta-vozes de grupos antifascistas: *Commune* (1933-1939), da Associação de Escritores e Artistas Revolucionários (AEAR); *Vigilance* (1934-1938) e *Informations* (1938-1939), do Comitê de Vigilância de Intelectuais Antifascistas (CVIA); *Bulletin* (1932) e *Front Mondial* (1933-1935), do Comitê Mundial contra a Guerra, além de *Monde* (1928-1935), dirigida por Henri Barbusse, e *Clarté* (1936-1939), criada por Romain Rolland e Paul Langevin.

Este livro está dividido em duas partes. A primeira concentra-se na trajetória das associações e das publicações por elas produzidas. No capítulo 1, procurou-se recuperar a trajetória das agrupações de intelectuais argentinas, brasileiras e uruguaias

---

33 Segundo Capelato (1986), durante sua longa existência o periódico apresentou diferentes – e mesmo contraditórias – orientações políticas. Sob a direção de Brasil Gerson, em 1935, foi perseguido e interditado no final do ano. Retomou as atividades sob outra direção como uma publicação pró-nazista e foi proibido novamente em 1942, quando Getúlio Vargas posiciona-se pelos Aliados na Segunda Guerra Mundial.

34 Na Argentina não foram encontrados periódicos com essas características.

que estiveram envolvidas com as atividades das Frentes Populares e com a "defesa da cultura". Trata-se da Agrupación de Intelectuales, Artistas, Periodistas y Escritores (AIAPE), surgida na Argentina (1935) e no Uruguai (1936), e dos agrupamentos de intelectuais que apoiaram a Aliança Nacional Libertadora (ANL), o Centro de Defesa da Cultura Popular (CDCP) e o Clube de Cultura Moderna (CCM), ambos de 1935. No capítulo 2, apresentamos uma análise dos periódicos antifascistas, em busca de compreender sua forma de atuação e os sentidos atribuídos à luta contra o fascismo. Nesse momento também é possível compreender os sentidos e práticas tomados pelos grupos que atuavam sob o mote da "defesa da cultura".

Na segunda parte, o objetivo é o aprofundamento da análise sobre a circulação de ideias entre as associações antifascistas do Cone Sul e destas com a França. No capítulo 3, a pesquisa se debruçou no intercâmbio de ideias estabelecido pela imprensa, buscando mapear a circulação dos impressos bem como colaborações e trocas entre os diversos atores envolvidos na luta. No capítulo 4, outra instância de circulação de ideias foi investigada, a dos congressos ocorridos no período, que serviram para trocas intelectuais de forte potencial mobilizador. Por fim, no capítulo 5, buscamos enfocar a análise em algumas questões a respeito da mobilização desses intelectuais, questões estas que surgem situadas no cruzamento entre as realidades locais e internacionais.[35]

---

35 Na redação, optamos pela tradução das citações em francês e inglês. Quanto ao português, a imensa variedade de estilos e grafias na imprensa brasileira exigiu a uniformização nos padrões gramaticais atuais, com vista a facilitar a leitura.

Unidad, por la defensa de la cultura (Buenos Aires)
Acervo do Cedinci

PARTE I

Associações, imprensa e intelectuais na luta antifascista

APRESENTAÇÃO

Em meio às articulações políticas em prol das Frentes Populares e animadas pelos ideais do antifascismo internacional, diversas organizações de intelectuais surgiram nos países do Cone Sul com vistas a combater os governos autoritários em seus países. Para a abordagem comparativa da história dessas organizações, mostrando as conexões entre elas, é necessário apontar, em primeiro lugar, que a experiência do antifascismo intelectual no Brasil possui uma trajetória peculiar, interrompida pela repressão política, resultando no seu distanciamento das agrupações do Prata que apresentaram uma existência simultânea. Além desse aspecto, deve ser destacada a imensa diferença na produção historiográfica sobre as organizações; enquanto a associação argentina foi a que recebeu maior atenção dos historiadores, sua homônima uruguaia ainda não mereceu nenhuma pesquisa monográfica. Quanto à ANL, a despeito da ampla historiografia sobre o funcionamento da organização, não existem estudos dedicados especificamente aos agrupamentos intelectuais que a ela deram apoio.

Apesar da ausência de estudos, é possível afirmar que a organização com maior representatividade para a vida cultural de seu país foi a uruguaia, porque logrou articular, pelo menos até 1939, boa parte da intelectualidade oriental. No caso argentino, a experiência do antifascismo é vista como crucial para o surgimento de um nacionalismo de esquerda que atuou na oposição posterior ao peronismo, o que indica sua permanência na sociedade (PASOLINI, 2005). Quanto ao Brasil, a trajetória dos intelectuais militantes dos anos 1930, mesmo que atribulada e interrompida pela repressão, foi duradoura: reorganizada nos anos 1940, mesclou-se com as lutas posteriores pela redemocratização do país e pela defesa da cultura nacional.

As associações de intelectuais surgidas naquele momento no Cone Sul inspiraram-se nos movimentos franceses, que haviam sido criados em circunstâncias similares. Como resposta à já referida experiência do 6 de fevereiro de 1934, havia sido criado o Comitê de Vigilância de Intelectuais Antifascistas (CVIA) em Paris; em 1932, já tinha ocorrido a articulação do movimento Amsterdã-Pleyel, voltado inicialmente para a pauta antiguerreira, que logo aderiu à luta antifascista. Em paralelo, as associações de escritores deram origem aos Congressos de Escritores pela Defesa da Cultura (Paris, 1935 e Espanha, 1937). Os intelectuais antifascistas se integraram nesses três cenários da luta que, em maior ou menor grau, estiveram sob a coordenação da IC. O CVIA e os Congressos de Escritores tiveram trajetórias bastante diversas e foram marcados por tensões e discordâncias em relação à linha de interpretação da IC no que concernia ao papel dos intelectuais nas lutas políticas.

Parte das tensões ocorria entre a União Internacional de Escritores (UIER ou MOPR, em russo), criada em 1927 na URSS e desdobrada em agrupamentos a ela filiados, como a parisiense Associação de Escritores e Artistas Revolucionários (AEAR), a Liga de Escritores Americanos e o John Reed Clubs (nos EUA), a Associação Russa de Escritores Proletários (RAPP) etc. Após a realização do Congresso de Escritores de Moscou, em 1934, a RAPP foi extinta e transformada em União de Escritores Soviéticos, com vistas a circunscrever a ação dos escritores às novas orientações do realismo socialista (ROBIN, 1986, p. 36). O projeto de Stalin de extinção da UIER acabou por fortalecer, temporariamente, a Associação de Escritores e Artistas Revolucionários (AEAR) e a recém-fundada Associação Internacional pela Defesa da Cultura (AIDC). O fortalecimento dessas associações francesas colocou Paris no centro das mobilizações antifascistas (TERONI; KLEIN, 2005, p. 41). Esse fato explica, pelo menos em parte, o papel central ocupado pelos intelectuais franceses na disseminação internacional da luta e justifica a necessidade de relacionar o antifascismo no Cone Sul às associações europeias em geral e às francesas em particular, tendo em vista que a circulação de ideias entre esses dois mundos foi intensa no período.

CAPÍTULO 1

O antifascismo como experiência associativa no Cone Sul

A atuação dos intelectuais do Cone Sul na luta contra o fascismo mostrou-se bastante semelhante: dedicaram-se ativamente à produção e disseminação de conhecimento, tanto direcionada aos setores populares como a seus pares, por meio de palestras, conferências e debates. O fomento das atividades culturais assumia, nessa conjuntura, o caráter de contrapropaganda frente à disseminação das ideologias autoritárias e fascistas. Os intelectuais também criaram associações que contribuíram para a renovação da atmosfera artística em seus países, por meio da inserção de novos artistas plásticos, renovação da crítica e pressão para a ampliação dos espaços públicos de promoção das artes.

Como se procurou mostrar, a atuação dos intelectuais no âmbito das lutas antifascistas no Cone Sul resultou de um cruzamento entre aspirações de transformação política e social e luta pela afirmação do intelectual como sujeito coletivo, atuante na sociedade, sobretudo na condição de crítico. O posicionamento dos intelectuais foi mediado por diferentes instâncias (partidos políticos, tradições filosóficas etc.), o que contribuiu para a heterogeneidade de vozes nas associações antifascistas, com maior ou menor presença dos comunistas, reformistas, radicais, positivistas, socialistas etc.

Como a intelectualidade francesa era fonte de inspiração para essas associações, buscou-se reconstituir o diálogo que se estabeleceu, no período, entre os franceses e os intelectuais do Cone Sul. No entanto, ao final da década de 1930, o enfraquecimento dos ideais que motivaram a ação conjunta decorrente da assinatura do pacto Germano Soviético e o início da Segunda Guerra Mundial provocaram reações diversas: do rechaço indignado a qualquer aliança futura com a URSS e os comunistas ao absoluto silêncio, inspirado ou não pela opção da neutralidade nos conflitos europeus. O desencanto com o que estava ocorrendo no Velho Mundo acabou fazendo com que as associações antifascistas do Cone Sul se distanciassem da intelectualidade francesa e se aproximassem dos EUA; esse movimento, acompanhado pelo despertar de um sentimento pan-americanista, será apenas anunciado neste livro, sendo seu aprofundamento delegado a estudos futuros.

A INTELECTUALIDADE BRASILEIRA CONTRA O FASCISMO: ENTRE O SECTARISMO E A REPRESSÃO

Para o estudo da luta dos intelectuais antifascistas no Brasil é necessário estabelecer uma periodização que dê conta de mapear a especificidade da situação política nacional. Num primeiro momento, a partir do impacto da ascensão de Hitler ao poder em 1933, a atuação do intelectual ocorreu concentrada em duas organizações que disputavam os motes da luta antifascista. Essa estava marcada pelos ideais antiguerreiros e pelo sectarismo. Logo em 1935 se pode visualizar uma segunda etapa, quando houve uma tentativa por parte dos intelectuais em formalizar ações conjuntas, focalizada nos grupos surgidos em torno da ANL. Finalmente, nos sombrios anos de repressão policial, alguns intelectuais, mesmo sem o suporte de organizações, realizaram uma ação moderada, mas permanente, na imprensa brasileira. Nesse último período destacou-se também a militância dos intelectuais exilados nos países do Cone Sul, como se verá no capítulo 3.

A LUTA ANTIFASCISTA EM DISPUTA

No início dos anos 1930, a Frente Única Antifascista (FUA) despontou como a organização pioneira na luta contra o fascismo. A frente, criada em 25 de junho de 1933, foi formada por diversas organizações políticas de São Paulo,[1] destacando-se a Liga Comunista (LC), de orientação trotskista e o Partido Socialista Brasileiro (PSB),[2] seção São Paulo (ABRAMO, 1984, p. 69). Nesse período, a FUA disputava a

---

[1] Apesar desses grupos estarem centrados no eixo Rio-São Paulo, é importante notar a aparição posterior de grupos como a Ação Pernambucana contra o Fascismo, no Recife (PE) e o Comitê Antiguerreiro e Antifascista no Rio Grande do Sul, demonstrando que a luta contra o fascismo no Brasil não foi exclusiva da região sudeste do país.

[2] O PSB em São Paulo foi fundado por um grupo de tenentes que havia participado dos movimentos de 1930 e que se afastara tanto de Vargas como do grupo de apoiadores de Luiz Carlos Prestes. Desde 1933 o grupo de São Paulo partilha de concepções marxistas, o que o diferencia dos militantes desse

hegemonia da luta antifascista com o Comitê Antiguerreiro, capitaneado pelo PCB.[3] Da Frente Única participaram também importantes militantes da comunidade italiana, como Gofredo Rossini e Francesco Frola, o que garantiu a articulação com a luta antifascista impetrada pelas comunidades imigrantes italianas desde os anos 1920 (BERTONHA, 1999).

A LC considerava-se uma dissidência de esquerda dentro do PCB. A organização, que aderiu oficialmente à IV Internacional somente em 1934, serviu como refúgio aos intelectuais que não aceitavam a postura anti-intelectualista adotada pelo PCB que, naquele momento, estava no auge de sua fase sectária (DEL ROIO, 1990, p. 225). Tendo como principal objetivo político a articulação de uma Frente Única, a FUA buscou enfrentar dissidências e sectarismos, tendo esmorecido, em fins de 1934, quando o PCB tomou a iniciativa de articular o movimento frentista.

A FUA demonstrava interesse pelas ações culturais. Por meio de sua publicação acompanhamos críticas de arte, cinema e música realizadas por Fernando Mendes de Almeida, Amadeu Amaral Jr., Sergio Milliet, além de Lívio Abramo e Geraldo Ferraz, este último também diretor do periódico O Homem Livre (1933-1934). Mario Pedrosa foi um dos mais ilustres integrantes da associação, tendo se destacado, principalmente, como crítico de arte. Em O Homem Livre publicou um dos seus mais reconhecidos trabalhos sobre a "arte social",[4] escrito por ocasião da exposição da artista plástica Käthe Kollwitz, no Clube dos Artistas Modernos (CAM) de São Paulo (AMARAL, 1987, p. 38).

O CAM surgiu em novembro de 1932 e, como a FUA, representava um espaço pelo qual circulavam militantes, artistas e intelectuais. Em decorrência do surgimento dessas associações, o ano de 1933 foi marcado por uma efervescência artística e repre-

---

partido em outros estados. Além destes grupos já mencionados, segundo Castro (2002, p. 360) participaram da fundação da FUA o Grêmio Universitário Socialista, a União dos Trabalhadores Gráficos (UTG), a Legião Cívica 5 de Julho, o grupo socialista "Giacomo Matteotti" e o grupo "Italia Libera".

3   O PCB não participou da fundação da FUA, mas alguns militantes chegaram a atuar em conjunto em alguns momentos.

4   O artigo de Mario Pedrosa é considerado um dos fundadores da crítica de arte brasileira. O texto concilia reflexões sobre a expressão plástica com análise marxista, superando o modelo descritivo e pouco profundo das críticas de arte presentes na imprensa brasileira. Pedrosa realizou, nesse artigo, uma defesa da arte política, envolvida com as lutas de seu tempo. O artigo "As Tendências Sociais da Arte e Käthe Kollwitz" foi originalmente publicado em O Homem Livre, São Paulo, ano 1, n. 6, 2 jul. 1933 e nas edições seguintes.

sentou um marco na politização dos artistas (AMARAL, 1987, p. 41). Segundo Flávio de Carvalho, um dos fundadores do CAM em conjunto com Di Cavalcanti, Carlos Prado e Gomide, o clube havia sido criado "para preencher uma necessidade e por motivos de conveniências" tendo como objetivo promover "reunião, modelo coletivo, assinaturas de revistas sobre arte, manutenção de um bar, conferências, exposições, formação de uma biblioteca sobre arte, e defesa dos interesses de classe" (CARVALHO, 1939). Entre as inúmeras atividades realizadas pelo clube estavam as conferências, recitais e exposições mencionadas por Flávio de Carvalho (1939):

> [...] Nelson Tabajara fala sobre a China, Tarsila sobre arte proletária (houve violentas e interessantes discussões sobre este assunto), Jaime Adour fala de Bopp, Amadeu Amaral Júnior, Nelson Rezende, Mario Pedrosa, Caio Prado Júnior (recém-chegado da Rússia, na sua famosa conferência onde a assistência se prolongava a mais de 150 metros pela rua), o recital de Maria Paula com a poesia de Bopp, várias exposições como a de Käthe Kollwitz, uma exposição de cartazes russos contendo vida, novidade e interesse.

A conferência de David Alfaros Siqueiros realizada no CAM teve grande repercussão. O muralista mexicano e militante comunista estava de passagem pelo Brasil em meio a uma turnê por diversos países sul-americanos e discorreu sobre a técnica da pintura mural. Siqueiros passou depois pelo Rio de Janeiro, onde realizou outra conferência, sendo apresentado à assistência por Di Cavalcanti (BARBOSA, 2010, p. 113). Como se verá mais adiante, o pintor mexicano foi muito importante para o fomento da organização de intelectuais no Uruguai e teve contatos com a intelectualidade argentina nesse período. Flávio de Carvalho (1939) recorda "a assistência imóvel, hipnotizada" que escutou Siqueiros durante quatro horas no evento de São Paulo:

> Siqueiros era político e seu vigor em oratória provinha de suas condições políticas; o ambiente irreverente, irresponsável e livre do Clube o inspirava. Ele sentia-se bem entre nós.
> As suas ideias políticas uma ou outra vez afetaram a cor e a forma dos seus argumentos – coisa rara em elementos radicais.

Outro evento promovido pelo CAM que teve grande ressonância nos meios políticos e artísticos foi a já referida exposição das obras de Käthe Kollwitz (DE

SIMONE, 2004, p. 183-185).⁵ Os traços intensos da gravurista, aliados à temática antibelicista de suas obras deixou marcas na produção plástica brasileira: Lívio Abramo, então militante da FUA, inspirou-se na obra da artista alemã para a realização de suas xilogravuras, que eram estampadas nas páginas de O Homem Livre (NEPOMUCENO, 2012).

O CAM foi desarticulado em 1934, por conta da perseguição policial ao Teatro da Experiência, de Flávio de Carvalho. A peça Bailado do Deus Morto desencadeou violenta reação na imprensa conservadora e foi alvo da atuação da Delegacia dos Costumes; as seguidas intervenções policiais acabaram por desarticular o grupo teatral e o próprio CAM.

O PCB se manteve relativamente à parte da intensa atividade cultural desenvolvida em torno do CAM, embora alguns de seus membros tenham marcado presença nessa associação. Em princípios de 1933, o partido promoveu a criação dos comitês antiguerreiros, que se consideravam "filiados ao Comitê Mundial de Luta Contra a Guerra" (CASTRO, 2002b, p. 359). É necessário entender a mobilização comunista contra a guerra como associada à luta antifascista, pois, segundo Del Roio (1990, p. 237), "como o fascismo [...] está intrinsecamente ligado ao armamentismo e à guerra, a luta contra um revertia sobre o outro".

As ações do Comitê Antiguerreiro (que ainda em 1933 substitui seu nome para Comitê de Luta contra a Reação, o Fascismo e a Guerra Imperialista) eram coerentes com os ideais da fase obrerista do PCB, valorizando a participação de operários e representantes sindicais mais do que a presença dos intelectuais. Mas a chamada à adesão não deixava explícita essa preferência: no texto publicado no jornal A Platéa, o comitê anunciou que "continuaria a receber as adesões de todos quantos simpatizam com a causa por que se bate, sem distinção de credo político ou religioso, nacionalidade ou cor", indicando uma lista dos intelectuais que já haviam aderido ao comitê, o que demonstra que a adesão deles foi valorizada. Foram referenciados, em São Paulo, a pintora Tarsila do Amaral, o jornalista Nabor Cayres Brito, a anarquista Maria Lacerda de Moura, assim como outros "escritores e artistas de projeção universal".⁶

---

5   Em 1933, a sociedade artística carioca Pró-arte assinou um acordo com o CAM para a realização de intercâmbios artísticos. A Pró-arte era dirigida, neste momento, por seu fundador Theodor Heuberguer, alemão residente no Brasil desde 1924, que atuava como animador cultural. Desse convênio entre a Pró-arte e o CAM surgiu a exposição de Kate em São Paulo.

6   CONTRA as Guerras. A Platéa, São Paulo, 2 mar. 1933.

No entanto, o final do texto reafirma "o rumo eminentemente prático" que deveria ser tomado pelo comitê, o que demonstra a valorização da ação em detrimento das atividades do pensamento.

Em virtude dessa orientação, as atividades jornalísticas, bem como a produção teórica e artística, não tiveram grande destaque nas posições antiguerreiras do PCB. A exceção coube à pintora Tarsila do Amaral, que apenas nesse momento se aproximou do PCB e logo foi enviada como delegada brasileira ao Congresso antiguerreiro latino-americano de Montevidéu, em março de 1933. Tarsila havia recentemente voltado da URSS, onde fora juntamente com Osório César, um reconhecido psiquiatra comunista e seu companheiro na época. Essa viagem marcou profundamente sua obra, que passou a revelar, claramente, a incorporação de temas sociais: as obras *Operários* e *Segunda Classe* foram realizadas nesse mesmo ano. A pintora, que voltou da URSS impressionada com a arte soviética, realizou palestra sobre o tema no CAM, tendo sido alvo de um relatório reservado da polícia política em que era definida como "incontestavelmente [...] a maior e mais arrojada comunista dentre todas as comunistas nacionais".[7] No entanto, segundo Osório Cesar, revolução social não era preocupação de Tarsila, pois ela se sentia deslocada do meio proletário, como ele pode constatar nos eventos em que compareceram juntos no Uruguai (AMARAL, 2003, p. 372).

Nos momentos iniciais da luta antifascista em que se engajaram os intelectuais brasileiros, fica evidente a fragilidade das alianças e a dificuldade em estabelecer ações conjuntas entre as distintas vertentes de esquerda no país. O exemplo mais conhecido de união das forças antifascistas no período foi a "Batalha da Praça da Sé", em outubro de 1934. O confronto armado entre as organizações antifascistas e o integralismo, que realizava constantes marchas e manifestações pela cidade (CASTRO, 2002b, p. 372),

---

7   O texto do relatório dizia ainda: "É a maior porque impressiona e quase converte todos que a ouvem. É também a mais arrojada, porquanto os seus parceiros procuram sempre arrabaldes e lugares ocultos para pregarem o comunismo, ao tempo em que ela se serve de salões nobres, onde, sem rodeios, ensina teórica e praticamente a doutrina vermelha. TARSILA está munida de todos os petrechos de propaganda comunista. Seu 'museu' é extraordinário, é além da expectativa; são discos, músicas, quadros, jornais, revistas etc., ontem, por exemplo, expostos à curiosidade pública". Prontuário n. 1680 – Tarsila do Amaral. DEOPS/SP – Apesp.

teve participação da FUA e de alguns militantes do PCB,[8] e resultou em mortos e feridos entre antifascistas, integralistas e policiais.

A memória histórica do evento evidencia a disputa em torno dos papéis assumidos pela FUA e pelo PCB. O trotskista e integrante da FUA, Fúlvio Abramo (1984, p. 5), relata, em obra memorialística, os eventos de outubro de 1934 com a intenção de "desmistificar uma suposta historiografia" realizada por "historiadores sólida e fielmente comprometidos a mentir em favor de certas tendências ditas de 'esquerda'". Segundo Fúlvio, a iniciativa da contramanifestação veio exclusivamente da FUA, pois, naquele momento, era a única organização comprometida com a ideia de Frente Única. Por outro lado, Eduardo Maffei (1984, p. 75), membro da Juventude Comunista, afirma que o PCB foi o "motor que proporcionou a formação da frente única anti-integralista". Os dois, contudo, coincidem nas recordações a respeito do enorme tempo perdido em discussões entre stalinistas e trotskistas durante as reuniões preparatórias (ABRAMO, 1984, p. 12; MAFFEI, 1948, p. 78).

No entanto, apesar das posturas sectárias do PCB e do isolamento das outras correntes da esquerda, a intelectualidade logrou estabelecer espaços de sociabilidade e de promoção cultural e crítica. A experiência do CAM aglutinou comunistas e trotskistas, de Siqueiros e Caio Prado Jr. a Mario Pedrosa, em um ambiente de sociabilidade e de debate intelectual sobre os temas candentes do momento. Também cabe mencionar o exemplo de Tarsila do Amaral e Osório César[9] que, ao mesmo tempo, representavam o PCB nos eventos de Montevidéu e participavam ativamente do CAM por meio de exposições e conferências (CARVALHO, 1939).

OS INTELECTUAIS DA ANL: POVO, POLÍTICA E CULTURA

O ano de 1935 representou o momento de ebulição da luta antifascista no Brasil. Proliferaram organizações políticas e culturais que contribuíram para agregar

---

8   Segundo Vianna (2003, p. 32), o núcleo central dos dirigentes do PCB estava em Moscou, portanto houve a participação de apenas alguns manifestantes, como Noé Gertel e Arnaldo Pedroso D'Horta.

9   Osório César, psiquiatra, realizou um pioneiro trabalho no Juqueri a partir do incentivo à produção artística pelos pacientes do hospital. O CAM promoveu uma exposição artística no "Mês das crianças e dos Loucos" onde foram exibidas as produções plásticas dos pacientes e das crianças de escolas públicas, segundo o relato de Flávio de Carvalho (1939), em um "grito de revolta contra as paredes asfixiantes das Escolas de Belas Artes que corrigindo e polindo procuram sempre impor aos alunos a personalidade frequentemente mofada e gasta dos professores".

outras vozes no debate da época. Esta mobilização da intelectualidade estava inserida em um contexto de politização a partir da disseminação do marxismo. Segundo Marcos Del Roio (1990, p. 279):

> Além da juventude estudantil, também boa parte da intelectualidade se politizava, aproximando-se do marxismo. Em 1934-1935 houve uma grande expansão do pensamento marxista entre a intelectualidade, com a divulgação mais intensa da obra de Marx, que diante da ofensiva do fascismo se aproximava do comunismo em chave antifascista e democrática.

Em torno da ANL e por ela inspirados, surgiram diversos grupos que abrigaram intelectuais preocupados com as questões culturais; a mobilização deslocara-se de São Paulo para o Rio e Janeiro. O programa da ANL tratava exclusivamente de temas políticos e econômicos,[10] cabendo ao Centro de Defesa da Cultura Popular (CDCP, também chamado de Liga de Defesa da Cultura Popular) e ao Clube de Cultura Moderna (CCM) as propostas e ações naquele campo.

O CDCP foi criado com o objetivo de atuar como um centro de formação, de acesso livre e gratuito, para difundir conhecimento às classes populares. O grupo estava baseado na concepção de que estas desejavam "satisfazer sua insaciável sede cultural que as domina neste momento",[11] como se pode constatar pelo manifesto da organização, publicado em diversos jornais e revistas entre abril e maio de 1935:

> A causa do novo interesse de nossos patrícios pelas coisas do pensamento é uma causa econômica. Deve ser procurada no agravamento da crise mundial, refletido com bastante nitidez nesse setor semicolonial que é o Brasil. O interesse pelo estudo nasceu da revolta do trabalhador contra a situação insustentável em que se achava

---

10 Em síntese, o programa da ANL era a suspensão definitiva do pagamento das dividas imperialistas do Brasil [...]; nacionalização imediata de todas as empresas imperialistas [...]; proteção dos pequenos e médios proprietários e lavradores, entrega das terras dos grandes proprietários aos camponeses e trabalhadores rurais que as cultivassem [...]; gozo das mais amplas liberdades populares [...]; constituição de um governo popular. Cf. SISSON, Roberto. "A ANL expõe ao povo, mais uma vez, o programa da ANL", *A Manhã*, Rio de Janeiro, n. 38, 8 jun. 1935, p. 2.

11 MARTINS, Luiz. "Cultura atual para todos os homens", *O Homem Livre*, Rio de Janeiro, n. 90, p. 1-3, 27 abr. 1935.

e se acha. Nasceu da vontade de saber se não há solução para os problemas da hora presente.[12]

O esperado contato com as classes populares ocorreu por meio da atuação em organizações operárias, como os cursos organizados nos sindicatos da Construção Civil e da Federação da Juventude Mineira.[13] Os integrantes do CDCP se auto referiam como "intelectuais e artistas que pretendem se colocar ao lado do povo, dizendo-lhe diretamente o pouco que sabem, numa obra de cooperação cultural para defesa das ideias mais sãs".[14] A proposta de fundo contida no manifesto fundacional era diminuir a distância entre os trabalhadores manuais e intelectuais, recorrendo a uma estratégia discursiva que delegava ao povo a elaboração do "verdadeiro" pensamento. Segundo o documento:

> Hoje em dia o pensamento abandonou os salões e as igrejinhas das classes opressoras para se refugiar no seio das massas. É entre o povo que os trabalhadores intelectuais abaixo assinados o vão procurar e é com o povo que querem ficar. Não se veja nessa iniciativa qualquer menosprezo às organizações literárias já existentes. Nada disso: o CDCP quer colaborar com elas, cumprindo, porém, ao mesmo tempo, a sua missão própria. O CDCP quer estabelecer a aproximação do trabalhador que estuda e do intelectual que trabalha.[15]

Nos poucos registros sobre o funcionamento do CDCP encontramos poucas referências a tais ações de intercâmbio entre intelectuais e trabalhadores manuais. Suas atividades aparecem relacionadas a reuniões e palestras por meio das quais pretendiam informar e debater os problemas políticos do momento. Não há relatos do tipo de público que frequentava os encontros. As conferências que ocorreram durante o ano de 1935, nenhuma delas transcrita na íntegra na imprensa, versavam sobre temas presentes no programa da ANL. Nicanor Nascimento discorreu sobre "A penetração imperialista na América do Sul" e Carlos Lacerda, a respeito da "Imprensa como arma

---

12 LIGA DE DEFESA DA CULTURA POPULAR. "Pela defesa da Cultura Popular". *Revista Acadêmica*, Rio de Janeiro, ano 2, n. 11, mai. 1935.
13 O POVO mineiro repele o integralismo. *A Manhã*, Rio de Janeiro, n. 189, p. 6, 24 nov. 1935.
14 MARTINS, Luiz. *op. cit.*
15 PELA DEFESA da Cultura Popular. *Revista Acadêmica*, Rio de Janeiro, ano 2, n. 11, mai. 1935.

do imperialismo".[16] Há também um depoimento de Wagner Cavalcanti intitulado "Porque deixei o integralismo", com a intenção de testemunhar as verdadeiras intenções da AIB.[17] Como se pode notar, apesar da referência à cultura no nome da agrupação, nenhuma palestra tratou efetivamente do tema. Outros eventos foram planejados, mas não se sabe se chegaram a ocorrer; entre eles, uma conferência sobre a "Arte proletária brasileira (samba)".[18]

Em junho de 1935, em uma assembleia do centro foi aprovado "por unanimidade" o apoio à ANL e definido o jornal *A Manhã* como porta-voz oficial do grupo. As atividades do CDCP foram ali relatadas em pequenas notas, ou seja, sem grande destaque.

O diretor do CDCP era o jornalista Amadeu Amaral Jr., a quem se devia grande parte da organização do grupo.[19] Filho de família paulista abastada, mas rompido com ela (SILVEIRA, 1998, p. 133), Amadeu chegou a contribuir na publicação da FUA antes de sua mudança para o Rio de Janeiro. Nessa cidade, em 1934, militara no grupo comunista articulado em torno do *Jornal do Povo*, de Aparício Torelly. Foi indicado como redator do jornal em uma nota sobre sua prisão na manifestação da Frente Única em outubro daquele ano.[20] Preso após os movimentos de 1935, Amadeu compartilhou o cárcere com Graciliano Ramos, que teceu, em suas memórias, comentários pouco elogiosos sobre suas qualidades literárias (RAMOS, 1982, p. 218-110).[21]

Durante os anos 1930, houve colaborações esporádicas de Amadeu na imprensa envolvida na luta contra o fascismo. Em 1935, publicou um comentário sobre o livro *Marcha sobre Roma e arredores*, do socialista italiano Emilio Lusso, recomen-

---

16 CENTRO de Defesa da Cultura Popular. *A Manhã*, Rio de Janeiro, n. 35, p. 7, 05 jun. 1935.
17 O NÚCLEO de Acadêmicos da Medicina e o Centro de Defesa da Cultura Popular promovem conferências. *A Manhã*, Rio de Janeiro, n. 57, p. 8, 30 jun. 1935.
18 MARTINS, Luiz, *op. cit.*
19 MARTINS, Luiz, *op. cit.*
20 MAIS um preso: Amadeu Amaral Jr. *Jornal do Povo*, Rio de Janeiro, ano 1, n. 5, p. 3, 12 out. 1934.
21 A narrativa conta que Amadeu Amaral Jr. pediu a opinião de Graciliano Ramos sobre um romance que estava escrevendo na prisão, o qual Graciliano não aprovou: "A novela não prestava, mas talvez não fosse tão má como eu supunha. Apesar disso, a impressão ruim permaneceu e afastou-me da criatura que se gabava. Um escritor. A pimponice ridícula me aborrecia. Perfeito exemplar da raça nórdica, superior. Olhos azuis, músculos rijos, pés enormes nos tamancos sujos, barulhentos. E era aquilo: nem me dava a oportunidade comum de largar, condescendente, alguns adjetivos malucos".

dando a leitura para aqueles que ainda tivessem dúvidas sobre o verdadeiro caráter do fascismo.[22]

De São Paulo para o Rio, Amadeu Amaral Jr. militou contra o fascismo em diversos grupos, desde as primeiras iniciativas em torno da FUA, passando pelo *Jornal do Povo* e pela ANL, em uma trajetória pouco comum. O jornalista, um intelectual independente, circulou por grupos trotskistas, comunistas e aliancistas, realizando uma militância pouco destacada pela historiografia, mas importante para a luta contra o fascismo no Brasil.

Outro grupo que abrigou a intelectualidade antifascista foi o Clube de Cultura Moderna (CCM). Fundado em 26 de novembro de 1934, tinha propósitos muito semelhantes ao CDCP: "estar em contato permanente com o grande público" com o propósito de "levar conhecimentos, sejam eles científicos, literários ou artísticos, às massas da nossa população ávida de instrução".[23] Com uma estrutura organizada, o clube possuía estatutos, conselhos deliberativo e executivo e uma publicação regular, a revista *Movimento*. Na Assembleia de julho de 1935, o conselho executivo, recém-eleito, era composto por Edgard Sussekind de Mendonça (presidente), Febus Gikovate (vice-presidente), Nise da Silveira, Miguel Costa Filho, entre outros.[24]

As atividades realizadas pelo CCM eram palestras e conferências, nos mesmos moldes do CDCP; vários intelectuais faziam parte das duas agrupações.[25] Grande par-

---

22 AMARAL JR, Amadeu. "Variações sobre o fascismo", *Revista Acadêmica*, ano 2, n. 14, p. 9, out. 1935.

23 PÁGINA do Club de Cultura Moderna, *Movimento, revista do Club de Cultura Moderna*. Rio de Janeiro, ano 1, n. 1, p. 22, mai. 1935.

24 O conselho deliberativo era composto por intelectuais de várias orientações políticas, como indica a seguinte lista: Roquette Pinto, Julio Porto-Carrero, Aníbal Machado, Santa Rosa, Jorge Amado, Maria Werneck de Castro, Vitorino Semola, Antonio Horacio Caldeira, João Honório de Mello, José Faure, Febus Gikovate, Nise da Silveira, Miguel Costa Filho, Valerio Konder, Jaime Grabois, Thomas Pompeu Acioli Borges, Zenaide Andrea, Josias Ludof Reis, Judith Gouveia, Edgard Sussekind de Mendonça, Carneiro Airosa, Amadeu Amaral, Joaquim Ribeiro, Carlos Vale, Durval Bastos, Edgard Amorim, Carlos da Rocha Guimarães, Mario da Costa Pereira, Moacir Amaral e Osmundo Lima. Foram eleitos suplentes os srs. Radio Maia, João Paulo, Isnard Teixeira, Tavares Bastos, Américo Dias Leite, Flavio Poppe, Wagner Cavalcanti, Jarbas Andrea, Pascoal Leme e Antonio Faure. Cf. *Idem*.

25 Nos Estatutos do Club de Cultura Moderna estão formulados os objetivos do CCM: "Art. 1º – [...] promover o estudo, a crítica e a divulgação das novas diretrizes da ciência e da arte; Art. 2º – O Club manterá ou promoverá: a) uma biblioteca; b) uma revista; c) cursos e conferências internos ou públicos; d) exposições de arte, audições musicais etc.; e) inquéritos sobre problemas culturais e sociais; f) concursos sobre trabalhos científicos, literários e artísticos, conferindo prêmios; g) edições de traba-

te dos eventos eram realizados na sede da Associação Brasileira de Imprensa (ABI). Dentre as atividades, havia cursos regulares, com aulas semanais e o CCM tinha em mente a criação de uma universidade popular. Edgard Sussekind de Mendonça era o animador desta iniciativa educacional, que valorizava a disseminação do conhecimento científico. Além dele, outros intelectuais envolvidos com o *Manifesto dos Pioneiros da Educação Nova* (1932) faziam parte do CCM, como Roquette-Pinto.

Roquette-Pinto explicou seus propósitos sobre educação, de inspiração claramente positivista, nos seguintes termos:

> Creio nas leis da Sociologia Positiva e por isso creio no advento do proletariado, conforme foi definido por Augusto Comte, que nele via uma sementeira dos melhores tipos "realmente dignos da salvação política". Creio por isso, que a nobre missão dos intelectuais – mormente professores – é o ensino e a cultura do proletariado, preparando-os para quando chegar a sua hora.[26]

Em 5 julho de 1935, o CCM declarou, formalmente, sua adesão à ANL. Em assembleia onde discursaram Nicanor Nascimento, Eloy Pontes, Aníbal Machado e Maurício de Lacerda, o clube reafirmou seus propósitos "antifascistas e anti-imperialistas" e, com o intuito de "tomar uma atitude concreta", apoiou a ANL por considerá-la "a única que luta realmente por um regime que assegure a liberdade dos intelectuais." Com a assinatura de "quatrocentos intelectuais e artistas", nesse dia, Sussekind de Mendonça declarou "que a iniciativa do *Club de Cultura* visava polarizar as opiniões dos intelectuais, que, na hora presente, se viam ameaçados no seu direito à cultura livre pelos arreganhos ameaçadores dos fascistas, com ou sem camisa".[27]

Outra atividade do clube que teve grande ressonância foi a promoção da I Exposição de Arte Social no Brasil, em setembro de 1935. O fomento das atividades

---

lhos julgados valiosos; h) excursões de estudo; i) criação de organizações similares em outras cidades do Brasil; j) intercâmbio com organizações congêneres; k) quaisquer outras atividades pertinentes ao estudo, formação e divulgação da cultura moderna. Cf. CLUBE DE CULTURA MODERNA. *Estatutos do Club da Cultura Moderna, fundado em 26 de novembro de 1934*. [Rio de Janeiro]: O Globo, 1935. 10 p.

26   ROQUETTE PINTO. "Cultura e Liberdade: Club de cultura moderna", *A Manhã*, Rio de Janeiro, ano 1, n. 78, p. 2, 25 jul. 1935.

27   PELA LIBERDADE e pela cultura, do Club de cultura moderna. *A Manhã*, Rio de Janeiro, ano 1, n. 61, p. 4, 2ª ed., 05 jul. 1935. Grifos no original.

artísticas e de espaços alternativos de ação cultural na cidade foram preocupações do CCM, assim como também era a da associação paulista Clube dos Artistas Modernos, anteriormente mencionada. No entanto, como afirma Amaral (1987, p. 47), no CCM as questões políticas eram mais presentes do que no CAM.

Participaram da exposição artistas como Emiliano Di Cavalcanti, Candido Portinari, Paulo Werneck, Guignard, Noemia e Oswaldo Goeldi. Ismael Nery, já falecido naquela ocasião, teve alguns de seus quadros incluídos, para evidenciar o caráter social de sua obra e para se contrapor aos argumentos do intelectual católico Alceu Amoroso Lima, que teria explorado a "crença católica" do pintor.[28]

A necessidade de criar e legitimar espaços alternativos para a promoção das artes fica evidente no discurso de Di Cavalcanti no encerramento da mostra. Para além da defesa da arte social, o artista apresentou uma série de reivindicações dos integrantes da classe artística que se opunham à política cultural do Conselho Nacional de Belas Artes. Essa luta contra o "academicismo" reacionário do conselho explica também a reivindicação dos intelectuais e artistas do clube em torno da ideia de "moderno", expressa no título da associação. Segundo Di Cavalcanti:

> Desde mil novecentos e dezesseis, sou combatido pelos dominadores oficiais da arte brasileira por dois crimes: 1º – amar a arte popular, amar o povo do Brasil, vendo nele pelo esplendor mestiço de seu lirismo, uma fonte de harmonias novas para o patrimônio artístico do mundo, 2º – querer uma arte antiacadêmica, uma arte viva, uma arte que se transmita ao público, nova, sem as limitações de atelier, uma arte que pode perturbar e jamais enfastiar...
>
> Pois bem, minha experiência vos diz: nós, artistas independentes do Brasil, contamos agora com uma organização que pode nos livrar da putrefação do academismo, lutando para que o público compreenda, cada vez mais, o nosso papel de artistas livres, trabalhadores explorados como todos os outros trabalhadores.[29]

Após o discurso do artista, Aníbal Machado proferiu a conferência sobre arte social, considerada "antológica" por Aracy Amaral (1987, p. 50-55), que a analisou

---

28 INAUGURADA ontem a exposição de arte social. *A Manhã*, Rio de Janeiro, n. 121, p. 2, 13 set. 1935.

29 UM NOTÁVEL triunfo da arte popular: exposição do Club de Cultura Moderna. *A Manhã*, Rio de Janeiro, n. 133, p. 1, 27 set. 1935.

detalhadamente. A "denúncia social" e a busca por retratar a "realidade brasileira" foram expressas nas obras presentes na mostra e Machado fez questão de deixar claro que "nem todos [os artistas] tinham ideologia política definida. Também o Club de Cultura Moderna, que não era uma organização política, não lhes pediu profissão de fé dessa natureza".[30] Na conferência foi exaltado o caráter popular da exposição e supervalorizada a presença de alguns representantes das classes populares no evento – "o padeiro sem trabalho",[31] ou os "soldados, marinheiros e trabalhadores em geral"[32] – como uma evidência da aproximação "entre o povo e seus artistas" e, nesse sentido, Machado argumentou:

> Ao simples exames dos trabalhos expostos e tendo-se em consideração a qualidade do público que a frequentou, duas conclusões importantes podermos tirar dela para a história do desenvolvimento cultural brasileiro no domínio da arte plástica: uma, é que já não existe mais esta distância entre o povo e os artistas, ou que, pelo menos ela se acha de tal maneira encurtada que já se podem ambos entender, e caminhar juntos; outra, é a revelação de um novo estado da arte no Brasil, arte que já começa a refletir a fase atual da movimentação revolucionária de sua cultura e consciência política nascente no seio de suas massas.[33]

A exposição repercutiu largamente na imprensa militante; cabe destacar alguns comentários que ilustram o debate em torno da cultura e da arte travado entre comunistas ou simpatizantes. O artigo de Sá Pedreira, pseudônimo de Astrogildo Pereira (DE LUCA, 2011, p. 77), referiu-se à I Exposição de Arte Social como um "passo inicial para o fecundo movimento coletivo e determinado de renovação [...] principalmente de conteúdo social a dar à criação artística".[34] O autor valorizou o caráter revolucionário da arte daqueles que "formam ao lado das massas oprimidas", em prol da transformação social. Já o escritor Álvaro Moreyra, ao se referir, em suas crônicas diá-

---

30 MACHADO, Aníbal. "Mostra de Arte Social", *Movimento, revista do Club de Cultura Moderna*, Rio de Janeiro, ano 1, n. 4, p. 19-23, out. 1935.

31 *Idem.*

32 SANTA ROSA. "Na exposição do Club de Cultura Moderna", *Revista Acadêmica*, Rio de Janeiro, ano 2, n. 14, out. 1935.

33 MACHADO, Aníbal, *op. cit.*

34 PEDREIRA, Sá. "Arte Revolucionária", *A Manhã*, Rio de Janeiro, n. 124, p. 2, 17 set. 1935.

rias no jornal *A Manhã*, à exposição do CCM, afirmou que, apesar das valorosas contribuições dos pintores e gravuristas no evento, a ideia sobre a arte social era artificial:

> A arte sob o ponto de vista social...
>
> Assunto de conferências, livros, brigas, mais ou menos inúteis. A arte não tem ponto de vista. As escolas são maneiras pessoais. Um fica. O resto passa. A ingenuidade de Henri Russeau é dele apenas. Modigliani não se assemelha a qualquer artista que viveu antes e ao mesmo tempo. [...] As lições adiantam. Os exemplos atrasam. [...] No mundo inteiro, os exemplos de Steinlen terminaram em caricaturas.
>
> A arte social será um protesto confessado. De uns por todos. O artista, seja do que for, será o intérprete dos autores anônimos, criadores de vida. A espera do tempo em que, em vez de "Contra" a arte seja "para."
>
> A arte popular é, por acaso, como o amor.
>
> Arte de propósito é outra coisa.[35]

O Centro de Defesa da Cultura Popular e o Clube de Cultura Moderna tinham como projeto a disseminação de conhecimento e a formação das classes populares e, nesse aspecto, ativavam um potencial agregador da intelectualidade, já que a educação era uma preocupação expressa pelos intelectuais das mais diversas filiações políticas: socialistas, liberais e comunistas. As propostas se enquadravam perfeitamente na expectativa dos intelectuais, que se consideravam produtores e detentores do conhecimento. O CCM logrou ainda uma atuação efetiva no âmbito da cultura com a realização da I Exposição de Arte Social porque, ainda que de forma retórica, propunha maior aproximação com o povo.

A análise dessas associações permite constatar que nelas havia uma significativa presença de intelectuais não comunistas, ainda que alguns (como Hermes Lima) fossem marxistas; Nicanor Nascimento (este havia fundado o grupo *Clarté*, brasileiro, nos anos 1920, junto com Maurício de Lacerda, que também fazia parte do CCM) e Edgard Sussekind de Mendonça são exemplos. Esses intelectuais continuaram atuando

---

35 MOREYRA, Álvaro. "Na Exposição do Clube de Cultura Moderna", *A Manhã*, Rio de Janeiro, n. 129, p. 3, 22 set. 1935.

ativamente mesmo após julho de 1935, quando a ANL foi suspensa e o PCB acabou ganhando força na organização.

Cabe lembrar que Carlos Lacerda foi um importante militante comunista neste período, participando intensamente nesses grupos. Colaborou em diversos órgãos de imprensa, como o jornal *Marcha* (1935) e o diário *A Manhã* (1935). Ambos tinham sido criados com o objetivo de dar sustento às atividades da ANL e divulgar atividades políticas e culturais, o que atesta a importância da imprensa na luta política da qual participaram os intelectuais. As publicações foram interrompidas em fins de 1935, mas outras plataformas de debate surgiram nos anos seguintes, possibilitando a continuidade da luta antifascista, como se verá a seguir.

A LUTA ANTIFASCISTA NA IMPRENSA: DA MILITÂNCIA NAS SOMBRAS AO PAN-AMERICANISMO

O panorama político brasileiro mudou radicalmente depois dos levantamentos militares de novembro de 1935. A forte repressão desencadeada pelos eventos atingiu a quase totalidade dos envolvidos ou simpatizantes da ANL: militares, intelectuais, professores universitários, escritores, deputados e mesmo o prefeito da cidade do Rio de Janeiro, Pedro Ernesto. Nos meses que se seguiram à revolta, cerca de 6 mil pessoas foram presas (PINHEIRO, 1992, p. 322). Todos os grupos ou publicações que aderiram à ANL ou eram próximos dela foram proibidos e, nesse contexto, as atuações do CDCP e do CCM foram interrompidas.

Os intelectuais que não conseguiram fugir (em maior número para o Uruguai e Argentina, como se verá mais à frente) foram presos. Alguns poucos lograram permanecer escondidos no Brasil, como foi o caso de Rubem Braga, que se refugiou na fazenda do "intocável" Maurício de Lacerda, em Vassouras, Rio de Janeiro (CARVALHO, 2007, p. 238); Carlos Lacerda escondeu-se, inicialmente, na casa de um colega, cujo pai era um político conservador (LACERDA, 1978, p. 36). Esses intelectuais antifascistas que permaneceram no Brasil lutaram para permanecer ativos e para isso colaboraram em revistas e jornais que não haviam sido diretamente afetados pela repressão.

Nesse momento conturbado, a luta antifascista no Brasil ocorreu sem a coordenação de grupos ou associações de intelectuais; a militância se concentrou em torno de publicações políticas já existentes ou na organização de novas revistas por meio das quais se pudesse manter a batalha de ideias contra o fascismo. Assim sendo, pode-se considerar que a imprensa passou a fazer o papel das organizações frentistas.

Em 1936 a única publicação com alguma tonalidade política que se mantinha ativa era a *Revista Acadêmica* (1933-1948). É notável a relativa imunidade de que gozava essa publicação. Nos primeiros meses de 1936, em meio ao clima de perseguições e prisões, a revista publicou artigos de Romain Rolland, Jean Cassou, André Gide e Luiz Alberto Sanchez. Nota-se, no entanto, que o tom inflamadamente antifascista se amenizou. Segundo Moacir Werneck de Castro, a revista era "um instrumento de resistência, na medida do possível" (AMARAL, 1987, p. 56). Os intelectuais brasileiros, que continuaram nela publicando, passaram a escrever sobre questões literárias: nenhuma linha foi publicada explicitamente contra Vargas ou contra o fascismo. Um exemplo é a atuação de Carlos Lacerda nas páginas da revista; às vezes, publicava mais de um artigo na mesma edição, assinados com pseudônimos diferentes: Nicolau Montezuma, Julio Tavares e Marcos Pimenta (LACERDA, 1978; LAURENZA, 1998, p. 42). Mas só escrevia sobre literatura.

Tal mudança na linha da revista foi sentida por um leitor, que inquiriu Murilo Miranda a respeito de um artigo em que ele elogiava a "imparcialidade" de um escritor. Segundo a carta publicada na revista, o leitor reclama: "A imparcialidade é desonesta. Se a examinarmos no fundo, procede de três fontes: comodismo, servilismo ou incapacidade." Miranda se desculpou, afirmando não ser um defensor da imparcialidade, tendo apenas feito referência positiva a ela como "uma forma de disciplinar a paixão".[36]

Nesse momento pós-1935, não havia qualquer organização que pudesse articular a intelectualidade antifascista. Cabe lembrar que mesmo o PCB estava se reestruturando frente ao quase completo desmantelamento pela repressão policial.[37] Parte da militância comunista refugiara-se no nordeste, primeiro em Recife e depois na Bahia (SENA JR., 2007, p. 50-59).

Nesse ínterim, os debates em torno da campanha presidencial para a sucessão de Getúlio Vargas nas eleições do ano seguinte opunham o escritor José Américo ao então governador de São Paulo, Armando Salles de Oliveira. Ainda a *Revista Acadêmica* ressoa a campanha a partir de julho de 1937, apoiando o escritor:

---

36 MIRANDA, Murilo. Bilhete sobre a imparcialidade. *Revista Acadêmica*, Rio de Janeiro, ano 3, n. 23, nov. 1936.

37 Em 1937, havia também uma forte polarização entre os grupos paulista e carioca na direção do PCB, que culminaria em maio de 1938 com a expulsão, pela IC, dos membros do grupo de São Paulo.

> Assim, a diferença que há entre Armando Salles e José Américo é que um procurará o mais possível realizar um Estado Forte, e o outro um Governo Forte.
>
> O Estado Forte é a ditadura policial, o Governo Forte é a soberania popular, é aquele governo cuja base está na sua correspondência aos interesses da Nação e é, portanto sustentado pelo Povo. [38]

Nova onda repressiva marcou o fim do ano de 1937, com o golpe do Estado Novo em novembro; dela decorreu outra onda de prisões, como é o caso de Carlos Lacerda (LACERDA, 1978, p. 36).

No início de 1938, as publicações de cunho político foram retomadas: *Diretrizes*, em abril de 1938; *Cultura, mensário democrático*, em outubro (ambas do Rio de Janeiro) e *Seiva*, da Bahia, em dezembro; as duas últimas eram empreendimentos do PCB.[39] A possibilidade de circulação desses periódicos, que não se alinhavam com a política do Estado Novo, talvez se explique pelas dificuldades enfrentadas pelo governo em face da tentativa de golpe integralista, que foi violentamente reprimida.

Rubem Braga, no primeiro número de *Diretrizes*, na qual mantinha uma coluna mensal, *O Homem da Rua*, refere-se ironicamente à tentativa de golpe integralista; os "camisas verdes" foram comparados com blocos carnavalescos do Rio de Janeiro:

> Queriam o monopólio do patriotismo. Também monopolizavam a honra. Nas horas vagas monopolizavam, também, Deus. E, quando não tinham nada pra fazer, monopolizavam a família. Eram interessantes, e divertiam. Mas depois. Mas depois começaram a ficar cacetes. Queriam matar todo mundo. Ninguém queria morrer. O dr. Getulio Vargas ficou muito aborrecido. Mas assim mesmo foi deixando. Veio o Carnaval. Na terça feira, dia dos préstitos, os homens quiseram fazer uma brincadeira. Não era direito. Os Democráticos, os Fenianos e os Tenentes

---

38 ENTRE duas candidaturas. *Revista Acadêmica*, Rio de Janeiro, ano 4, n. 29, ago. 1937.

39 Outra revista criada pelo PCB foi *Problemas*, de São Paulo. Surgida em agosto de 1937 por iniciativa dos militantes comunistas Herminio Sachetta e Heitor Ferreira Lima, era dirigida por Arnaldo Pedroso D'Horta. Possuía em seu conselho redator intelectuais que foram da ANL, eram do PCB ou próximos a ele. A revista conseguia driblar a perseguição policial graças à heterogeneidade dos colaboradores e ao tom ameno dos textos, coroados pelo lema da publicação "Índice do pensamento democrático do Brasil". Esta publicação é fonte para este trabalho, e surgiu, excepcionalmente, antes do golpe do Estado Novo.

do Diabo existem há muitos anos. O concorrente de ultima hora não arranjou nada. É natural. A gente gosta do carnaval assim, uma vez por ano. Mas botar um clube no governo não dava certo. Depois que acabou o Carnaval o governo achou que não havia razão pra continuar o clube.[40]

A repressão ao movimento integralista deu início a uma mudança na linha estratégica do PCB. Deste momento em diante, começaria a ganhar força a articulação da política de União Nacional *com* Vargas, contra o integralismo e o fascismo. A estratégia decorria de uma ampliação da Frente Popular, pela qual se valorizava o papel revolucionário da burguesia nacional. Segundo Senna Júnior (2007, p. 96), a mudança "pouco repercutiu no cenário da alta política do país naqueles tumultuados dias de 1938, haja vista as condições adversas em que se encontravam os comunistas brasileiros, isolados das massas e dos setores governistas que pretendiam influenciar".

Nesses anos de luta antifascista sem a coordenação de organizações, esta esteve voltada mais para a realidade internacional do que para o movimento nacional de caráter fascista. A reivindicação dos que se integraram nesse combate era de que, uma vez derrotado o integralismo, Vargas se posicionasse contra o fascismo, se afastando da Alemanha. Para tanto, os artigos elogiosos às políticas de Franklin D. Roosevelt começaram a proliferar, textos que valorizavam o pan-americanismo e a democracia. Orígenes Lessa diagnosticou que: "A América [...] poucas vezes se lembrou de olhar para si mesma como uma força, uma possibilidade, como coisa que é ou que vai ser".[41]

Em fins de 1938 foi criado o Círculo de Interpenetração Pan-americano (CIPA), com objetivo de promover um "congraçamento intelectual" nesse âmbito. A iniciativa de caráter cultural previa a "defesa da cultura" americana, com a tradução de livros etc. visando ao estreitamento da "fraternidade continental" com objetivo de criar uma "mentalidade pan-americanista".[42] O grupo, com sede no Rio de Janeiro, afirmava que o CIPA era integrado por intelectuais das "21 repúblicas americanas"; no Brasil, encabeçavam a iniciativa Monteiro Lobato, Sud Mennuci, Nelson Werneck Sodré, Mario de Andrade e outros. A intensificação do pan-americanismo se deve a uma aproximação

---

40 BRAGA, Rubem. "O Homem da Rua", *Revista Diretrizes*, ano 1, n. 1, p. 11, abr. 1938.

41 LESSA, Orígenes. "Vamos descobrir a América", *Cultura, mensário democrático*, Rio de Janeiro, ano 1, n. 2, p. 4, nov. 1938.

42 CÍRCULO de Interpenetração Pan-Americano. *Cultura, mensário democrático*, Rio de Janeiro, ano 1, n. 2, p. 11, nov. 1938.

com os EUA, fortalecida com a realização da 8ª Conferência pan-americana de Lima, em dezembro de 1938.

A revista *Diretrizes* representava uma plataforma de destaque para o pan-americanismo, incentivando a ampliação das relações comerciais, culturais e políticas com os Estados Unidos. (DUQUE FILHO, 2007, p. 113). O tema foi também explorado na revista através da promoção, em março de 1939, de um "Concurso Cultural Pan-Americano".[43] Com vistas a estimular o estudo do pan-americanismo, o edital do concurso esclarecia que "a aplicação de um pan-americanismo prático se inclui atualmente entre as maiores preocupações dos que desejam um Brasil politicamente independente, economicamente forte e culturalmente elevado". A comissão julgadora era composta por intelectuais de tendências políticas variadas como Roquette Pinto, Austregésilo de Athayde, Armando d'Almeida, Genolino Amado e Herbert Moses, este último presidente da ABI.

Esse tipo de discurso também se encontrava na *Revista Seiva*,[44] dirigida pelos integrantes do Comitê Regional do PCB em Salvador (BA). O propósito da publicação, expresso no subtítulo "Mensagem aos intelectuais da América", era estimular o intercâmbio entre os países americanos, incluindo os Estados Unidos.

Em dezembro de 1938 a revista *Cultura, mensário democrático*[45] dedicou um número especial ao pan-americanismo. Na capa, estava estampado um mapa do continente americano, com destaque para a cidade de Lima, marcada por círculos concên-

---

43 Para participar do concurso, o candidato deveria responder as seguintes questões: 1º) Como interpreta v. a "política de boa vizinhança" e quais as consequências políticas que julga poderem advir de sua aplicação para o Brasil em particular e para a América em geral?; 2º) Que meios sugere v. para um intercambio cultural permanente e objetivo entre o Brasil e os Estados Unidos?; 3º) Que meios sugere v. para o incremento das relações econômicas entre o Brasil e os Estados Unidos? Cf. CONCURSO cultural pan-americano. *Diretrizes*, Rio de Janeiro, ano 1, n. 12, p. 17, mar. 1939.

44 A *Revista Seiva* foi idealizada pelos militantes Diógenes de Arruda Câmara e Armênio Guedes e lançada em dezembro de 1938 pelos jovens estudantes João da Costa Falcão, Emo Duarte e Eduardo Guimarães. Colaboraram em suas páginas, usando pseudônimos, Carlos Lacerda, Leôncio Basbaum e outros comunistas. Com tiragem de 1500 exemplares, a revista esteve ativa até 1943; publicou 18 edições, seis delas entre 1938 e 1939. Os exemplares da revista Seiva foram gentilmente cedidos por Carine Dalmás. Cf. Dalmás (2012).

45 A revista *Cultura...* fora idealizada por Lauro Reginaldo da Rocha (o Bangu), dirigente do PCB, para se opor ao grupo paulista da revista *Problemas*. Compunham seu conselho redator intelectuais comunistas e simpatizantes, como Álvaro Moreyra, Affonso Schmidt, Sergio Milliet, Graciliano Ramos e Monteiro Lobato.

tricos, uma alusão à VIII Conferência Pan-americana, que se realizava nessa cidade. A valorização do pan-americanismo não era feita sem ressalvas, pois não se pode esquecer que os Estados Unidos, país imperialista, também eram vistos como um dos algozes do Brasil. Um artigo publicado na revista que conclamava os empresários norte-americanos atuantes no Brasil a praticar "o verdadeiro pan-americanismo", ou seja, "a colaboração mútua entre os povos". Nesse sentido, dirigia um apelo a eles nos seguintes termos: "É preciso que esses senhores desviem, por um momento, suas atenções das grandes cifras e dos grandes lucros que podem auferir entre nós, para pensar um pouco mais em nossa América e no perigo a que está exposta". [46]

Sergio Milliet, ao discursar no evento que celebrava o aniversário da revista, afirmou que esta havia nascido a partir de "uma tríplice inspiração: nacionalismo, pan-americanismo e democracia", e explica:

> Nacionalismo representa nossa vontade firme de realizar todas as nossas possibilidades econômicas e culturais e de defendê-las intransigentemente, onde quer que sejam atacadas. Pan-americanismo constitui, para nós, americanos, o complemento necessário do nacionalismo. Não podemos pensar nacionalmente sem sentir pan-americanisticamente (sic), porque somos, isolados, presas fáceis para os diversos agressores, mas unidos, oferecemos uma inquebrantável força. Quanto à democracia, bastaria o espetáculo do que se passa no mundo internacional para justificar as nossas preferências. [47]

Por esse trecho pode-se entender os sentidos atribuídos ao pan-americanismo, já que correspondia aos ideais que valorizavam a ação conjunta e a proteção do continente contra os males do fascismo. O pan-americanismo era, então, um novo mote frentista. Essa conclusão demandava um reposicionamento sobre a presença ou não do fascismo no continente e/ou a associação do fenômeno com os governos autoritários.

A valorização das políticas de Roosevelt pode ser entendida também como uma tentativa de aproximação dos intelectuais com um tipo de luta antifascista que era também anticomunista e, nesse aspecto, não era mal vista pelo regime do Estado

---

46 O VERDADEIRO Pan-Americanismo. *Cultura, mensário democrático*, Rio de Janeiro, ano 1, n. 5, p. 34, fev./mar. 1939.

47 HOMENAGEM de Cultura a seus colaboradores. *Cultura, mensário democrático*, Rio de Janeiro, ano 1, n. 11, p. 36-37, set. 1939.

Novo. Isso não significava, contudo, que os comunistas ou a defesa da URSS tenham saído da cena política.

O movimento de aproximação com os Estados Unidos sinalizava também um afastamento do Velho Mundo, palco de guerras que anunciavam sua decadência como defendia a tese de Oswald Spengler, muito bem recebida na América Latina. Com o início do conflito, deflagrado em setembro de 1939, o editorial de *Cultura, mensário democrático* anunciava: "Ninguém tenha dúvida de que a tragédia que se desencadeia sobre a Europa representa o crepúsculo de uma civilização".[48]

O pacto de não agressão entre a URSS e a Alemanha, surpreendentemente, teve pouca repercussão na imprensa que abrigava intelectuais antifascistas. Nos primeiros meses que sucederam o acordo, nenhum comentário foi tecido em *Seiva*, na *Revista Acadêmica* ou em *Cultura*; Rubem Braga foi o único que abordou o assunto numa crônica na qual revelava certo desdém pelo acontecimento, o que também pode ser lido como uma defesa da neutralidade na guerra, posição sustentada pelo PCB, pela IC e pelos Estados Unidos. Nesse texto o autor afirmou:

> Creio que a Rússia fez bem se afastando da Inglaterra, que lhe dizia mais ou menos o seguinte: "vá se aguentando no Oriente e me aguentando no Ocidente". Quanto ao pacto russo-alemão, eles lá, que são brancos, que se entendam. A minha posição está tomada. O bom palanque. De palanque e ouvindo rádio de experiência. Ou como dizia antigamente o Romain Rolland: "au dessus de la mêlée" – o que quer dizer: fora do melado. Pois que o melado não é doce; é um melado de sangue. Fiquemos fora do tacho, meus irmãos. E considerando que provavelmente vai morrer muita gente na Europa e não podemos evitá-lo – o remédio talvez seja irmos fabricando internamente mais gente por aqui, em alta escala, para repovoar este pobre e feio mundo [...].[49]

Entre os comunistas, o pacto caiu "como uma bomba nas articulações e apostas do PC brasileiro" (SENA JR., 2007, p. 136). As novas diretrizes da IC ordenavam uma interrupção na estratégia frentista, um silenciamento em relação à propaganda antifascista (PRIESTLAND, 2010, p. 210) e uma retomada das denúncias sobre a ação dos imperialismos inglês e francês. O PCB, que acabara de referendar a estratégia de

---

48   A GUERRA. *Cultura, mensário democrático*, Rio de Janeiro, ano 1, n. 11, p. 1, set. 1939.

49   BRAGA, Rubem. O Homem da Rua. *Diretrizes*, Rio de Janeiro, ano 2, n. 18, p. 91, set. 1939.

União Nacional frentista e antifascista, acabou se colocando numa posição paradoxal, pois como mostra Carlos Zacarias Sena Junior (2007, p. 138), "ao mesmo tempo em que teve que 'apoiar' o pacto Germano-Soviético, não chegou a abandonar a tática de União Nacional contra o fascismo, [...] denotando ambiguidade entre a linha política externa soviética e as especificidades do partido no Brasil".

Num longo editorial, a revista *Diretrizes* procurou explicar o pacto, referindo-se, de maneira breve, às razões que levaram a URSS a aceitá-lo, mas dando ênfase à necessidade de atacar a política externa da Inglaterra e da França, países vistos como os verdadeiros algozes da humanidade. O texto se encerra com a defesa da unidade interna e externa dos países da América.[50]

Ao final de 1939, as duas principais consignas que animaram as lutas dos intelectuais no Brasil (a luta contra a guerra e contra o fascismo) pareciam ter sido definitivamente derrotadas pelo início da guerra e pelo enfraquecimento da oposição ao fascismo a partir do pacto de não agressão. Até meados de 1941, quando novamente as prédicas antifascistas voltaram a ser valorizadas pela URSS, os intelectuais em luta contra o fascismo no Brasil refugiaram-se em um ideal que aliava neutralidade e pan-americanismo, o que, de certa forma, os afastava dos conflitos que ocorriam no território europeu.

Não cabe, neste livro, analisar a política de alianças estabelecida pós-1941. O que se pode afirmar, como já foi dito antes, é que o impacto imediato do acordo Germano-Soviético na intelectualidade brasileira não foi relevante. A inexistência de uma organização formal de intelectuais antifascistas neste momento não exigiu deles um posicionamento público sobre a questão, e mesmo os comunistas não demonstraram clareza em relação aos novos rumos da luta. De maneira geral, nos primeiros meses após o pacto, imperou o silêncio.

Quando se considera que as revistas e jornais objetos desta análise eram porta-vozes da intelectualidade em luta contra o fascismo, essa ausência de comentários sobre um evento desta amplitude pode revelar tanto uma falta de clareza ante os sentidos contraditórios tomados pela política externa da URSS como uma mudança de rumo (ao menos temporária) da militância, que encontrou nos ideais de neutralidade e pan-americanismo um novo caminho. Esse novo rumo do antifascismo não será objeto desta análise, ficando aqui a sugestão para estudos futuros.

---

50   A POLÍTICA que abriu caminho a agressão. *Diretrizes*. Rio de Janeiro, ano 2, n. 18, p. 93-99, set./ 1939.

Ângela Meirelles de Oliveira

OS INTELECTUAIS ANTIFASCISTAS NOS PAÍSES DO PRATA: CONVERGÊNCIAS

Nos anos 1930, a conturbada situação política do Uruguai e da Argentina (perseguições, prisões e deportações decorrentes dos golpes de Estado) permite a abordagem das conexões entre os intelectuais e políticos desses países. Muitos dos que foram perseguidos se exilaram no país vizinho, como foi o caso de Emílio Frugoni, deputado socialista uruguaio perseguido em 1933, que se refugia em Buenos Aires, e de José Portogalo, poeta aiapeano que fugiu para Montevidéu em 1935, perseguido por conta do conteúdo de seu livro *Tumulto* (TARCUS, 2007, p. 524).

Ademais de servirem como refúgio, os países do Prata abrigaram uma ativa militância contra o fascismo. Depois de 1935, as lutas antifascistas passaram a ocorrer em sincronia, a partir da criação da Agrupación de Intelectuales, Artistas, Periodistas y Escritores (AIAPE); a pioneira foi a AIAPE argentina e, pouco depois, uma organização homônima foi criada no Uruguai. A agrupação uruguaia se considerava "filial" da Argentina, já que seu nome incluía o adicional *Sección Uruguaya*. Apesar disso, as trajetórias políticas das organizações apresentaram diferenças importantes, ligadas especialmente à heterogeneidade dos intelectuais que a compuseram e dos grupos das quais se originaram, como se verá a seguir.

O ambiente político-cultural da Argentina e do Uruguai permitia o trânsito frequente de artistas e intelectuais entre os dois países. Poucos estudos, no entanto, dão conta de investigar a história dos países do Prata levando em conta as proximidades, conexões e intercâmbios entre eles. Pablo Rocca (2009, p. 14), ao se propor estudar as revistas culturais rio-platenses, indica a predominância dos estudos centrados nas fronteiras nacionais:

> El proceso cultural uruguayo tiene ciertas peculiaridades que lo distinguen del resto de América Latina y, a su vez, lo vinculan con experiencias próximas, en particular con Buenos Aires. [...] Pero la simultánea configuración común de los modelos culturales metropolitanos, lleva a que el borde de la alternancia y las simetrías se constituya en un territorio de investigación en general no advertido. Lo usual – se diría: lo razonablemente usual – ha sido observar los casos nacionales como hechos separados, es decir, como "realidades nacionales" cerradas.

A leitura da historiografia da Argentina e do Uruguai coincide no fato de que os anos 1930 são uma etapa fundacional para o intelectual engajado nestes países.

No Uruguai, para Gerardo Caetano o ambiente anterior a 1939 foi o momento do intelectual independente; um momento de forte politização não vinculada a partidos (CAETANO; GARCÉ, 2004, p. 338). A partir de 1936, dezenas de intelectuais se articularam em comitês, grupos de apoio e frentes de combate, que proporcionaram um intenso ambiente participativo por meio de manifestações, *mítins*, manifestos, protestos de rua, arrecadação de dinheiro, conferências, mostras de cinema etc. A mobilização intelectual também foi acompanhada por significativa participação popular, por meio de atividades nos bairros e presença de Comitês contra a Guerra e o Fascismo nos mais distantes rincões do país (PARIS; RUIZ, 1987, p. 68). As historiadoras Juana Paris e Esther Ruiz sintetizam essas experiências:

> La experiencia dictatorial de 33 abrió espacios participativos populares de caracteres desconocidos. En ellos se escucharan roncas voces que culparan al tirano, pero también a los que diciéndose sus enemigos, no hacían sino apuntalar un mundo que amenazaba desplomarse; se cuestionaran elencos dirigentes tradicionales y se buscó "peligrosamente" empujar hacia la izquierda económica a los sectores más avanzados de partidos que eran un mosaico de tendencias. Se perfiló un modelo de país, con caracteres de auténtica "liberación nacional", donde el concepto de segunda independencia se vinculó con la derrota del imperialismo y del fascismo, una de sus caras más oscuras. (PARIS; RUIZ, 1987, p. 113-114)

Angel Rama analisa a mobilização intelectual uruguaia nos anos 1930, em que os problemas mundiais "resonar [an] con especial intensidad". Segundo o autor:

> El *background* universal de los años anteriores a 1939, en lo que tiene que ver con la vida intelectual, responde al espíritu antifascista que unificó circunstancialmente varias filosofías políticas en la lucha del llamado progresismo democrático contra la ola de fascismos que [...] se extendió por el mundo a partir de los focos europeos. La acción de los intelectuales [...], se cumplió con la palabra hablada y escrita [...] haciendo de la lucha contra los sistemas político-sociales fascistas una cruzada en defensa de la cultura [...] (RAMA *apud* CAETANO; GARCÉ, 2004, p. 338)

Na Argentina, as transformações econômicas e políticas da década de 1930 impulsionaram o variado universo cultural e intelectual argentino (DE BULNES, 2006,

p. 605). O relativo espaço político oferecido pelo governo Justo, especialmente para garantir o "verniz" democrático de seu governo (CANE, 1997, p. 443), propiciou um ambiente ativo e florescente para as reivindicações e mobilizações políticas. Diversas associações de cunho cultural e artístico passaram a dar maior atenção aos temas políticos. Como exemplo, mencionamos a criação do Colégio Libre de Estudios Superiores (CLES), no início da década, uma universidade popular que estava "orientada tanto a los temas de alta cultura como a la discusión de las cuestiones políticas, económicas y sociales" (ROMERO, L. A., 2009, p. 82). Além do CLES, surgiram o Comitê contra o Racismo e o Antisemitismo (1937) e o Comitê Pro-Anistia aos Presos e Exilados Políticos de América (1936), este último foi muito importante para a militância antifascista do Cone Sul.

Com relação à Argentina, Andrés Bisso mostra que, nesse período, a mobilização pró Frente Popular representou um importante momento para a conformação do antifascismo de matriz liberal, associado ao surgimento de novos espaços políticos para reivindicação. Segundo o autor:

> ... la corriente que desde 1936 había hecho de la democracia un punto de convergencia contra los herederos de septiembre se había afirmado también en un proceso más específico en la sociedad. La democracia, concedida en 1912, había arraigado lenta y progresivamente en la sociedad. Una red de asociaciones de distinto tipo, destinadas a canalizar hacia las autoridades los reclamos de sus diferentes sectores, contribuyó a la vez a la formación de los ciudadanos, al desarrollo de los hábitos y prácticas de participación, al ejercicio de los derechos. (BISSO, 2005, p. 87)

Este paralelo entre os ambientes culturais do Uruguai e da Argentina tem como objetivo mostrar que as situações nacionais similares favoreceram os intercâmbios e trocas intelectuais entre representantes dos dois países. A coexistência das Associações de Intelectuais, Artistas, Periodistas e Escritores (AIAPEs) é um excelente exemplo disso.

AS AIAPES DO PRATA: MEDIAÇÕES INTERNACIONAIS E SOLUÇÕES LOCAIS

Na Argentina, a AIAPE foi fundada em 28 de julho de 1935, na cidade de Buenos Aires, a partir de uma reunião na qual mais de oitenta pessoas, entre psicólogos, jornalistas e intelectuais de renome nacional declararam lutar pela "defesa da cultura" em contraposição às medidas autoritárias ou fraudulentas dos governos argentinos, que ocorriam desde setembro de 1930. Eles protestavam também contra o processo judicial a que respondia o poeta Raúl González Tuñón, de filiação comunista, que havia despertado a ira da repressão com seu poema *Brigadas de Choque* (CELENTANO, 2006, p. 196).

À frente deste movimento estava o professor e psicólogo Aníbal Ponce, que havia retornado há pouco tempo de Paris, onde entrara em contato com os intelectuais do Comitê de Vigilância dos Intelectuais Antifascistas (CVIA) (PASOLINI, 2005, p. 406). Ponce desempenhava um importante papel em relação à criação da AIAPE porque, além de apresentar uma longa tradição de militância liberal que o tornava respeitado pela intelectualidade afinada com esta matriz de pensamento, Ponce acabara de aderir ao marxismo, o que o valorizava frente aos intelectuais que partilhavam desta tendência (CANE, 2007, p. 446). Ricardo Pasolini (2005, p. 407) defende a tese de que

> desde sus orígenes, la A.I.A.P.E. se conformó tomando como modelo organizativo el *Comité de Vigilance des Intellectuels Antifascistes* de Paris, en parte porque los lazos de Aníbal Ponce mantenían una fuerte vinculación con este centro político cultural y también porque la organización proveía además de un modelo exitoso de alianzas intelectuales, partidarias y obreras, una agenda de temas y tácticas militantes sobre las cuales orientar una política antifascista de carácter principalmente nacional.

O contato de Aníbal Ponce com este grupo de intelectuais franceses se insere numa rede de relações que envolve, muito provavelmente, a figura do socialista argentino Manuel Ugarte. Ugarte, notório militante anti-imperialista, exilara-se por longo tempo na França, onde travara contato com Henri Barbusse. O argentino fizera parte do comitê diretor do periódico *Monde* (1928-1935), dirigido por Barbusse até sua morte em 1935. Em busca de expandir o movimento contra a guerra e o fascismo pelo mundo, Barbusse pediu a Ugarte nomes e endereços de intelectuais latino-americanos para os quais ele pudesse disseminar a proposta de mobilização. Esse expediente era comumente utilizado para a divulgação de ideias via correspondência, como se pode notar pela carta enviada a Carlos Quijano.[51] O contato Ugarte-Barbusse

---

51 É possível notar essa estratégia por meio da carta recebida por Carlos Quijano, no Uruguai. Ali, a intermediação de Ugarte é evidente: "Querido Carlos Quijano. Mi amigo Manuel Ugarte me comunica su dirección y me asegura que Ud. se interesaría por el movimiento de lucha contra la guerra que organizamos en el mundo entero. Le estaré muy agradecido si le fuera posible dar a conocer los

explica também a presença de Augusto César Sandino (SWIDERSKI, 1999, p. 130-131), militante nicaraguense morto em 1934, nos primeiros momentos do movimento Amsterdã-Pleyel na América Latina.[52] Até janeiro de 1933, Manuel Ugarte escreveu em *Monde* sobre a situação política latino-americana sob o jugo do imperialismo.[53] Pelas correspondências entre Barbusse e outros militantes antifascistas, pode-se compreender o entendimento do intelectual francês em relação a Ponce:

> ... uma personalidade como Aníbal Ponce, com o qual é absolutamente necessário que estabeleçamos relação, não é comunista e ele parece ser um dos mais importantes intelectuais da América Latina. Eu vou escrever a Aníbal Ponce uma carta que eu te enviarei. Eu acho que isto poderá começar as coisas.[54]

Aníbal Ponce respondeu positivamente ao apelo de Barbusse, já que ele passou a articular o movimento sul-americano contra a guerra, tornando-se presidente do Congresso latino-americano antiguerreiro de Montevidéu, realizado em 12 de março de 1933, como se verá mais adiante. Em fins de 1934, Ponce viajou para a Europa e participou do Congresso Mundial de Estudantes, reunido em Bruxelas no fim de dezembro de 1934, e das reuniões preparatórias do I Congresso de Escritores de Paris. Ponce conheceu a URSS em fevereiro de 1935 e ainda neste ano voltou para a Argentina, dando início às articulações para a fundação da AIAPE. A partir desse percurso, verifica-se que Aníbal Ponce esteve próximo dos projetos de internacionalização da luta intelectual contra o fascismo que acabou culminando com a criação da Associação Internacional pela Defesa da Cultura (AIDC); este tema será visto com mais detalhes no capítulo 3.

Raúl Larra, em suas memórias, escreveu que a iniciativa de Ponce aliada ao grupo de intelectuais que fazia parte da *Nueva Revista* (1934-1935) tinha dado origem

---

documentos que le envío separadamente y la relación adjunta, y si hiciera el favor de contestarme lo que piensas a este respecto. Reciba mis sentimientos más sinceros. Henri BARBUSSE". Cf. UN MANIFIESTO de Barbusse. *Acción*, Montevideo, ano 1, n. 34, p. 4, 31 dez. 1932.

52 LE COMITE mondial de lutte contre la guerre impérialiste. *Bulletin du Comité Mondial de Lutte contre la guerre impérialiste*, Paris, n. 1, p. 3, set. 1932.

53 UGARTE, Manuel. "En Amérique latine", *Monde*, Paris, ano 6, n. 240, p. 14, 7 jan. 1933.

54 Cf. H. B. [BARBUSSE, HENRI] [*Carta*] 2 déc. 1934, S. l. [para] CONSTANT, ÉTTIENNE. S. l. Fornece orientações sobre o movimento antifascista na América Latina. – Les archives du Parti Communiste Français (PCF), Paris.

à AIAPE (LARRA, 1982, p. 17). Esse grupo era formado por intelectuais comunistas e simpatizantes que haviam criado revistas culturais, como as já citadas *Nueva Revista*, *Actualidad* (1932-1936) e *Contra* (1933); eram eles Nydia Lamarque, Córdova Iturburu, Raúl González Tuñón etc. Nos primeiros momentos da luta antifascista pós-1933, as revistas serviram de tribuna e plataforma para a militância intelectual; o melhor exemplo é a revista *Claridad* (1926-1941), criada pelo militante socialista espanhol Antonio Zamorra, que foi palco de debates e possibilitou um ativo envolvimento dos intelectuais com a luta antifascista e antiguerreira dos anos 1930 (CASSONE, 1998, p. 122).[55]

Em *Nueva Revista* e *Actualidad* foram publicadas matérias que mostravam a repercussão da visita de David Alfaro Siqueiros à Argentina entre maio e dezembro de 1933. Convidado pela sociedade Amigos del Arte, o mexicano realizou conferência sobre a função social da arte, os modelos de produção etc. A atividade militante do pintor, que como se verá mais à frente, previa a disseminação da pintura muralista de forte cunho público, popular e revolucionário, teve um caráter distinto na Argentina. Siqueiros dedicou-se a realizar uma obra na adega da mansão do milionário Natalio Botana, dono do diário *Crítica*. Ainda que Botana mantivesse ótimas relações com a intelectualidade que trabalhava em seu periódico, muitos deles comunistas e antifascistas, tratava-se de uma obra em um espaço privado e elitizado. O pintor, com o auxílio de Antonio Berni, Lino Eneas Spilemberg e Enrique Lazo (chamada de Equipo Polígrafo), produziu uma obra intitulada *Ejercicio Plástico* (DE LA CUEVA, 2008, p. 136), que, apesar das inovações técnicas, foi posteriormente criticada por Berni:

> En un trabajo realizado cerca de Buenos Aires, sobre el que se escribió un folleto titulado "Ejercicio Plástico" firmado por el equipo ejecutor, queda demostrado como la práctica contradice a menudo las frases y el palabrerío teórico. En ese folleto Siqueiros pretende hacer toda una justificación teórica de ese trabajo, se vale de reflexiones sobre complicadas problemas técnicos, de conclusiones tiradas de los cabellos, como de que "Ejercicio Plástico" es el producto de una máquina superior de produc-

---

55 O engajamento político da revista *Claridad* era bastante heterogêneo. Zamora, um militante socialista independente, zelou para que na revista circulassem, sem sectarismo, ideias de esquerda: comunistas, socialistas, trotskistas, apristas. Reiterava que *Claridad* era a "única revista que no responde a determinada bandería", pois estava a serviço da verdade que "venga de donde viniese, [...] la verdad no puede ser patrimonio de nadie y es siempre revolucionaria".

> ción plástica, la única máquina posible dentro de la época actual... una demonstración de la justeza de nuestra teoría general sobre la plástica moderna" etc. [...] La actuación por equipos de pintores muralistas revolucionarios en el terreno del arte de clase, reduce la labor a un grupo conspirativo sin grandes posibilidades de desarrollo ni ampliación concreta y efectiva de la ideología sustentada, siendo condenados a la larga, a la labor puramente política o al oportunismo demagógico a la manera de Rivera que se "entrega a un lento proceso de concesiones a cambio del derecho a continuar pintando muros".[56]

A passagem anterior de Siqueiros pelo Uruguai resultou mais frutífera. Por ocasião de sua visita, e animada por ele, foi criada a Confederação dos Trabalhadores Intelectuais do Uruguai (CTIU), organização que daria origem, posteriormente, à AIAPE no país. O pintor mexicano, que havia sido expulso[57] do Partido Comunista Mexicano por desavenças quanto à linha estratégica do partido (DE LA CUEVA, 2008, p. 119), fora exilado pelo governo[58] e cumpriu, nos diversos países por onde passou, intensa atividade política e artística.

> Durante su exilio, tanto en los Estados Unidos como en Sudamérica, el pintor se dio a la tarea de fundar bloques de artistas. Inició esta actividad en México con la fallida creación de la LIP [Liga Internacional Proletaria], siguió en Los Angeles con el Bloc of Mural Painters, luego en Montevideo con el Sindicato de Pintores y en Buenos Aires, con el Equipo Polígrafo. Más tarde, en Nueva York, sembró las semillas del Taller de Arte Siqueiros; en 1936 creó el Experimental Workshop, y en 1939 y 1944 fundó el Centro de Artes Realistas" (DE LA CUEVA, 2008, p. 119).

56　BERNI, Antonio. "Siqueiros y el arte de masas", *Nueva Revista*, Buenos Aires, ano 1, n. 3, p. 14, jan. 1935.

57　A expulsão de Siqueiros do PCM, em 27 de março de 1930, fez parte de um grande expurgo ocorrido nas fileiras do Partido Comunista Mexicano (PCM), impetrada pela IC e relacionada à falta de disciplina quanto aos preceitos ultra esquerdistas oriundos do VI Congresso. Alicia de la Cueva entende que o pintor foi afastado "para encubrir la intensa labor subversiva que desempeñó en el extranjero, ya sin estar abiertamente ligado a las filas del partido y protegido por la inmunidad derivada de su estatus de artista y representante del renacimiento mexicano".

58　Ainda segundo De la Cueva (2008, p. 111) "...la valía de su labor artística le permitió recibir un trato especial por parte del gobierno mexicano, que en vez de encarcelarlo lo exilió. De esta manera se benefició con la ausencia del pintor, quien le otorgaba prestigio a la nación con su quehacer artístico, pero al estar ausente no subvertía al orden establecido".

A já referida Confederação dos Trabalhadores Intelectuais do Uruguai (CTIU), que se manteve ativa entre 1933 e 1936, era dirigida por Arturo Prunell e formada por diversas associações como a União dos Plásticos do Uruguai, a União Teatral, além de escritores e músicos. A CTIU tinha um projeto intitulado *Plan de Mayo*, por meio do qual elaboraram estratégias de ação nos âmbitos cultural e político, como a realização de ciclos de conferências com a participação de Idelfonso Pereda Valdés, Campos Cervera, Francisco Pintos e do gravurista Verdie; palestras sobre música e uma exposição de arte social também foram planejadas.

Por meio de seu órgão, o jornal *Movimiento* (1933-1936), é possível perceber que a CTIU entendia-se como um desdobramento da Associação de Escritores e Artistas Revolucionários (AEAR). Participavam do centro intelectuais predominantemente comunistas e por diversas vezes o tom dos artigos refletia uma postura bastante sectária, que foi se amenizando no final de 1935. A partir de julho daquele ano, a CTIU deu início à organização de um Congresso de Escritores do Uruguai, realizado em agosto, que tinha como objetivo debater "las condiciones estéticas, económicas y literarias de la creación artística en el país y sus relaciones con toda la literatura internacional". Além desse tema, também seria debatido o papel social do escritor e a criação de uma união de escritores no país. Assinaram o manifesto intelectuais de diversas tendências; quase todos eles importantes protagonistas da AIAPE nos anos posteriores. São eles: Luisa Luisi, Idelfonso Pereda Valdés, Montiel Ballesteros, Emilio Frugoni, Paulina Medeiros, José Maria Podestá, Eugenio Petit Muñoz, José Barboza Mello, Jesualdo etc.[59]

A realização do I Congresso de Escritores do Uruguai, na sede do Ateneu de Montevidéu, pode ser considerada a primeira atividade *frentista* no âmbito da luta dos intelectuais uruguaios; foi nomeado presidente da associação o socialista Emilio Frugoni, chamado de "viejo poeta"; como vice, o crítico Alberto Zum Felde. Os oradores, comunistas, liberais, católicos e socialistas se posicionavam pela defesa da cultura, contra o fascismo e manifestavam "repudio al Gobierno que nos rige".[60] Muito foi debatida também a situação econômica do escritor, sua remuneração e seus meios de publicação. A heterogeneidade de vozes presentes neste congresso se fez notar pela dificuldade na aprovação na moção de repúdio que encerrava o encontro. Ao posicionar-se

---

59 LOS INTELECTUALES apoyan el Congreso. *Movimiento*, Montevideo, ano 3, n. 14, p. 1, jul. 1935.

60 EL PRIMER congreso nacional de escritores. *Movimiento*, Montevideo, ano 3, n. 16, p. 1, set. 1935.

"contra a guerra e contra o fascismo", o relato da assembleia dá conta das divergências no entendimento deste fenômeno:

> Conviene aclarar, ya que esta faz del Congreso ha suscitado algunos malentendidos, que el hecho de que en la Asamblea tan exigua las distintas mociones condenando la guerra y el fascismo no lograron número de votos suficientes como para considerarse aprobadas, no significa en modo alguno que el Congreso tomara partido por la guerra y el fascismo [...] lo ocurrido se debió, en parte, a una falla de organización de la Asamblea, y en parte, a malentendidos entre los congresistas, que se dividieron en varios grupos por cuestiones de letra en las mociones; desde el grupo católico – según su (ilegível) manifestación – hasta los congresistas de izquierda, todos estaban contestes en condenar la guerra y el fascismo como peligro que amenazan la cultura; lo contrario, sería absurdo. Si no se logró anuencia en torno a ninguna moción, ello se debió, repitamos aún, a la inexperiencia de la Asamblea como tal, y al hecho de que casi todos los congresistas querían hacer resaltar su posición particular en la moción.[61]

Note-se que esses debates foram avaliados positivamente pelo redator do artigo em *Movimiento*, em que o relato da assembleia foi registrado. O caráter heterogêneo do evento ("entraron allí en contacto distintas tendencias, incluso diametralmente opuestas") foi entendido como uma oportunidade única e até mesmo inédita no país de criadores artísticos de diversas correntes "trabar[en] conocimiento, examinar[en] juntos problemas que son la carne de su preocupación, y confrontar[en] con libertad y franqueza sus puntos de vistas".[62]

O principal desdobramento deste I Congresso de Escritores foi a criação de uma Associação de Escritores, "de carácter gremial, algo así como un órgano típico de clase"[63] que foi sendo estruturada desde fins de 1935, como relata a publicação da CTIU. Em junho do ano seguinte, essa revista abordou, pela primeira vez, a criação de uma "organización similar a la A.I.A.P. (sic) argentina" por meio de correspondência travada com a Associação Internacional para a Defesa da Cultura, em Paris. R.

---

61 Idem.

62 Idem.

63 LA UNIÓN de los escritores en marcha. *Movimiento*, Montevideo, ano 3, n. 17, p. 8, out. 1935.

Etiemble, secretário da associação francesa, respondeu esclarecendo algumas dúvidas de Arturo Prunell com relação à nascente organização, à filiação do grupo uruguaio ao movimento internacional e a uma "adequação de vocabulário" que mostra a dificuldade dos comunistas na relação com os escritores e intelectuais:

> Creemos saber que ustedes se hallan inseguros si la Unión del Uruguay debe entrar en nuestra Asociación como sección de escritores o como Unión de trabajadores intelectuales. El próximo trabajo que vamos a emprender permite de resolver esta dificultad. Se trata, en efecto, de una enciclopedia internacional de las letras y de las artes, cuya realización ("mise au point") será discutido en el curso del *plenum* anual de la Asociación.[64]

A partir desse processo, pouco mais de um ano depois da associação argentina surgir, foi fundada, no Uruguai, a Agrupación de Intelectuales, Artistas, Periodistas, Professionales y Escritores (AIAPE), em 3 de setembro de 1936 "gracias a las peticiones realizadas por un grupo de destacados intelectuales". Diferentemente do ocorrido na Argentina, vemos que a criação da AIAPE uruguaia foi fruto de uma iniciativa coletiva, da qual faziam parte Juvenal Ortiz Saralegui, Jesus Castellano Balparda, Sofia Arzarelo, Jesualdo Sosa, Roberto Ibañez, entre outros. A organização carrega entre suas características um forte caráter sindical, oriundo da organização que a antecedeu. Paradoxalmente, a associação apresentou um caráter político fortemente heterogêneo, em direção contrária ao que se poderia imaginar de um grupo que derivou de uma organização comunista homogênea, como a CTIU e, ao mesmo tempo, sediada no país do Bureau Sul-americano da Internacional Comunista (BSAIC).

O que se pode constatar é que as associações da Argentina e do Uruguai fizeram parte de um mesmo movimento internacional, mas foram criadas a partir de diferentes mediações. Do lado argentino, o protagonismo do marxista Aníbal Ponce e de seus contatos diretos com Henri Barbusse e a França; no Uruguai, mesmo com o importante papel de Siqueiros para o impulso inicial em relação à CTIU, houve uma longa articulação entre grupos heterogêneos de escritores e intelectuais que fundaram as bases de um movimento cujas características respondiam aos anseios da intelectualidade, tanto enquanto classe, quanto como instância de produção e crítica.

---

64 POR LA DEFENSA de la Cultura, notas de la Asociación Internacional. *Movimiento*, Montevidéu, ano 3, n. 26, p. 11, jun. 1936.

OS INTELECTUAIS AIAPEANOS NA LUTA ANTIFASCISTA: DEBATES E AÇÕES

O estudo das AIAPES argentina e uruguaia oferece uma oportunidade valiosa para se pensar a ação dos atores coletivos na cultura e na política. Centradas na prédica da "defesa da cultura", cujo sentido será analisado mais profundamente no capítulo seguinte, as associações foram importantes motores da produção artística e intelectual em seus países, todas elas mediadas pela atuação política contra o fascismo. Demonstraremos também que a luta desses intelectuais aiapeanos foi marcada por uma disputa por espaços públicos e institucionais em relação à cultura. Frente às intervenções dos governos autoritários (ou dos organismos públicos) dos governos Terra e Justo no âmbito cultural, os intelectuais da AIAPE marcaram posição e assumiram atitudes que produziram transformações no universo cultural dos países do Prata.

As duas AIAPEs[65] funcionavam a partir de estatutos e comissões diretivas com cargos eletivos anuais; as eleições ocorriam em assembleias com a participação dos sócios. Ao contrário da Argentina, a publicação do Uruguai trazia informações minuciosas sobre o funcionamento do grupo. A primeira gestão da AIAPE uruguaia incluía Antonio M. Grompone como presidente, Montiel Ballesteros e Paulina Luisi como vice e Arturo Prunell como secretário.[66] Na estrutura organizacional da associação havia duas comissões: a comissão de imprensa e a comissão de atos. A primeira era responsável pela publicação do boletim *AIAPE, por la defensa de la cultura* (1936-1944); já a comissão de atos organizava grande parte das conferências e congressos. Destas comissões, participavam importantes personagens da vida política e intelectual, como os poetas Luisa Luisi, Juvenal Ortiz Saralegui e Carlos Sabat Ercasty, o pedagogo Jesualdo Sosa, o crítico Emilio Oribe, o poeta Roberto Ibañez, o advogado Eugenio Petit Muñoz e o artista plástico Leandro Castellanos Balparda. Encontramos também referência à participação, no final de 1937, do jor-

---

65   A atuação das AIAPEs foi recuperada por meio da análise dos periódicos e de algumas memórias dos que ali militaram, com significativa diferença no volume das publicações da revista de cada agrupação, com vantagem para o Uruguai.

66   Além destes, eram membros da comissão diretiva "Pro secretario: Sofia Azzarello; Secretário de Prensa: Raul M. Arredondo; Tesoureiro: Contador Antonio M. Ubillos; Porta-vozes: Sr. Raul de Batehgen, Ovidio Fernandes Rios, Emilio Frugoni, Vicente Basso Maglio, Prof. Hipolito Coirolo, Dr. Eugenio Petit Muñoz, Francisco Espínola (hijo), Dr. Luce Fabri, Prof. Norberto Bordia, Dr. Pedro Cerruti Crosa, Prof. Rafael Laguardia, Carlos Warren." Cf. VIDA DE LA AIAPE. *AIAPE, por la defensa de la cultura*, Montevideo, ano 1, n. 1, p. 20, nov. 1936.

nalista Carlos Quijano na composição dos quadros que chegou a atingir, no máximo, trezentos integrantes durante sua existência.[67]

Na Argentina, a primeira comissão diretiva da AIAPE era composta por Aníbal Ponce como presidente e Alberto Gerchunoff e Vicente Martínez Cuitiño como vice (LARRA, 1982, p. 18).[68] Ainda no final de 1935, Ponce deixou a direção e o físico Emilio Troise a ocupou até 1942. Desde o início foram criadas sessões com responsabilidades específicas: jurídica, plástica, pedagógica e de imprensa; esta última era responsável pelas publicações do material de conferências, panfletos e do periódico *Unidad, por la defensa de la cultura* (1936-1938).[69] Entre as atividades propostas pela associação, estavam a realização de cursos e conferências, atos públicos, manifestos e debates livres.[70] Faziam parte da AIAPE personagens de destaque como José Portogalo, Nydia Lamarque, Álvaro Yunque, Liborio Justo, José Barboza Mello, Sergio Bagú, Enrique e Raul González Tuñón, Dardo Cúneo, Rodolfo Puiggrós, Deodoro Roca, Raúl Larra e outros. Entre janeiro de 1936 e 1937, a associação que antes contava com quatrocentos sócios, alcançou o número de 2 mil (PONCE, 1936, p. 331).

Com relação à compreensão do que era considerado "intelectual", é interessante pensar que o nome escolhido pela organização implicava a enumeração de algumas atividades do pensamento (jornalismo, literatura) e, no caso uruguaio, os universitários também eram considerados, elencados como *profesionales* (ROCCA, 2009, p. 19). Faziam parte da associação profissionais liberais das mais diversas ocupações: médicos, farmacêuticos, engenheiros, dentistas e advogados.

---

67 Para associar-se à AIAPE uruguaia, o aspirante deveria preencher um formulário e recolher a assinatura de dois membros da organização, ou seja, filiar-se significava pertencer a um círculo de relações e dependia da aprovação dos sócios. Cf. ESTATUTOS DA AIAPE. *AIAPE, por la defensa de la cultura*, Montevidéu, ano 2, n. 19-20, p. 11, set. /out. 1938. Uma campanha realizada em novembro de 1938 previa uma ação em prol da arregimentação de novos sócios para AIAPE, que pretendia atingir a quantia de mil associados. Cf. VIDA DE LA AIAPE. *AIAPE, por la defensa de la cultura*, Montevidéu, ano 2, n. 21, p. 16, nov. 1938. No mês seguinte, o balancete anual indicava que a campanha havia aumentado em 100% o número de sócios na organização, atingindo a cifra de trezentos. Cf. VIDA DE LA AIAPE. *AIAPE, por la defensa de la cultura*, Montevidéu, ano 2, n. 22, p. 24, dez. 1938.

68 Em 1938 encontra-se Emilio Troise como presidente, Arturo Orzábal Quintana e Leonidas Anastasi, como vice e Córdova Iturburu como secretário. Cf. VIDA DE LA AIAPE. *Unidad, por la defensa de la cultura*, Buenos Aires, ano 2, n. 5, p. 14, jan. 1938.

69 Entre os anos 1941 e 1943 a AIAPE argentina publicou o periódico *Nueva Gaceta*.

70 VIDA DE LA AIAPE. *Unidad, por la defensa de la cultura*, Buenos Aires, ano 2, n. 1, p. 12, ago. 1937.

Havia forte incidência de membros oriundos das classes médias urbanas, mas nas atividades promovidas pelas AIAPEs havia apoios pontuais às pautas operárias, especialmente às greves. Dois eventos tiveram ampla repercussão e participação massiva: a manifestação de 1º de Maio de 1936 na Argentina e o congresso por Nueva Constituición y Leyes Democráticas, de julho de 1938, no Uruguai. No primeiro caso, as comemorações do dia do trabalhador foram fortemente marcadas pela campanha frentista em prol de Marcelo T. Alvear, candidato às eleições presidenciais; ali compareceram sindicatos operários e partidos das mais diversas tendências, aos quais, pelo que se pode apreender do relato do evento nas memórias de Raúl Larra (1982, p. 20), a AIAPE participou ativamente:

> Por eso fue feliz cuando AIAPE convocó a participar en la multitudinaria manifestación del 1º de mayo de 1936, portando los retratos de Gorki y de Barbusse, pintados por Antonio Berni, junto a las imágenes de un joven estudiante preso desde hacía más de dos años: Héctor P. Agosti. El desfile se detuvo ante la tribuna instalada en el monumento Saénz Peña, en la Diagonal y Florida, y la muchedumbre vibró cuando Lisandro de la Torre coronó su discurso con su llamado: "Hombres libres del mundo, ¡uníos!"; la consigna era la expresión más elocuente del estado espiritual que iban ganando cada vez a mayores capas de la población.

No Uruguai, a AIAPE ajudou a coordenar a organização de um evento no qual houve participação popular massiva. No que foi visto como "la más grande manifestación política conocida en Uruguay hasta entonces" (LEIBNER, 2011, p. 54), e sob a consigna "Democracia, si! Fascismo, no!", a marcha pretendia pressionar o governo recém-eleito de Alfredo Baldomir a romper com instituições e práticas da ditadura *terrista* e, ao mesmo tempo, conclamar os grupos opositores a se unirem em torno da ideia de uma ação popular conjunta. A crônica do evento, publicada no boletim da AIAPE, relata:

> Nuestra agrupación prestigió e formó parte en la imponente columna ciudadana que desfiló por las calles de Montevideo el 25 de julio reclamando "Nueva Constitución y leyes Democráticas", unidos juntos al estandarte que llevaba nuestro nombre, la mayoría de los intelectuales de Montevideo y muchos del interior vivieran la jornada civilista más importante de estos últimos años (...) De aquella inmensa manifesta-

ción popular (...) dos voces seguirán resonando permanentemente: una de ellas dirigida a los gobernantes actuales, que tantas promesas de reconstruir la democracia, la justicia electoral etc. hicieron (...); la otra, no va dirigida a ellos, sino a los leaderes de la oposición misma, a los que no han comprendido que solo la unidad popular puede conducir por caminos seguros hacia la restauración institucional.[71]

Quanto à extensão das associações, cabe esclarecer que a AIAPE argentina desdobrou-se em diversas "filiais" em outras províncias: Rosário, Tandil, Paraná, Corrientes, Tucumán, etc (PASOLINI, 2008, p. 89). Especialmente a primeira manteve um intenso contato com o grupo de Buenos Aires. Já a organização uruguaia possuía uma abrangência nacional, ou seja, procurou agrupar os intelectuais e artistas do interior em torno de Montevidéu. Essa característica da AIAPE uruguaia, que poderia ter culminado em atividades centralizadoras, acabou resultando num programa de atividades voltadas para os intelectuais de "tierra adentro", como a promoção de um Congresso de Escritores do Interior e as atividades culturais ocorridas nas províncias eram divulgadas no boletim AIAPE. Tal congresso, realizado em 23 e 24 de abril de 1938, previa a aproximação de todos os escritores da república, por meio da ampliação do conhecimento sobre a produção artística do interior do país.[72] O evento desdobrou-se na Organização de Escritores do Uruguai (OEU), filiada à AIAPE, sob a direção de Juvenal Ortiz Saralegui; por meio dessa associação, pretendia-se defender os interesses dos escritores que não circulavam apenas em torno de Montevidéu.[73]

Essa atuação de forte caráter gremial da agrupação uruguaia possibilitou a circunscrição de integrantes de muitas tendências políticas, fazendo com que a AIAPE no país tenha sido uma experiência politicamente heterogênea, e, ao contrário da Argentina, não hegemonizada pelos comunistas.[74] Com relação à Argentina, a histo-

---

71 LAS DOS voces del mitin de julio. AIAPE, *por la defensa de la cultura*, Montevidéu, ano 2, n. 17-18, p. 3, jul./ ago. 1938.

72 EL CONGRESO de escritores del interior se realizara los días 23 e 24 de abril. AIAPE, *por la defensa de la cultura*, Montevidéu, ano 2, n. 12-13, p. 10, fev./ mar. 1938.

73 ORGANIZACIÓN de Escritores del Uruguay. AIAPE, *por la defensa de la cultura*, Montevidéu, ano 2, n. 17-18, p. 3, jul./ ago. 1938.

74 Segundo Leibner (2011, p. 55): "A diferencia de lo que sucedió posteriormente durante la segunda guerra mundial, en la segunda mitad de los treinta [...] la fuerza comunista no era la determinante tras las organizaciones antifascistas. Una simple comparación de las listas de personalidades destaca-

riografia é unânime em afirmar a predominância dos comunistas em relação a reformistas e socialistas na associação. O jornalista comunista Córdova Iturburu referiu-se à importância de Aníbal Ponce para equilibrar as tendências mais radicais relativas aos propósitos da associação. Neste sentido, afirmou:

> [...] Aníbal Ponce debía frenar, cada día, nuestros impulsos impremeditados. Su ponderación se nos antojaba, entonces, excesiva. Y, preciso es confesarlo, nos descontentaba. [...] Nosotros hubiéramos querido echarnos de inmediato en medio del tumulto de las luchas políticas y sindicales y participar en ellas enarbolando banderas categóricas, con olvido evidente de nuestra función específica de aglutinantes de un vasto movimiento posible de intelectuales antifascistas. (ITURBURU, 1941, p. 53-54).

O protagonismo de Ponce, tanto no que concerne ao impulso inicial para a criação da AIAPE, quanto em relação a seu contato com o universo antifascista europeu, advinha da respeitabilidade que adquiriu ao longo de sua trajetória intelectual, (marcada pelo contato pessoal com José Ingenieros, por sua militância liberal e, posteriormente, marxista) (PASOLINI, 2010). Ponce ilustrava o ideal do intelectual antifascista, em luta pela "verdade" e pela preservação da "cultura", contra as forças regressivas. É a partir dessa respeitabilidade que é possível analisar a repercussão da "cassação" de Ponce de seu cargo de professor em fins de 1936. Sob a justificativa de "preservar a instrução pública da propaganda comunista" (PASOLINI, 2010). Ponce foi exonerado do Instituto del Profesorado Secundario, onde dava aulas de Psicologia. A exoneração ressoou no boletim uruguaio, que enviou telegrama ao Instituto exigindo a restituição imediata do professor,[75] cuja demissão era definida como ação de uma "moderna inquisição" contra o livre pensamento.[76]

No entanto, Ricardo Pasolini considera que não houve suficiente solidariedade da associação argentina em relação à destituição de Ponce devido ao seu caráter moderado (PASOLINI, 2010). Contudo, uma nota de repúdio da comissão diretiva foi pu-

---

das involucradas en los movimientos en ambos periodos, demuestra un espectro muy amplio, del cual los comunistas y quienes estaban en su inmediata área de influencia eran solo un sector más".

75 NOTA DE la AIAPE por su restitución. *AIAPE, por la defensa de la cultura*, Montevidéu, ano 1, n. 1, p. 11, nov. 1936.

76 MODERNA inquisición. *AIAPE, por la defensa de la cultura*, Montevidéu, ano 1, n. 2, p. 3, dez. 1936.

blicada em *Claridad*, já que, durantes esses meses, o periódico da associação – *Unidad* – não circulou. Na referida nota, a exoneração de Ponce foi contestada pela direção da associação por se tratar de um ato repressor em relação ao livre pensar.[77]

Outros casos de perseguição policial aos intelectuais de esquerda e à criação cultural, ocorridos na Argentina, foram pauta da AIAPE desse país. O processo contra Raúl González Tuñón (que motivara a criação da associação) e a posterior proibição e apreensão dos exemplares do livro *Tumulto*, do poeta comunista José Portogalo, foram atos justificados através de acusações que mesclavam questões políticas e morais. A solidariedade ao intelectual perseguido foi pauta constante da luta antifascista nesses países, o que se explica pelo fato de que a repressão às atividades culturais e intelectuais era a mais imediata e reconhecível atuação dos governos autoritários ou fascistas.

Com relação às ações de caráter propositivo, as AIAPEs do Prata foram ativas promotoras de espaços culturais. Há indícios, no boletim uruguaio, de que teria sido organizado um Congresso de Escritores Antifascistas, promovido pela AIAPE em 1936 na Argentina, que não se realizou devido ao ataque de grupos fascistas (*legionarios*) por meio de bombas de gás e depois devido à ação da polícia. [78]

Entre as ações da AIAPE destacaram-se as conferências e palestras, em um intenso cruzamento com as atividades do já citado Colégio Libre de Estudios Superiores (CLES). Foram encontradas referências a um curso de história colonial argentina, oferecido por Juan Carlos Vedoya, e a jornadas de estudos sobre temas específicos, como a que ocorreu em meados de 1938, sobre a trajetória intelectual de Domingos F. Sarmiento (TROISE, 1938, p. 47). Havia também notícia da participação de intelectuais de diversas correntes, definidos como "progressistas", como era o caso de Arturo Frondizi, Luis Reissig, Arturo Orzábal Quintana e Hector P. Agosti.

Diferentemente do que ocorria com os grupos brasileiros, as conferências da AIAPE argentina não eram vistas como atividades voltadas à educação popular, mas

---

77 LA COMISIÓN DIRECTIVA. "En defensa de la libertad de pensamiento". Declaração da AIAPE. *Claridad*, Buenos Aires, n. 306, out./ nov. 1936.

78 "En la sección inaugural del congreso de escritores antifascistas en AIAPE los legionarios entraron al local de esta e intentaron sin éxito arrojar bombas de gases lacrimógenos, habiendo sido los agresores expulsados antes de poder realizar sus provocaciones. En vista del fracaso, apelaron a la Sección Especial de Policía la que procedió a un espectacular allanamiento del local (sin orden del juez) y al desalojo del público." Cf. LA INTELECTUALIDAD antifascista de América. *AIAPE, por la defensa de la cultura*, Montevidéu, ano 1, n. 3, p. 14, mar. 1937.

sim acadêmicas, relacionadas à "cultura superior", o que demonstra a recorrente hierarquização da cultura que era feita pelos intelectuais do país. Diversas conferências foram transformadas em livretos – e editadas como *Cuadernos AIAPE* – ou eram veiculadas através da revista *Cursos y Conferencias*, publicação regular do CLES. As iniciativas coincidiam quanto ao papel delegado à cultura como agente de transformação social, orientada pela percepção da necessidade de se trabalhar "a favor da cultura", como se pode notar na apresentação do CLES:

> Ni Universidad profesional, ni tribuna de vulgarización, el COLEGIO LIBRE DE ESTUDIOS SUPERIORES aspira a tener la suficiente flexibilidad que le permita adaptarse a las nuevas necesidades y tendencias. Germen modesto de un esfuerzo en favor de la cultura superior, espera la contribución material, intelectual y moral de todas las personas interesadas en que aquellas sean un elemento de acción directa en el progreso social de la Argentina. (*Cursos y conferencias*, 1937).

Entre as iniciativas "a favor da cultura" ganhou destaque a promoção das artes plásticas, que passaram a contar com espaços alternativos para a exibição da produção de pintura, escultura e fotografia. A ideia de "espaço alternativo" tinha significação distinta na Argentina e no Uruguai.

No primeiro caso, uma das primeiras ações de cunho cultural da AIAPE argentina, anterior mesmo à publicação de seu periódico, foi a criação do 1º Salão da AIAPE. Entre 24 de outubro e 5 de novembro de 1935, expuseram suas obras no Salão Municipal de Belas Artes: Spilimbergo, trabalhos póstumos de Fácio Hebécquer, fotografias tiradas nos EUA por Liborio Justo, o quadro *Desocupación* de Antonio Berni, entre outros.[79] Este último e outras obras que compunham a mostra não tinham sido aceitos na seleção oficial do Salão Nacional de Belas Artes. Como reação a esta instância oficial de regulação da atividade artística no país já haviam sido realizados inúmeros "contra salones" (WECHSLER, 2006, p. 408), nos quais os artistas registravam seu descontentamento com as práticas da instituição; o Salão da AIAPE argentina

---

79 Participaram também da exposição Pompeyo Audivert, Maria Carmen de Araoz Alfaro, Batlle Llanas, Barragan, Berlengieri, Francisco Blanco, Raul Castro, Enrique Chelo, Angel Cairoli, Juan Carlos Costagnino, Clement Moreau, Leon Dourge, Di Bitetti, Facio Hebecquer, Oscar Ferrari, Homme, Rivera Martinez, Aaron Lipietz, C. Lugo, C. Lopez Claro. Cf. PRIMER Salón de la AIAPE. *Unidad, por la defensa de la cultura*, Buenos Aires, ano 1, n. 1, p. 13, jan. 1936.

incluía, entre suas motivações, oposição aos critérios "bárbaros" do Salão Oficial e, ao mesmo tempo, a favor da retórica da arte proletária que marcara o período do "realismo socialista".

A referida mostra foi aberta com os discursos de Córdova Iturburu e Demétrio Urruchua, que defenderam o caráter social e revolucionário das obras ali expostas. Rodolfo Aráoz Alfaro a definiu como um "primer ensayo orgánico que se hace en nuestro país de exhibir una muestra de arte de clase".[80] Paradoxalmente, dois anos depois a AIAPE argentina celebrou o triunfo dos plásticos ligados à associação, a maior parte deles expositores no Salão de 1935, que finalmente foram reconhecidos e premiados pelas "más altas recompensas oficiales a que pueden aspirar los plásticos en nuestro país".[81] A celebração pela AIAPE desse reconhecimento, mesmo que tardio, deixa transparecer os conflitos e aproximações entre as instâncias oficiais e as ditas "alternativas" no país.

O crítico aiapeano Córdoba Iturburu ressaltou, em sua análise sobre o 1º Salão da AIAPE argentina, as contradições entre o desejo de postular "una vanguardia artística" (CELENTANO, 2006, p. 215) a partir da liberdade de criação, cotejando a temática da arte social e a do "realismo socialista" e, ao mesmo tempo, resgatar as heranças da expressão artística da qual todos os artistas seriam, ou deveriam ser, tributários, sobretudo em relação à técnica. Nesse sentido, afirmou: "El arte de nuestros pintores revolucionarios es una negación del arte inmediatamente anterior y una reacción contra él en cuanto a contenido, pero si aspira a ser artísticamente válido no puede desdeñarlo desde un punto de vista técnico".[82]

Este aparente paradoxo pode ser entendido como uma disputa pela legitimidade da produção artística, tanto em relação à inserção de novos artistas nas instâncias oficiais como na ampliação do debate sobre o conteúdo social e político na arte.

No caso do Uruguai, a situação foi diferente: o embate em torno das instituições promotoras da arte uruguaia ocorreu entre o Salão Oficial de Bellas Artes e o grupo representado pela AIAPE, que organizou o 1º Salão de Artistas Independentes, em

---

80 ARÁOZ ALFARO, Rodolfo. "Primer salón de la AIAPE: arte y realidad social", *Izquierda*, Buenos Aires, ano 2, n. 9, nov./ dez. 1935.

81 LOS DÍAS, los hechos y los hombres. *Unidad, por la defensa de la cultura*, Buenos Aires, ano 2, n. 3 e 4, p. 3, out./ nov. 1937.

82 ITURBURU, Córdova. "Hacia una plástica revolucionaria", *Unidad, por la defensa de la cultura*, Buenos Aires, ano 1, n. 1, p. 13, jan. 1936.

1937. Ali, contudo, não estava em questão a preocupação social do artista ou qualquer dos temas relacionados ao "realismo socialista", à arte proletária, revolucionária ou social. Nos comentários dos críticos de arte sobre o evento eram exaltadas as qualidades "morais" dos artistas, que romperam com o Salão Oficial, "no por mezquinos rencores ni por minúsculas enemistades", e sim para

> [...] defender su autonomía – tan menoscabada – por sostener generosos propósitos de unidad, por afirmar la urgente necesidad de que se aparten del territorio del Arte las innúmeras influencias oscuras que le trastornan y le mantienen en una condición lamentablemente sometida.[83]

O que estava em jogo era a ingerência das instituições públicas nas questões artísticas, que eram vistas como vulneráveis a interferências políticas. Estas se revelavam na escolha dos jurados para o Salão Oficial, na seleção das obras e na escolha dos premiados. Como se pode observar através do Manifesto da AIAPE, havia uma reivindicação em torno das instâncias e critérios legitimadores da produção artística:

> Todas estas cosas, y las que habrán sucedido unos días después de escrito este comentario, reafirman la aspiración de la AIAPE de que el arte debe estar gobernada por los propios artistas, vale decir, que tanto la Comisión Nacional de Bellas Artes como los jurados literarios, plásticos o musicales deben estar en sus manos, y no en extrañas, como sucede ahora. La participación del Estado debe ser mínima, y no máxima.[84]

Na sede do Ateneu de Montevidéu, o 1º Salão de Artistas Independentes deu destaque às obras do pintor Carlos Prevosti e do escultor Bernabé Michelena.[85] Este último era um artista comunista ou simpatizante, que se envolvera ativamente na luta an-

---

83   PODESTÁ, José María. "El Salón independiente del Ateneo", *Ensayos*, Montevidéu, ano 2, n. 15, p. 247, set. 1937.

84   A PROPÓSITO del Salón Oficial. *AIAPE, por la defensa de la cultura*, Montevidéu, ano 1, n. 8, p. 8-9, ago./ set. 1937.

85   Além destes, participaram do 1º Salão de Artistas Independentes em Montevidéu os jovens escultores Alberto Sávio, Moncalvi, Martín, Homero Bais, Armando González e os pintores Rivello, Augusto Torres, Ragni, Carmelo de Arzadun e Joaquín Torres-García, pelo "grupo dos pintores construtivistas", além de Felipe Seade, Alfredo De Simoni, Carlos González, Bravo, Cúparo, Tourreilles, Orlando, Tufano, Costigliolo, Clérici, Irma Becerra, Urta, Bebeacua. Ainda nas xilogravuras, Adolfo Pastor e Leandro Castellanos Balparda. Citado por PODESTÁ, José María, *op. cit.*

tiguerreira nos anos 1930, tendo chegado a ser o presidente do Comitê Nacional contra a Guerra. O escultor fundara em 1934, em conjunto com outros artistas, a Escuela Taller de Artes Plásticas (ETAP), que foi uma instância importante na formação de artistas uruguaios; mais tarde, Michelena esteve entre os organizadores da AIAPE daquele país. O envolvimento do artista nas lutas antifascistas e antiguerreiras não se transmutou em uma obra de caráter evidentemente social, apesar de sua preocupação humanística.

A crítica de arte divulgada no periódico *AIAPE, por la defensa de la* cultura se debruçou sobre a exposição, e também sobre a obra individual de Michelena e Prevosti. Nessa crítica se percebe, novamente, que as temáticas da arte proletária e do realismo social não estavam na pauta da exposição e nem estavam evidentes nas preocupações da associação. Cipriano Santiago Vitureira, poeta e crítico de arte, elaborou uma crítica essencialmente descritiva do 1º Salão de Artistas Independentes, exaltando a união de "la lección moral con la lección estética".[86] Quanto a Alejandro Laureiro, aiapeano atuante e comunista (OREGGIONE, 2001, p. 20), por meio de um tom sereno e elogioso ele critica sutilmente a obra de Carlos Prevosti em relação aos limites de uma arte que "expresa valores y calidades formales", em oposição às qualidades autênticas expressas pela realidade:

> Una pintura puramente plástica en un país y en una sociedad transidos de inexpresión, jóvenes, henchidos de problemas, necesariamente ha de quedar fuera de la masa nutritiva de la vida, de la realidad, de lo auténtico. Menester es acordar las técnicas al sueño y a la gestación oscura que se asienta en el pueblo.[87]

Joaquín Torres García, seguramente, representava um contrapeso importante nesse debate. Regressado a Montevidéu após anos de contato com as vanguardas europeias, chegara disposto a elaborar uma arte "própria e inédita" no continente americano, para a qual formulou um sistema estético-filosófico chamado "Universalismo Construtivo".[88] Torre

---

86 EL PRIMER Salón de Artistas Independientes. *AIAPE, por la defensa de la cultura*, Montevidéu, ano 1, n. 8, p. 8-9, ago./ set. 1937.

87 LAUREIRO, Alejandro. "El pintor Carlos Prevosti", *AIAPE, por la defensa de la cultura*, Montevideo, ano 3, n. 26, p. 7, jun. 1939.

88 As informações biográficas de Joaquín Torres-García foram obtidas na página web do Museu Torres-García. Disponível em: <www.torresgarcia.org.uy/uc_119_1.html>. Consultado em: 02 jan. 2013.

Ângela Meirelles de Oliveira

García envolvera-se com a AIAPE[89] no país e militara entre os plásticos independentes mesmo que, nas palavras do escritor Juan Carlos Onetti (1975), o artista não compartilhasse de ideologias políticas de nenhuma espécie: "él no quería imposiciones de ninguna clase. Buscaba hacer surgir de la nada un arte nuevo que tal vez tuviera siglos de edad. En fin, el constructivismo era el único dios verdadero y Torres García su profeta".

Como se procurou mostrar, as AIAPEs possuíam aspirações similares em relação à promoção das ações culturais, mesmo que o caráter político da expressão artística não estivesse em jogo no Uruguai. As atividades, em sua maioria estabelecidas no âmbito da "alta" cultura letrada e das vanguardas artísticas, pouco se alteraram, mesmo se levarmos em conta o anseio de aproximação com as classes populares.

Em relação à atuação dos intelectuais antifascistas como sujeitos coletivos, ficou demonstrado que os debates no âmbito da cultura não estavam sobredeterminados pelas pautas dos comunistas, ao contrário, elas variaram de acordo com a maior ou menor diversidade dos integrantes das associações.

A UNIDADE QUEBRADA: VOZES DISSONANTES

O vigor da atuação das AIAPEs nos países do Prata, na segunda metade dos anos 1930, resultava, em grande parte, da heterogeneidade ideológica de seus membros. Contudo, no final da década, essas organizações foram duramente abaladas pelo que pode ser considerado um ponto de inflexão para a luta antifascista e para os ideais de união: o pacto de não agressão entre a Alemanha nazista e a URSS, em agosto de 1939, ao qual já nos referimos em item anterior. Frente ao que pareceu uma traição comunista aos ideais antifascistas, o acontecimento demandou um novo posicionamento dos integrantes das associações. Segundo Andrés Bisso (2007, p. 75):

> En ese nuevo contexto, el tiempo de la unión entre los grupos antifascistas que creían poseer los mismos intereses había pasado y surgían dos posiciones, la pro-soviética y la liberal-socialista, que se presentaban ahora con un aspecto irreconciliablemente antagónico.

---

89 Uma nota presente em *Movimiento* demonstra que Torres-García indispusera-se com a CTIU, na ocasião de seu retorno a Montevidéu. O pintor declarara ter procurado saudar de imediato Gabriel Terra em busca de suporte para seu projeto artístico. Acusado de "arte purista" e "oficialista", a nota declarava: "Bonito destino de un arte despegado de la tierra y de toda realidad, que sin embargo busca el ala protectora de los gobernantes burgueses!" Cf. UN ARTE oficialista. *Movimiento*, Montevidéu, ano 3, n. 12, p. 4, mar. 1935.

O boletim da AIAPE uruguaia apresentou um relato bastante detalhado dos acalorados debates e tensões que ocorreram na associação em razão do pacto. Uma assembleia geral extraordinária foi convocada para a realização de consulta aos sócios a respeito dos recentes acontecimentos europeus, em busca de uma posição consensual. Declarando ser "imposible la fijación de un criterio unánime, concreto y detallado sobre dichos acontecimientos" e argumentando que "la rapidez con que [ellos] se suceden [...] hacen con que muchos asociados no deseen pronunciar un juicio definitivo".

Em suma, a AIAPE uruguaia não logrou formular uma declaração pública sobre o pacto que expressasse a opinião da associação em seu conjunto. A ata final continha uma resolução na qual eram reafirmados os princípios do grupo, em "defesa da cultura e pela liberdade de pensamento", agregados a um repúdio a todas as formas de totalitarismo, de agressão de um povo contra outro, de imperialismo de qualquer natureza e acompanhados de uma declaração de adesão "a la idea democrática, verdadera e integral, a la causa del derecho y de la justicia social".[90] O documento não continha nenhuma declaração efetiva sobre o pacto.

As discussões em torno do tema foram sintetizadas pela escritora Clotilde Luisi em seu discurso pronunciado numa das inúmeras assembleias realizadas. Nele, a autora lamenta a postura de alguns integrantes da AIAPE, que abandonaram a associação sem participar das discussões, e faz referência à diversidade de opiniões expostas na assembleia:

> En la actual contienda europea hay los que ven tres grupos ideológicos y hay los que ven dos. Hay los que ven tres imperialismos destrozándose por conseguir ventajas e imponer intereses, detrás de los cuales las ideas marchan penosamente a remolque.[91]

Nesse processo de crise, a AIAPE uruguaia perdeu uma quinta parte de seus sócios – entre eles Roberto Ibañez, poeta e militante socialista que dirigira o periódico até aquele momento – e acabou se tornando uma associação predominantemente comunista (LEIBNER, 2011, p. 56). A maior repercussão, contudo, foi a expulsão sumária da AIAPE da sede do Ateneu de Montevidéu em dezembro de 1939.

---

90 VIDA DE LAS AIAPE. *AIAPE, por la defensa de la cultura*, Montevidéu, ano 3, n. 29, p. 32, out./dez. 1939.

91 LUISI, Clotilde. "Esencia y destino de la AIAPE", *AIAPE, por la defensa de la cultura*, Montevidéu, ano 4, n. 29, p. 3, out./ dez. 1939.

O ato acarretou forte cisão na intelectualidade uruguaia, já que diversos integrantes das duas associações tiveram que tomar posição. O episódio terminou com o afastamento de diversos intelectuais do Ateneu, como Eugenio Petit Muñoz, Clotilde Luisi e Guillermo García Moyano. A expulsão recebeu nota de desagravo da AIAPE de Buenos Aires, que não havia se posicionado localmente sobre os acontecimentos internacionais recentes.[92]

Em relação à AIAPE argentina, as fontes disponíveis não permitem analisar de forma mais precisa a repercussão do pacto em suas fileiras. No entanto, foi possível observar que a associação vinha perdendo integrantes não comunistas desde 1936, por medo da perseguição policial ou mesmo por desavenças com os membros do partido (LARRA, 1982, p. 23). Um relato sobre uma assembleia realizada em fins de 1937 permite notar certa apatia entre os integrantes da associação:

> En el informe de la comisión directiva saliente, el Dr. Emilio Troise se refirió a lãs dificultades de todo orden con que la A.I.A.P.E. ha tropezado como consecuencia de cierta indiferencia y falta de apoyo por parte de los intelectuales, indiferencia y falta de apoyo que no son, por cierto, exclusivos de estos sectores sino comunes a todos los medios políticos y sociales del país. Formuló, al final, un enérgico llamado a los intelectuales y artistas, señalando la necesidad de actuar ahora que aún es tiempo, ya que – dijo poco más o menos – de seguir así las cosas puede ocurrir mañana que el manganello fascista despierte a los indiferentes de hoy con la realidad de su esclavitud. [...] Informada la asamblea del balance anual, se procedió, enseguida a la elección de nuevas autoridades. No hubo, en realidad, lucha electoral. Solo circuló una lista la que, no obstante algunas substituciones en unas pocas boletas, saltó triunfante. Dos artículos de los estatutos fueran modificados en partes dispositivas de importancia secundaria. No hubo, casi, discusión.[93]

James Cane (1997, p. 466) aponta que a AIAPE perdeu ainda mais aliados após o pacto. A associação, que permaneceu em funcionamento até 1943 reduzida praticamente aos militantes comunistas, passou a defender a neutralidade da Argentina no conflito mundial, seguindo a linha de interpretação da IC, que entendia a guerra como

---

92   A AIAPE y el Ateneo. *AIAPE, por la defensa de la cultura*, Montevidéu, ano 4, n. 31, p. 7, abr. maio 1940.
93   VIDA DE LA AIAPE. *Unidad, por la defensa de la cultura*, Buenos Aires, ano 2, n. 5, p. 14, jan. 1938.

uma disputa entre países imperialistas.[94] Cabe destacar que, imediatamente após a declaração do pacto, um "debate livre"[95] foi convocado pelo tradicional diário socialista argentino *La Vanguardia* (BISSO, 2007, p. 453-454); ao contrário da AIAPE uruguaia, a associação argentina não possuía grande representatividade na sociedade e a direção carecia de autoridade entre seus sócios para propor uma ampla discussão sobre o tema; ou talvez não houvesse, entre seus integrantes, grandes dissidências em relação ao assunto, já que a maioria comunista tenderia a apoiar o pacto.

As muitas vozes dissonantes contra o pacto de não agressão surgiram na imprensa de outros partidos políticos de esquerda, vindas, sobretudo dos socialistas e dos trotskistas. Liborio Justo, que rompera com a AIAPE argentina alguns anos antes e se aproximara da IV Internacional, declarou que "desde tiempo atrás, lo venía anunciando" as semelhanças entre Hitler e Stálin (JUSTO apud BISSO, 2007, p. 453-454). No jornal socialista *La Vanguardia*, um poema expressava, com humor, a confusão deflagrada pelo acordo: "¡Por favor! Que alguien me explique/ ¿Qué soy? ¿Nazi o bolchevique?/ ¿totalitario o soviético?/Mi cerebro va estallar/y siento que me va a dar/ pronto un ataque apoplético" (HORTIGA apud BISSO, 2007, p. 455).

O novo contexto político internacional era sentido "descorazonadamente por otros sectores militantes, tanto democráticos como independientes liberales, que experimentaban una sensación de creciente repudio de la política". (BISSO, 2007, p. 75). Antonio Zamorra registrou nas páginas de *Claridad* seu desconsolado "repudio hacia un hecho que ha provocado la agonía de la más grande esperanza que había acariciado la humanidad en este siglo".[96]

No Uruguai, Emilio Frugoni atacou o pacto com virulência no jornal socialista *El Sol*, contestando, ponto a ponto, a argumentação comunista expressa no diário *Justicia*, do PCU, que buscava "explicar el inexplicable".[97] Carlos Quijano, que havia

---

94 Outra associação antifascista foi criada nos anos 1940, de cunho liberal e pró-Aliados na 2ª Guerra Mundial: a Acción Argentina, que acabou por aglutinar os intelectuais que se identificavam com essa tendência.

95 "*La Vanguardia* llamó a un 'debate libre' sobre aquél, en el cual participaron tanto detractores como favorecedores del mismo. Participaron en ese debate Rómulo Bogliolo, Liborio Justo, Alfredo López, Dardo Cúneo, Pedro Chiaranti, José Campos, Brasil Gerson y Narciso Márquez. El 31 de agosto *La Vanguardia* convocó también a un plebiscito popular sobre dicho tema, pero fue suspendido al día siguiente, ante el estallido dela guerra, argumentando que 'una vez más los hechos han vencido a las palabras.'"

96 ZAMORRA, Antonio. "Agonía de una espera", *Claridad*, Buenos Aires, n. 339, set. 1939.

97 QUERIENDO explicar el inexplicable. *El Sol*, Montevidéu, ano 16, p. 6, n. 1345.

apoiado a luta antifascista durante os anos 1930 através de seu diário *Acción* e de uma rápida passagem pela AIAPE, declarou, a partir do recém-criado periódico *Marcha* (1939-1974), não ter sido surpreendido com os novos rumos da política internacional soviética, que seguia, assim como em outros países, seus próprios interesses estratégicos.[98] A luta política no âmbito nacional importava mais ao grupo de Quijano do que à internacional; eles manifestavam desconfiança crescente em relação ao PCU, que se tornara "oficialista" ao seguir a estratégia de "união nacional":

> El famoso pacto germano-soviético, y los acontecimientos europeos que lo han seguido, han suscitado en el país la discusión en torno de si es o no admisible la colaboración de las fuerzas opositoras con el comunismo. [...] Tal debate carece en absoluto de sentido. El problema está resuelto en los hechos. Es inadmisible en nuestro país la colaboración de las fuerzas opositoras con el Partido Comunista porque el Partido Comunista no es opositor.[99]

Da mesma forma que no Brasil, nos países do Prata o final da década de 1930 ficou marcado por um fato novo: a aproximação política com os Estados Unidos. A realização do *Congresso Internacional das Democracias*, em meados de 1939 em Montevidéu, ao qual será dedicada uma leitura mais aprofundada no capítulo 4, foi o ponto alto da valorização do pan-americanismo.

Do lado argentino, outro grupo que declarou apoio à política da boa vizinhança foi o de Antonio Zamorra, que se expressava a partir da revista *Claridad*. Decorrente da profunda decepção com o antifascismo defendido pelos comunistas, Zamorra adotou um tom pessimista em relação a qualquer esperança que pudesse vir do mundo europeu, visto como "cuna y sepulcro de civilizaciones milenarias".[100] A opção pela política estadunidense fica evidente a partir da mudança no nome da revista: em lugar de "Tribuna del pensamiento izquierdista", passou a chamar "La revista americana de los hombres libres" (CASSONE, 1998, p. 128). Essa mudança de identidade – de uma identidade "de esquerda" para uma "americanista", que valorizava a "liberdade" – demonstrava aceitação da política norte-americana de "boa vizinhança".

---

98 QUIJANO, Carlos. "El acuerdo entre Rusia y Alemania", *Marcha*, Montevidéu, ano 1. n. 10, p. 5, 25 ago. 1939.

99 EL COMUNISMO no es opositor. *Marcha*, Montevideo, ano 1. n. 22, p. 5, 17 nov. 1939.

100 ZAMORA, Antonio. "Realidad y destino de América", *Claridad*, Buenos Aires, n. 341, nov. 1939.

CAPÍTULO 2
A imprensa e a luta antifascista

A CENTRALIDADE DA IMPRENSA NA LUTA CONTRA O FASCISMO

Os intelectuais antifascistas se valeram da imprensa como principal arma de combate. Jornais e revistas são considerados os meios, por excelência, de intervenção político-cultural em uma sociedade (PATIÑO, 2009, p. 461); no caso da luta antifascista, eles tiveram papel muito relevante. As publicações que estiveram dedicadas à causa na América Latina constituem um campo privilegiado para a investigação daquele momento (SARLO, 1992, p. 10).

Todas as associações anteriormente referidas deram origem a jornais e revistas por meio dos quais a batalha de ideias contra o fascismo se materializou.[1] Tais publicações são entendidas neste trabalho como objeto e fonte, pois ao mesmo tempo em que permitem recuperar os debates intelectuais travados em torno do tema, elas se configuraram como instâncias centrais para a luta, merecendo assim um olhar mais específico para sua dinâmica de funcionamento. Essa fusão entre objeto e fonte para o estudo da imprensa baseia-se no trabalho pioneiro de Capelato e Prado (1980, p. XIX) já que, segundo as autoras, os impressos não são somente "meros veículos de

---

[1] Outros periódicos antifascistas surgiram desvinculados de organizações políticas, fruto da ação individual de militantes. Um exemplo é a revista *Monde* (1936), publicada em Montevidéu por iniciativa de Pedro Cerruti Crosa. A intenção era dar continuidade à publicação francesa dirigida por Henri Barbusse entre 1928 e 1935, interrompida após a morte do diretor. A publicação uruguaia apresenta, até a terceira edição, uma numeração paralela que daria sequência à revista francesa. A diagramação também era idêntica.

informação", mas servem ao propósito de intervenção na vida social. Ao lado dessas publicações, qualificadas para este trabalho como antifascistas, buscou-se utilizar como fonte outras publicações de cunho político e/ou cultural, o que permitiu recuperar o debate de forma mais ampla.

O "lugar estratégico do impresso nas lutas políticas" (MOLLIER, 2006, p. 269) nos países do Cone Sul deve ser relacionado aos diferentes impactos das políticas educacionais na população brasileira frente à dos países do Prata e, ao mesmo tempo, situado no contexto de modernização e ampliação da produção editorial nestes países. Os anos 1930 assistem à intensificação dos fenômenos editoriais e da difusão dos impressos, apesar de o Brasil não ter universalizado a alfabetização. Nos países do Prata, o desenvolvimento da imprensa esteve relacionado à "conformação de um público leitor" por meio da alfabetização de amplos setores da população (LOBATO, 2009, p. 14). Um panorama comparativo entre as realidades educacionais do Brasil e da Argentina (que, neste caso, é muito similar à do Uruguai) mostra uma diferença contrastante nos níveis de escolarização e alfabetização, apesar de que o primeiro impulso brasileiro rumo à universalização do acesso à escola dar-se-ia nos anos 1930 (SOARES, 2007).

Levando em conta esses diferentes panoramas socioculturais dos países em foco, a recuperação em paralelo da trajetória dessas publicações possibilitou a compreensão de diversos aspectos desta luta política contra o fascismo. Em um primeiro momento, buscou-se relacionar a sobrevivência das publicações com a rede de sustentação simbólica que lhes dava apoio; ao mesmo tempo, a existência dessas revistas esteve diretamente relacionada com os níveis de liberdade política e de expressão, que variaram bastante nos países estudados, apesar das já tratadas semelhanças entre os processos de ascensão dos governos autoritários.

Um segundo aspecto da análise tratou do estudo dos editoriais de apresentação, que mostrou a utilização de uma linguagem política bastante heterogênea, fruto da maior ou menor diversidade de tendências políticas presentes nas associações e nos corpos editoriais das revistas. O entendimento do fascismo expresso por essas publicações mostrou também que o fenômeno podia ser lido a partir de aspectos que enfatizavam tanto os retrocessos político-culturais quanto a ameaça à classe proletária; nas duas leituras, contudo, advogava-se à cultura o papel central para o desbaratamento do fascismo.

O protagonismo da ideia de "defesa da cultura" nas concepções e práticas das associações não se deu sem um debate em torno do conceito, o qual se buscou recuperar neste capítulo. Este foi marcado pelas diferentes perspectivas quanto ao tema, que oscilavam entre uma ideia de manutenção de um patrimônio cultural e outra de transformação social por meio da cultura, sendo que essas expectativas se compuseram nos discursos dos intelectuais antifascistas com diferentes intensidades. Ainda relativo à cultura, apesar do antifascismo no Cone Sul estar inserido em um movimento internacional, o que se verá é uma predominância das preocupações com o nacional, o que forneceu ao movimento sua dose de originalidade frente aos congêneres europeus.

Ao buscar os sentidos que tomaram o ideal de "defesa da cultura" para as agrupações antifascistas e em quais atuações práticas esses sentidos se concretizaram, o que se verá são ações propositivas, e não somente reativas, às quais a ideia de "defesa" estaria associada.

Desta forma, entende-se que o ideal de "defesa da cultura" manifestado pelas agrupações intelectuais no Cone Sul resultou numa contribuição para o debate cultural, tanto via produção artística e teórica quanto por meio de pressões e manifestos realizados pelos integrantes, que buscavam a valorização da atividade artística e a luta pela liberdade de criação nas sociedades autoritárias e conservadoras em que viviam, além de aspirarem uma maior igualdade na disseminação da cultura para as classes populares, preocupando-se com a educação. Afinal, levando em conta que os intelectuais se identificavam como herdeiros e guardiões da cultura e da civilização ocidental, visto o fascismo como a anti-inteligência e a anticultura, lutar contra ele era, para o intelectual, lutar pela própria sobrevivência.

APRESENTAÇÃO DOS PERIÓDICOS ANTIFASCISTAS

Dos periódicos criados como porta-vozes das organizações, o argentino *Unidad, por la defensa de la cultura*[2] (1936-1938) e o uruguaio *AIAPE, por la defensa de la cultura*[3] (1936-1944), coerentes com ligação entre as duas associações, apresentavam diagramação idêntica, com o título cortado pelo lema "por la defensa de la cultura" (*Anexo 1*) e algumas seções em comum.[4] Apesar dessas semelhanças, eles tiveram uma

---

2   A publicação, de periodicidade irregular, variava entre doze e dezesseis páginas, em formato tabloide, totalizando sete edições.

3   De periodicidade mensal, era apresentada em formato tabloide, variando entre catorze e vinte páginas (chegando a 32 em edições especiais). Entre 1936 e 1939 editou 27 números.

4   Outra organização argentina, de menor expressividade, foi o Comité de Ayuda Antifascista, que publicou dois números do jornal *Contra-fascismo*, dirigido por Ernesto Giudice. Essa publicação integra as fontes deste trabalho.

longevidade bastante díspar. Pode-se entender esse fato, entre outras especificidades, a partir das diferentes redes que sustentavam a produção dos jornais. A versão uruguaia contava com o suporte material e simbólico do Ateneu de Montevidéu, instituição que tradicionalmente concentrava os debates em torno da produção cultural e artística do país, desde 1868. Já a edição argentina não era apoiada por qualquer organização; as dificuldades financeiras para a manutenção da revista foram narradas por Anibal Ponce (1936, p. 333):

> ... la revista, ella también, no tenía por qué constituir una excepción, y a pesar de que el éxito en la calle fue ruidoso, se sintió desfallecer al acercarse al puente que son pocas las revistas que atraviesan [...] La sub-comisión de revista ha dado fin a un arreglo con una reputada casa de ediciones que muy en breve permitirá a "Unidad" atravesar el puente famoso sin que los gastos que exija recaigan como hasta ahora sobre AIAPE.[5]

Outra distinção a ser apontada entre essas revistas, que interferiu nas trajetórias das publicações, refere-se ao clima de liberdade política e de imprensa usufruído por estes intelectuais e militantes nos países do Prata. Os governos autoritários, apesar das liberdades constitucionais que garantiam o direito de livre publicação de ideias, se utilizaram de diferentes argumentos para cercear a livre-expressão da imprensa, sobretudo na Argentina (LOBATO, 2009, p. 40), e, em menor grau, no Uruguai (PORRINI, 1994, p. 60).[6] Na Argentina, o caso de Hector P. Agosti é exemplar: diretor do jornal comunista *La Internacional*, Agosti é processado e condenado, cumprindo pena de cerca de três anos, entre 1934 e 1937. Com relação especificamente à AIAPE, a censura efetivou-se, entre outras maneiras, na já referida perseguição ao livro *Tumulto*, de José Portogalo (CANE, 1997, p. 445) e aos aiapeanos filiados ao PCA. O cerceamento à imprensa ganhou força com a aprovação da lei de repressão às atividades comunistas em fins de 1936, conhecida pelo nome do senador nacionalista que a propusera. A Lei

---

5 Não há mais referência a respeito dessa casa de edições a que ele se refere, tampouco se os arranjos para a publicação da revista foram bem-sucedidos.

6 No Uruguai, a Constituição de 1830 garantia em seu artigo 14 a livre expressão e publicação de ideias, da mesma forma que na Argentina, na Carta de 1853. No entanto, os delitos de imprensa foram frequentes no cotidiano da imprensa dissidente. A censura impetrada pelo governo de Gabriel Terra esteve concentrada nos anos de 1933 e 1934, sendo que no de 1936, quando se organizou a AIAPE local, a maioria das instituições democráticas do Uruguai já haviam retomado a normalidade. A Lei

Sánchez Sorondo previa penas para aqueles que "impriman, reproduzcan, tengan en su poder o distribuyan folletos, panfletos escritos, figuras, grabados, o dibujos de propaganda" (CARNAGUI, 2007, p. 167).

A questão da liberdade de imprensa é fundamental para se compreender a dinâmica dos periódicos antifascistas no Brasil. Ao contrário dos países do Prata, a produção impressa do período é dispersa e interrompida por seguidos momentos de acirramento da repressão política (destacam-se 1935 e 1937). Esse fato incidiu diretamente na longevidade das publicações, o que exigiu outra composição do corpo documental necessário para a análise do antifascismo no país. O controle político da imprensa possui uma longa tradição no Brasil; a Constituição de 1934 estabelece a liberdade nesse âmbito, mas com a instauração da Lei de Segurança Nacional em abril de 1935 ocorrem vários episódios de repressão (CAPELATO, 1986, p. 100). A Constituição oriunda do golpe de 1937 transforma a imprensa em um "instrumento do Estado [...] extermi[nando] a liberdade de imprensa e admit[indo] a censura prévia a todos os veículos de comunicação" (CAPELATO, 2009, p. 79-80).

Entre os jornais criados pelas associações apontamos inicialmente *O Homem Livre* (1933-1934), editado em São Paulo por um grupo de integrantes da Frente Única Antifascista (FUA).[7] O impresso circulou em um momento de relativa liberdade de expressão[8] e apresentou a peculiaridade de ter contribuído para articular a formação da FUA, e não o contrário (CASTRO, 2005).[9] O amplo, mas não exclusivo recurso ao uso de pseudônimos pelos autores demonstra a fragilidade da liberdade de imprensa no período. No ano de 1935, nos meses que antecederam os movimentos armados da ANL, frutificaram duas pequenas publicações feitas pelos intelectuais que apoiavam a Aliança no Rio de Janeiro: as revistas *Marcha*[10] (1935)

---

7   O jornal publicou 22 exemplares. Apresentando entre quatro e seis páginas, de formato *standard*, sua periodicidade era semanal (vinha a público aos sábados), mas variou ao longo do tempo devido a problemas financeiros.

8   Diz-se relativa pois o *Jornal do Povo*, outra publicação antifascista, mas de filiação comunista, foi empastelado em fins de 1934 e seu diretor, Aparicio Torelly, espancado.

9   Um jornal homônimo circulou em Recife no ano de 1934 (*O Homem Livre* – Órgão da Ação Pernambucana contra o Fascismo) em edições semanais com seis a oito páginas.

10 Publicou somente cinco edições, compostas por dezesseis páginas. A última edição da revista veio a público no dia 22 de novembro de 1935, poucos dias antes do levante armado que provocou a interrupção da sua publicação.

e *Movimento, revista do Club de Cultura Moderna*[11](1935). A repressão política que interrompeu a publicação dessas revistas deixou marcas duradouras, pois no ano de 1936 a publicação de impressos políticos esteve praticamente paralisada no Brasil (RUBIM, 1986, p. 30). Nos anos seguintes, a revista antifascista *Diretrizes* (1938-1944)[12] driblou a censura até sua interdição no final da ditadura do Estado Novo (FERRARI, 2008, p. 3). Como visto, a trajetória dos impressos antifascistas nos anos 1930 no Brasil foi segmentada e atribulada.

A caracterização dessas publicações como antifascistas acompanhou o debate teórico necessário ao estudo do antifascismo (já apresentado na introdução). Para classificar e selecionar as revistas, em meio a diversas outras publicações culturais e políticas nos países do Cone Sul naquele momento, foi necessário compreender a presença de intelectuais comunistas em seu quadro de colaboradores sem, no entanto, enquadrar a revista como uma publicação oficial dos partidos comunistas.[13] A classificação seguiu, portanto, o seguinte critério: jornais ou revistas que vieram à luz no recorte temporal estudado, que declaravam entre seus objetivos a luta contra o fascismo e/ou a "defesa da cultura" e publicavam artigos de intelectuais de várias tendências políticas.

Uma breve referência sobre os redatores e integrantes do corpo editorial dessas publicações é necessária para averiguarmos a maior ou menor diversidade de tendências políticas na composição das revistas. No Uruguai, *AIAPE, por la defensa de la cultura* teve como redator-chefe o poeta socialista Roberto Ibañez até fins de 1939. Eram frequentes colaboradores da revista os poetas Juvenal Ortiz Saralegui e Cipriano S. Vitureira, sem filiação política declarada, além do pedagogo comunista Jesualdo Sosa, entre outros. Na Argentina, o jornal *Unidad, por la defensa de la cultura* possuía militantes comunistas entre seus colaboradores mais frequentes, como Cayetano Córdova Iturburu e Raúl González Tuñón, mas também liberais não comunistas ou intelectuais reformistas, como Gregório Bermann, Alberto Gerchunoff e Deodoro Roca. A mar-

---

11 Publicou quatro edições entre maio e outubro de 1935, com 24 páginas.

12 Dentro do recorte temporal do trabalho a revista publicou vinte edições com uma média de 64 páginas impressas em papel jornal.

13 Rubim (1986) realizou o mais completo levantamento da imprensa do PCB no período, e integra às revistas "sob influência comunista" publicações nas quais escritores simpatizantes do partido colaboravam. Esse não foi o critério utilizado, pois se buscou distinguir revistas que foram criadas explícita ou implicitamente por notórios dirigentes comunistas daquelas em que colaboravam intelectuais próximos ao PCB no período.

cada presença de comunistas nessa publicação ressoa na autocrítica publicada no segundo número da revista, no qual a comissão editorial justifica as acusações recebidas, por cartas de leitores, da "excesiva gravitación de firmas de una tendencia ideológica".[14] Ponce reconhece a "homogeneidad un poco monótona del número primero, [que] se transformó en la riqueza y variedad de los siguientes, en que todas las tendencias hicieron oír su voz" (PONCE, 1936, p. 333).

No Brasil publicavam n'*O Homem Livre*, de São Paulo, os trotskistas da Liga Comunista, os socialistas e alguns simpatizantes da causa, como Geraldo Ferraz e José Perez, escolhidos para serem o redator-chefe e o diretor-gerente do jornal por não serem filiados a partidos políticos (CASTRO, 2002b, p. 367). Quanto a *Marcha* e *Movimento*, cujos diretores eram os integrantes da Juventude Comunista, Francisco Mangabeira e Miguel Costa Filho, tinham em seu quadro de redatores escritores renomados que eram simpatizantes ainda que não filiados ao comunismo, como Rubem Braga e Newton Freitas. Publicaram nesses meios intelectuais comunistas como Carlos Lacerda e os frentistas Hermes Lima e Álvaro Moreyra.

Por fim, a revista *Diretrizes* foi criada por Azevedo Amaral e pelo jovem Samuel Wainer com o propósito de divulgar e fundamentar as políticas estadonovistas, das quais Azevedo Amaral era um dos principais teóricos (FERRARI, 2008). Essa orientação caracterizou a revista nos primeiros meses de 1938; com a saída de Amaral, Samuel Wainer reorienta a linha da publicação, aproximando-a da postura dos nacionalistas e antifascistas. A existência de vários militantes comunistas em sua redação fazia da *Diretrizes* alvo constante da censura (FERRARI, 2008).

As publicações antifascistas eram, em sua maioria, empreendimentos de cunho político-cultural sustentados pelos próprios militantes que ali escreviam ou pela escassa publicidade comercial.[15] Nota-se que essa publicidade comercial era, muitas vezes, financiada pelos militantes e simpatizantes que ofereciam seus serviços profissionais. N'*O Homem Livre* (SP), por exemplo, encontramos anúncios do advogado Bruno Barbosa e do arquiteto Flávio de Carvalho, ambos militantes ou simpatizantes

---

14 VIDA DE LA AIAPE. Autocrítica. *Unidad, por la defensa de la cultura*, Buenos Aires, ano 1, n. 2, p. 19, fev. 1936.

15 Augusto Bunge, ao responder a uma polêmica em que se viu envolvido pela revista na qual militava (o boletim argentino *Unidad*), afirma: "Una revista que obtuvo de mí una colaboración gratuita me ha retribuido ese servicio injuriándome desde sus columnas...". Cf. LOS DIAS, los hechos y los hombres. *Unidad, por la defensa de la cultura*, Buenos Aires, ano 1, n. 2, p. 3, fev. 1936.

da FUA. O mesmo expediente foi adotado por *Unidad* na Argentina e *AIAPE*, no Uruguai, nos quais os advogados Rodolfo Aráoz Alfaro, Carlos Vaz Ferreira e Eugenio Petit Muñoz, entre outros, anunciavam nas páginas das revistas. *Marcha* e *Movimento* denotavam vínculos com a ANL, mas não existe referência a qualquer suporte financeiro dado pela organização às publicações, que apresentavam esporádicos anúncios, principalmente de editoras. Um informe encontrado no prontuário de Newton Freitas confirma o caráter coletivo das publicações e a participação financeira dos militantes para o sucesso do empreendimento:

> CIRCULAR N. 2 – MUNICIPAL
>
> Companheiros:
>
> O Diretório Nacional da ANL (Rio de Janeiro) vai publicar dentro de poucos dias, o seu jornal, que sairá duas vezes por semana, as terças e sábados. Será um jornal de orientação e de informação ampla de todas as atividades da ANL.
>
> Com referência à publicação deste jornal, cuja utilidade é desnecessário esclarecer, pedimos aos companheiros para tomar nota do seguinte:
>
> Escolher em cada núcleo um encarregado de redigir notas para publicidade em MARC[h]A. Essas notas devem ser pequenas, sintéticas, de caráter objetivo, para que todos os núcleos possam ser atendidos.
>
> Junto enviamos cinco cartões dos AMIGOS DE MARCHA. A contribuição mínima é de 10.000, podendo os que tiverem posses concorrer com mais. Devemos acentuar que só assim poderemos manter nosso jornal, pois não contamos com subvenções de empresas imperialistas.
>
> Pedimos aos companheiros desenvolver ampla publicidade em torno do aparecimento de MARC[h]A de todas as formas
>
> [...]
>
> O Diretório está certo de que os companheiros compreenderão a necessidade do aparecimento do nosso jornal quando a grande parte da imprensa está amordaçada pelo dinheiro dos imperialistas. Só assim

poderemos romper a cortina de isolamento que existe entre os nacional-
-libertadores e seus compatriotas que ainda não puderam saber o que é
a ANL, e assegurar a próxima vitória da luta por Pão, Terra e Liberdade.

Saudações anti-imperialistas

Viva o governo popular-nacional-revolucionário

Pelo diretório Municipal do Distrito Federal ANL

Newton Freitas – Secretário.[16]

A presença da publicidade nos jornais e revistas antifascistas era fundamental para a sobrevivência dos empreendimentos, mas não havia pretensão de lucro. A revista *Diretrizes* era exceção; nela eram estampados anúncios publicitários de grandes empresas. No entanto, este fato não obscurece o caráter político da publicação, como bem mostrou Maria Helena Capelato (1986, p. 26).

Essas constatações apontam para um entendimento da imprensa antifascista como empreendimentos coletivos, criados e sustentados pelos intelectuais e militantes para a defesa de seus ideais. Cabe lembrar que a atividade jornalística nos anos 1930 não era regulamentada e as colaborações na imprensa eram feitas por intelectuais que exerciam outras atividades. Muitos deles escreviam regularmente para os grandes jornais, nos quais garantiam seu sustento.[17] A atuação na imprensa antifascista era, portanto, uma atividade de militância política, servindo para a difusão de ideias em publicações que podem ser enquadradas no rol da imprensa alternativa.

A ação política e cultural da imprensa não ocorreu somente pela palavra escrita. Os jornais e revistas antifascistas apresentavam charges, fotografias, xilogravuras e esboços de artistas plásticos proeminentes, como Facio Hebéquer, Audivert e Clement Moreau no *Unidad* argentino, Leandro Castellanos Balparda no boletim uruguaio, Lívio Abramo, n'*O Homem Livre* e Paulo Werneck, Di Cavalcanti e Santa Rosa em *Marcha* e *Movimento*. Este último teve um papel ativo na luta antifascista, colaborando como ilustrador em muitas publicações brasileiras, incluindo *Diretrizes*. A iconografia

---

16 Prontuário n. 346 – Newton Freitas. Fundo Polícias Políticas/DESPS – APERJ.

17 Geraldo Galvão Ferraz, d'*O Homem Livre*, era secretário de redação do *Diário da Noite*, de propriedade de Assis Chateaubriand. Raúl González Tuñón trabalhava para o diário *Crítica*, de Natálio Botana, entre outros exemplos.

dessas publicações servia a diferentes propósitos: difusão cultural e artística, promoção dos artistas e mesmo, no caso da fotografia, intenção de corroborar as afirmações do texto com a "presunção de objetividade" inerente ao meio. A expressão plástica da luta antifascista presente nesses periódicos mereceria um estudo próprio, que não consta nos objetivos deste livro.

Nas análises dos editoriais das publicações antifascistas encontramos elementos que auxiliam a compreensão das formas de atuação dos periódicos. Quanto à identidade das revistas, ou seja, a maneira como seus autores se apresentam, o *intelectual* está presente nos periódicos das AIAPEs e em *Movimento*, mesmo que esta última não utilize claramente o termo e apenas enumere algumas atividades do ramo: "artistas, escritores, jornalistas, estudantes". O fato de *Movimento* não utilizar o termo intelectual em sua apresentação talvez se devesse à preocupação de não "elitizar" a revista, já que o editorial apresentava um claro desejo de "ser acessível às mais amplas massas de leitores".[18] Para *O Homem Livre*, o editorial identificava como atores do jornal os "partidos que representam os interesses das classes trabalhadoras",[19] o que se explica pela proposta da FUA de se constituir como coligação das organizações em Frente Única. Por fim, *Marcha* não apresentava uma identidade bem definida; em seu editorial a revista aparece personificada como ator político, conforme se pode notar pela seguinte afirmativa: "'Marcha' é inimiga do integralismo. 'Marcha' esclarece e divulga". [20]

Ainda sobre a identidade das publicações, *Unidad* e *Movimento* agregaram em seus editoriais a ideia de não estarem vinculados a ideologias políticas, filosóficas e religiosas; a AIAPE se afirmou como uma "organización al margen de todos los partidos políticos",[21] enquanto o Clube de Cultura Moderna afirmava não pertencer "a nenhuma escola filosófica ou cientifica; não serv[ir] a nenhuma religião." [22] A necessidade de

---

18 Essa intenção é reafirmada seguidas vezes no editorial: *Movimento* [...] "entende que os benefícios do movimento cultural devem ser gozados por todos, sem distinções de nenhuma espécie" ou "Será uma revista que qualquer um poderá ler e onde qualquer pessoa poderá encontrar o artigo ou a informação de sua predileção." Cf. O CLUB de Cultura... *Movimento, revista do Club de Cultura Moderna*, Rio de Janeiro, ano I, n. I, p. 3, maio 1935.

19 CONTRA o fascismo. *O Homem Livre*, São Paulo, ano I, n. I, p. I, 27 maio 1933.

20 MARCHA aparece... *Marcha*, Rio de Janeiro, ano I, n. I, p. I, 16 out. 1935.

21 AUNQUE los manifiestos... *Unidad, por la defensa de la cultura*, Buenos Aires, ano I, n. I, p. I, jan. 1936.

22 O CLUB de Cultura... *Movimento, revista do Club de Cultura Moderna*, Rio de Janeiro, ano I, n. I, p. 3, maio 1935.

mostrar isenção ideológica estava relacionada tanto ao desejo de agregar intelectuais de diversas tendências políticas nas organizações quanto a uma tentativa de validar um espaço de militância que não estivesse sob o jugo de partidos, especialmente dos partidos comunistas.

No que se refere à intenção expressa nos programas das revistas, a ideia de "defesa" está presente na maioria dos editoriais, que explicitam também o propósito de atuar no âmbito da cultura. No caso das publicações das AIAPES a ideia de "defesa da cultura" está presente nos enunciados; *Marcha* apresentava ainda a ideia de defender a "Liberdade, a Paz e a Cultura", agregando outros motes da ANL no programa da revista. Já *Movimento* expressava a intenção de contribuir para a "difusão das mais modernas noções e diretrizes das ciências e das artes", não incluindo em seu programa um propósito reativo. Quanto a *O Homem Livre*, o jornal declarava pretender "lutar pelos ideais democráticos", acompanhado de uma longa reflexão que se antepõe à argumentação da "falência da democracia" apregoada pelos fascistas.

Nos editoriais das publicações[23] produzidas nos três países estava claramente anunciada a "luta contra o fascismo". *Unidad* especificava ainda que a luta proposta pela revista estaria centrada no combate ao fascismo nas áreas de atuação dos intelectuais, declarando "el propósito de oponer un dique a la reacción en el sector de nuestras actividades".[24]

A IMPRENSA DESMASCARANDO O FASCISMO

Nos textos de apresentação das revistas antifascistas estavam expressas diferentes formas de compreensão do fenômeno fascista. Elas revelam traços de uma linguagem política heterogênea, característica do antifascismo. No caso da apresentação da publicação argentina *Unidad*, foram encontradas interpretações sobre o fascismo próprias dos partidos comunistas, que entendiam o fascismo como "a forma que a dita-

---

23 A revista *Diretrizes*, por sua peculiar trajetória e a já referida mudança na linha editorial sob a direção de Samuel Wainer, não possuía um editorial programático. No primeiro número da revista, Azevedo Amaral escreve uma apresentação afirmando que "o primeiro numero de uma revista em seu conjunto é o melhor programa". Sob a direção de Wainer, a partir do número 8, de novembro de 1938, não houve editorial que clarificasse as mudanças na linha da publicação. A ausência de editoriais programáticos e explicitamente políticos não estava limitada à revista *Diretrizes*. As publicações que surgiram a partir do ano de 1937 no Brasil, sobretudo as de cunho político, estavam sujeitas à censura prévia, o que as obrigavam a adotar diferentes estratégias para driblar o controle do Estado.

24 AUNQUE los manifiestos... *Unidad, por la defensa de la cultura*, Buenos Aires, ano 1, n. 1, p. 1, jan. 1936.

dura da burguesia assume na fase imperialista do capitalismo" (BOBBIO, 2007, p. 36). Ao mesmo tempo, o editorial expressava aspectos do pensamento liberal, que definia o fascismo como ameaça aos valores iluministas e ao progresso da civilização ocidental. O trecho abaixo ilustra esta argumentação:

> El fascismo no es solo la expresión absoluta de la dictadura de una clase resuelta a aplastar a las grandes masas de trabajadores para explotarlas inicuamente en su exclusivo beneficio [...] Cruenta resurrección de las épocas más oscuras de la historia, la obra nefasta del fascismo se manifiesta tanto en la abolición de las libertades fundamentales como en la afronta sistemática de la dignidad humana y el aniquilamiento de la cultura y las conquistas sociales de la civilización.[25]

Outra compreensão do fenômeno fascista era compartilhada por *O Homem Livre*, que em editorial se referiu ao fascismo como um retrocesso travestido de novidade. Nesse texto há um alerta sobre a interrupção da marcha evolutiva da sociedade e da História por aqueles que desejavam retomar privilégios de classe contra a maioria oprimida. Segundo o editorial:

> Formas arcaicas de organização, anacronismos políticos, costumes há muito vencidos pela evolução, são retirados do museu da história e, cheirando a naftalina e já meio comidos pelas traças, são apresentados aos homens do século XX, quando não como autênticas novidades, ao menos como a panaceia, antiga, mas boa, que há de curar todos os males da nossa época.[26]

Já o editorial do boletim *AIAPE, por la defensa de la cultura* avalia o fascismo como uma negação ao progresso "espiritual" da humanidade e uma ameaça ao mundo do pensamento e das ideias. É interessante notar que não há referências à atuação do fascismo no âmbito econômico/material ou social.

A identificação do fascismo com a Idade Média e com os processos inquisitoriais (ao se referir à queima de livros pelos nazistas como modernos "autos de fé") demonstra que o fenômeno era, na maioria das vezes, identificado pelo seu aspecto reacionário. Nos países estudados, o perigo fascista foi associado à atuação dos governos conservadores,

---

25   Idem.
26   CONTRA o fascismo. *O Homem Livre*, São Paulo, n. 1, p. 1, 25 maio 1933.

que suprimiam as liberdades políticas e atrelavam o desenvolvimento econômico ao capital internacional. No caso do Brasil, a acusação ao governo Vargas foi apresentada nesses termos sem levar em conta o projeto modernizador que caracterizou o regime.

A revista *Marcha* esteve marcada pelo impacto da cassação da Aliança Nacional Libertadora (ANL) em julho de 1935. A apresentação do periódico associa o fenômeno às medidas repressivas tomadas por Vargas contra toda a população, que deveria lutar pela liberdade contra o fascismo que "dorme no ventre de um governo traidor da Democracia":

> Os assaltos a sindicatos, o banditismo da polícia política, correm paralhas com a assentada e ostensiva preparação do fascismo. As leis de exceção se tornaram regras permanentes de governo, dentro de um processo geral de fascização (sic) que se executa em todos os sectores. [27]

A ideia de "fascistização" esteve presente também no editorial da revista argentina. Essa interpretação da realidade política nacional, que definia as medidas autoritárias dos governos como "fascistizantes", derivava de uma leitura da IC que julgava impossível o desenvolvimento do fascismo em países semicoloniais, como era o caso dos sul-americanos. Nesse caso, os governos poderiam utilizar "métodos da reação fascista," como o cerceamento da liberdade (DEL ROIO, 1990, p. 236).

Nos editoriais das revistas antifascistas também encontramos denúncias contra grupos nacionalistas, militaristas, defensores dos regimes alemão e italiano. No Brasil, o combate ao integralismo ou ao "morubixaba" (tratamento pejorativo dado a Plínio Salgado, significando chefe-indígena), foi anunciado nos editoriais de *Marcha* e *O Homem Livre*. O primeiro, inclusive, reforçava a evidente conivência do regime Vargas com relação à AIB, apontando as contradições do discurso oficial:

> Ao lado dessa força vacilante, ao mesmo tempo audaciosa e tímida, que desfere os seus golpes desesperados com brutalidade proporcional a sua impopularidade, cresce, como um cogumelo no pão podre da reação, protegido pela cortina de fumaça da mais cínica demagogia, o Integralismo. Suas milícias nasceram e se criaram na mesma chocadeira que produziu as Polícias Especiais.

---

27 FRENTE Popular. *Marcha*, ano 1, n. 1, p. 1, 16 out. 1935.

> O Integralismo se proclama inimigo da Democracia. O governo "democrático" apoia e prestigia o Integralismo. Das duas, uma: ou o combate do Integralismo à Democracia é um recurso para desmoralizar a verdadeira Democracia aquela que ainda não foi praticada – [ou] o governo confessa ser inimigo da Democracia que ele diz defender.[28]

No boletim *AIAPE* uruguaio, de maneira bastante esporádica, os nacionalistas foram indicados como "nuevos brotos" aos quais a internacional fascista "aplica, bien visible, el rótulo 'Nacional' para disimular su extranjería". Embora "brotos", já anunciavam um perigo futuro, pois "cuando hayan crecido, los utilizará contra nuestra libertad, nuestras instituciones y nuestros intereses".[29] Esses grupos, apesar de pouco expressivos, eram acusados de praticar atos violentos, à exemplo do ataque ao pintor Esteban Homero Clerici em praça pública em 1937, perpetrado por integrantes da *Unión Nacional*.[30]

Os periódicos antifascistas se utilizaram de algumas estratégias para levar a cabo suas táticas de contrapropaganda. Para desmascarar o fascismo foram utilizadas tanto argumentações que analisavam o fenômeno globalmente, quanto críticas às ações pontuais realizadas pelos governos autoritários e pelos grupos de intelectuais simpáticos ao fascismo nos países. Assim sendo, o que se nota é que a luta antifascista no Cone Sul articulou-se em oposição a duas faces do mesmo adversário: as organizações fascistas que atuavam nos países do Cone Sul e os governos autoritários.

Apesar de ausente dos editoriais, uma terceira preocupação com relação ao fascismo nas revistas foi ganhando destaque ao longo da década de 1930: o perigo representado pelos regimes nazista e fascista no que dizia respeito à influência que poderiam exercer nas comunidades de imigrantes no Brasil e na Argentina. Essa visão do fascismo como uma ameaça externa na região sul dos países ganhou força com a aproximação da guerra. As denúncias de "nazificação" nas escolas italianas e alemãs da região alternavam-se àquelas que apontavam a existência de "quistos" fascistas nas colônias que ameaçavam a integridade territorial e a nacionalidade.

---

28   Idem.
29   BROTOS Fascistas. *AIAPE, por la defensa de la cultura*, Montevidéu, ano 1, n. 9, p. 3, out./ nov. 1937.
30   UN ATENTADO contra el pintor E. H. Clerici. *AIAPE, por la defensa de la cultura*, ano 1, n. 9, p. 3, out./ nov. 1937.

O fato dessa ameaça internacional não estar entre as preocupações expressas nos editoriais das revistas reforça a ideia de que o antifascismo no Cone Sul ganhou significado específico relacionado às características da região, que foram se modificando ou intensificando de acordo com o desenrolar dos acontecimentos locais e europeus.

A IMPRENSA E O IDEAL DE "DEFESA DA CULTURA"

"Quando ouço a palavra cultura, saco logo meu revólver." Essa frase circulou entre os intelectuais antifascistas de diversas partes do globo como um símbolo da política fascista em relação às artes e à cultura. A máxima, erroneamente associada a Herman Göering, Heinrich Himmler e mesmo a Joseph Goebbels, é na verdade um trecho da peça *Schlageter* (1933) do dramaturgo nazista Hanns Johst. Mesmo que a autoria tenha sido erroneamente atribuída, a frase passou a ser lida como um postulado nazista que indicava forte ameaça para a intelectualidade ocidental: prenunciava a vitória da violência sobre o pensamento, das armas sobre a inteligência, da força sobre o espírito.

Sob diferentes formas, a ideia circulou por muitos periódicos que lutaram contra o fascismo no Cone Sul.[31] Paulina Luisi no Uruguai recuperou um poema nazista que tinha sentido similar: "Intelecto!/Abajo esta palabra!/Esa mala palabra/Con su apariencia de judaísmo brutal".[32] Na Argentina, a revista *Sur* denunciava a política fascista em relação à cultura, pedindo prudência em relação ao lema, antes popular, *Libro e moschetto /Fascista perfetto*: "Por aquel entonces no existía el Eje Roma-Berlín [...] Pero, de acuerdo con las últimas noticias venidas de Roma, el ciudadano fascista se aleja de la perfección. Ha renunciado al libro, y ya no le queda sino el 'moschetto'".[33] Moacir Werneck de Castro, vivendo em Paris no ano de 1935, relatou em reportagem

---

31 Apesar do pioneirismo da Frente Única Antifascista (FUA), com sua desarticulação em 1934 a organização desapareceu da cena política. Segundo Almeida (2005, p. 97), de maneira geral, os trotskistas foram uma exceção na linha das Frentes Populares, pois não estavam de acordo com as políticas de alianças feitas pelo PCB. Para eles, a ideia de uma revolução nacional (ou democrático-burguesa) caminhava na direção contrária à de uma revolução proletária; assim, a aliança com a burguesia nacional nos moldes da ANL representava mais um "nacionalismo patrioteiro" do que uma real intenção de realizar uma luta anti-imperialista de massas. Da mesma forma, apesar da já referida preocupação com a arte e a cultura difundida pela organização, o ideal de "defesa da cultura" não ressoou nos grupos que professavam esta dissidência.

32 DOTTI, Victor. "Dos ideologías, dos culturas, por Paulina Luisi", *Ensayos*, Montevideo, ano 2, n. 18, p. 317-320, jul. 1938.

33 CALENDÁRIO: revista de temas del mes. *Sur*, Buenos Aires, ano 9, n. 52, p. 81-86, jan. 1939.

sobre o Congresso Mundial da Juventude que os integrantes da juventude nazista defendiam o lema: "Pensar mais de cinco minutos não serve de nada".³⁴

A ideia do fascismo como oposição à inteligência e ao pensamento expressa nesses exemplos explica a relevância que o lema da "defesa da cultura" adquiriu nas ações da militância antifascista, sobretudo entre os intelectuais. Visto como uma batalha contra a barbárie, o ideal de "defesa da cultura" despertou como um novo mote na luta intelectual ao imprimir à cultura um valor central na luta política travada naquele momento.

O lema derivava do entendimento de que o intelectual era, ao mesmo tempo, detentor e produtor da cultura. Essa concepção despertava em parte dos integrantes das associações a sensação de dever de preservar o patrimônio cultural e alguns se imbuíram da missão de garantir a própria existência do intelectual. "El fascismo es pues, nuestro enemigo, el enemigo de nuestra razón de ser: el pensamiento, el arte, la ciencia y la literatura", alertava o periódico argentino *Unidad*.³⁵

Nos países do Cone Sul, o ideal de "defesa da cultura" ganhou múltiplos sentidos e práticas, passíveis de serem compreendidos tanto por meio da atuação das agrupações de intelectuais, como pelos inúmeros artigos disseminados pela imprensa do período.³⁶ É necessário apontar que o lema consolidou-se na luta internacional após a realização do Congresso de Escritores pela Defesa da Cultura em Paris, em julho de 1935, sobre o qual se discorrerá mais adiante. Nos debates sobre o tema, ganharam destaque algumas tensões inerentes à utilização do conceito de cultura pelos intelectuais, bem como as diferentes práticas estabelecidas em "defesa da cultura" nos países estudados, que estiveram relacionadas com o entendimento das "ameaças" à cultura em nível local e mundial.

Com relação ao que era entendido pelos intelectuais como ameaça à cultura, eram considerados "... atentados contra los instrumentos naturales de la cultura: li-

---

34 CASTRO, Moacir Werneck. "Uma reunião internacional de jovens", *A Manhã*, Rio de Janeiro, ano 1, n. 78, p. 3, 25 jul. 1935.

35 AUNQUE los manifiestos...*Unidad, por la defensa de la cultura*, Buenos Aires, ano 1, n. 1, p. 1, jan. 1936.

36 O tema ganhou dimensão alcançando outras revistas e jornais que passaram a debater o assunto, o que exigiu deste trabalho um escopo mais amplo. A partir dessa constatação incluimos outras publicações de cunho político e cultural. Ressalte-se que a imprensa partidária dos PCs da região (os jornais *A Classe Operária*, no Brasil; *Justicia*, no Uruguai e *La Internacional*, na Argentina) não devotaram atenção à ideia de "defesa da cultura", sendo esta uma pauta dos periódicos político-culturais.

bros, periodicos, revistas, folletos, cuadros, afiches, obras teatrales, etc".[37] No caso do Brasil, houve seguidas denúncias sobre a fascistização[38] do rádio pelo governo Vargas tanto devido ao controle estatal exercido sobre o meio, quanto pelos projetos políticos de veiculação de uma propaganda nos moldes dos regimes fascistas (CAPELATO, 2008, p. 84-90). Na Argentina, o manifesto fundacional da AIAPE enumerou o que era considerado como "ataques à cultura" pelas medidas fascistas ou fascistizantes em curso no país, incluindo, *grosso modo*, ameaças às universidades (ponto sensível na cultura argentina pós-reforma de 1918), falta de espaço profissional para jornalistas, escritores e artistas de esquerda etc.[39] No caso uruguaio, um manifesto do novo comitê executivo da AIAPE no país divulgou um alerta contra as seguidas ameaças contra os estrangeiros residentes no país, pelo que eles representavam para a cultura uruguaia. Nesse caso, estavam se referindo à xenofobia que existiu nos três países sob o controle de governos nacionalistas e autoritários, que tomaram medidas para a expulsão de imigrantes considerados perigosos (TELIAS, 2005). Segundo o manifesto:

> ... los reiterados ataques intentados contra ella [a cultura] en nuestro país, por medio de leyes y proyectos de leyes que esperan solamente el momento oportuno para ser sancionados: la que prohíbe comentar públicamente la conducta de los gobiernos extranjeros, cegando así una amplia y necesaria fuente de información sobre política extrajera, en la que se encuentra la clave de todos nuestros problemas nacionales; la que coloca bajo la voluntad policial el derecho de todo uruguayo a cantar el himno de todos y usar la bandera de todos; la que impide a los extranjeros el uso de su propio idioma en ceremonias y periódicos de su colectividad; la que somete los programas de las estaciones radiofónicas a la previa censura policial; y a la más monstruosa de todas, la que ataca con la cultura que representan los extranjeros incorporados a nuestra vida nacional, factores de nuestro progreso y de nuestra civilización, la libertad individual, la bien llamada ley del odio, porque persigue inicuamente a los hijos de otras nacionalidades, negándoles hasta el recurso judicial,

---

37 MANIFIESTO del nuevo comité ejecutivo de la AIAPE. *AIAPE, por la defensa de la cultura*, Montevidéu, ano 1, n. 9, p. 12, out./ nov. 1937.

38 Por exemplo: J. B. A fascistização do rádio no Brasil. *Marcha*, Rio de Janeiro, ano 1, n. 1, p. 7, 16 out. 1935 ou SCHIMIDT, Affonso. Imprensa, rádio, cinema e fascismo. *Cultura, mensário democrático*, Rio de Janeiro, ano 1, n. 2, p. 3, nov. 1938.

39 AUNQUE los manifiestos... *Unidad, por la defensa de la cultura*, Buenos Aires, ano 1, n. 1, p. 1, jan. 1936.

por la sola sospecha de sustentar ideologías diferentes a la del gobierno, en la condenación del pensamiento como delito, que nos retrotrae a la más fanáticas e intransigentes persecuciones medioevales.[40]

De maneira geral, a ideia de cultura presente nos debates era entendida como algo externo à existência humana e, de certa maneira, absolutizada. Na concepção de Raymond Williams (2007, p. 121), "um substantivo independente e abstrato que descreve as obras e as práticas da atividade intelectual e, particularmente, artística [...]: música, literatura, pintura, escultura, teatro e cinema", ou seja, ligada à produção de bens simbólicos com inerente valor universal, também chamada de "alta" cultura. Tal entendimento se observa por meio do uso de expressões como: "contribuir para o levantamento (sic) do nível cultural de nossa população",[41] ter acesso às "fuentes de cultura"[42] ou "suministrar a las clases populares ese mínimo de cultura 'standard'".[43] Some-se a isso o fato de, em alguns momentos, constar a concepção de que o Brasil ou a Argentina ainda não possuíam "cultura" (formulado, no Brasil, pela ideia: a "população das colônias e semicolônias ainda não conhece a liberdade nem a cultura")[44] ou mesmo uma proposta de "melhoramento cultural", como afirma Ernesto Giudice:

> En todos los países donde existe una verdadera cultura nacional, la simple defensa de la cultura es, no obstante, una bandera suficiente. Entre nosotros no basta, porque nos falta unidad y desarrollo cultural. Hay que aspirar una cultura accesible a las masas, a una cultura cuantitativamente más extendida (multiplicando los instrumentos de la cultura) pero también debemos ambicionar una cultura más elevada, superior en calidad; crear una cultura, en una palabra.[45]

---

40 MANIFIESTO del nuevo comité ejecutivo de la AIAPE. *AIAPE, por la defensa de la cultura*, Montevidéu, ano 1, n. 9, p. 12, out./ nov. 1937.

41 PÁGINA do Club de Cultura Moderna. *Movimento, revista do Club de Cultura Moderna*, Rio de Janeiro, ano 1, n. 1, p. 22, maio 1935.

42 CARPIO, Campio. "En defensa de la cultura", *Claridad*, Buenos Aires, n. 315, jul. 1937.

43 LUISI, Paulina. "Las universidades populares y la educación cívica", *AIAPE, por la defensa de la cultura*, Montevidéu, ano 1, n. 1, p. 9, nov. 1936.

44 A LITERATURA nunca esteve... *Movimento, revista do Club de Cultura Moderna*, Rio de Janeiro, ano 1, n. 3, p. 3, set. 1935.

45 GIUDICE, Ernesto. "Hacia el congreso de la cultura nacional", *Unidad, por la defensa de la cultura*, Buenos Aires, ano 2, n. 3-4, p. 8-9, out./ nov. 1937.

A exceção é um editorial do periódico uruguaio *Acción*, no qual se vê um entendimento da ideia de cultura como sinônimo de consciência, ou seja, "como valor dinámico, actuante, regido por leyes internas propias de crecimiento y expansión [...]. Y esto habilita a hablar de su 'libertad', cosa que era imposible antes porque no se puede concebir la libertad de lo que no tiene vida".[46]

Como se pode notar, a compreensão do que era cultura não era consensual, no entanto, um aspecto era compartilhado pelos intelectuais antifascistas: a importância da cultura para a transformação da humanidade. Terry Eagleton, ao indicar os momentos históricos (ou de "crise histórica") frente aos quais a ideia de cultura ganhou importância, aponta para pelo menos duas circunstâncias que coincidem com essa luta:

> [...] quando parece que, sem uma mudança social profunda, a cultura no sentido das artes e do bem-viver não será mais nem mesmo possível; quando fornece os termos nos quais um grupo ou povo busca sua emancipação política... (EAGLETON, 2005, p. 41-42)

Vale esclarecer, também, que a ideia de cultura nesse momento é usada como sinônimo de civilização, superando a oposição entre os dois conceitos que existia até o final do século XIX. Segundo Sandra Teroni, "As duas noções acabaram coincidindo, a cultura sendo o testemunho passado e presente de uma civilização, de quem ela herda a função de se opor a barbárie" (TERONI; KLEIN, 2005, p. 29).

Em relação às tensões envolvidas na ideia de "defesa da cultura", sobretudo no uso do conceito, James Cane (1997, p. 445) afirma que estas se davam no embate entre concepções universalistas e classistas, desenvolvidas em meio a outro aspecto candente no momento que tratava das oposições entre nacionalismo e internacionalismo; temas que serão abordados a seguir.

PRESERVAR OU TRANSFORMAR: POR QUE A CULTURA DEVERIA SER DEFENDIDA?

Os debates sobre a "defesa da cultura" tratavam de lidar com a aparente oposição entre a manutenção da herança cultural, vista como oriunda da ordem burguesa, e a elaboração de uma "nova cultura", na qual o proletariado encontraria sua verdadeira expressão. No limite, esses dois polos oscilavam entre uma expectativa de manutenção

---

46 MODOS de "defender la cultura". *Acción*, Montevidéu, ano 5, n. 134, p. 6, 16 jul. 1936.

e outra de transformação, ligados a uma concepção de cultura como produção simbólica da humanidade, portanto, universal e outra como fruto de determinada classe social. De acordo com Ricardo Pasolini, a ideia de "defender a cultura" dizia respeito à preservação da cultura universal, advinda de um relativo consenso quanto a "conservar la matriz ideológica liberal que posibilitara más tarde otros cambios sociales" (PASOLINI, 2005, p. 407). Entretanto, a presença daquela oposição apontada acima mostra que os debates estavam longe de chegar a um consenso a este respeito, pois havia muitas nuances e variações.

Na primeira edição do boletim *AIAPE*, de Montevidéu, o discurso de André Malraux, pronunciado em reunião da Associação Internacional de Escritores pela Defesa da Cultura, em Londres, ocupou a primeira página. Nele, o autor abordou o tema da "defesa da cultura" com sentido de proteção ao patrimônio cultural contra a ameaça fascista, afirmando: "Nuestra herencia es el conjunto de las voces que responden a nuestras preguntas, y las civilizaciones, prisioneras o libres, reordenan de igual modo que los hombres, prisioneros o libres, todo el pasado que les está sometido".[47] Tal defesa da herança cultural ressoou, com especial intensidade, na associação uruguaia, na qual mesmo os integrantes comunistas, como Arturo Prunell, se atribuíam a missão de salvaguardar as tradições culturais. Nesse sentido, Prunell argumentou:

> Asignaremos la responsabilidad de impedir la degradación de la cultura, cuidar el acervo educacional y artístico, legado por pretéritas generaciones de intelectuales, asegurar el desarrollo de las creaciones liberando al pueblo laborioso de las cadenas espirituales de la ignorancia y el engaño es una noble tarea, al par de una saludable gestación de felicidad humana.[48]

O artigo do jornalista comunista argentino Córdova Iturburu a respeito do Primeiro Salão de Artes Plásticas promovido pela AIAPE argentina justificava a defesa do patrimônio cultural, citando como exemplo as tradições artísticas que possibilitariam o aprendizado de técnicas, o que considerava importante já que: "No es posible exigir desde luego a los artistas, a todos los artistas que están hoy por la defensa de la

---

47 MALRAUX, André. "La herencia cultural", *AIAPE, por la defensa de la Cultura*, Montevidéu, ano 1, n. 1, p. 2, nov. 1936.

48 PRUNELL, Arturo. "Defendamos la cultura", *AIAPE, por la defensa de la Cultura*, Montevidéu, ano 1, n. 1, p. 10, nov. 1936.

cultura y de la civilización frente a la amenaza fascista, que realicen inmediata y artificialmente un arte revolucionario".[49]

Essas preocupações estavam entrecruzadas com as discussões sobre o realismo socialista provenientes do I Congresso de Escritores, de 1934, na URSS, evento no qual estiveram presentes intelectuais como André Malraux e outros. Ali foram estruturados os novos parâmetros para o desenvolvimento de uma cultura revolucionária, que difeririam dos vigentes até 1932, quando as orientações tratavam de uma cultura proletária (ROBIN, 1986); neste último caso, existia um categórico desprezo pela cultura burguesa.[50] Nessa nova concepção, portanto, a herança cultural era bem vista pelos comunistas; de uma maneira geral, assumiam a "assimilação crítica" do patrimônio cultural.

Nos textos do comunista brasileiro Carlos Lacerda, no entanto, persistia a ênfase na proletarização da cultura; Lacerda delegava ao proletariado o papel de transformá-la para acabar com a esterilidade do estado atual da cultura burguesa. Considerava que o fascismo não era a grande ameaça à cultura, mas sim o capitalismo, que pretendia refreá-la para que assim não fosse destruído. Nesse sentido, afirmou:

> A verdade sobre a cultura burguesa, por exemplo, resulta da justaposição de duas noções: uma a de que a cultura não é um fenômeno abstrato, fora das cogitações da luta de classes, e sim um reflexo de superestrutura. Outra a de que essa cultura, assim situada na luta de classes, constitue um instrumento nas mãos da classe dominante, até o momento em que o desenvolvimento da Cultura, feito dialeticamente de contradições, leva à situação presente, em que a cultura se rebela nas mãos da burguesia e queima, com o calor das suas verificações, a pele delicada dos intelectuais que servem à burguesia.[51]

---

49 ITURBURU, Córdova. "Hacia una plástica revolucionaria", *Unidad, por la defensa de la cultura*, Buenos Aires, ano 1, n. 1, p. 13, jan. 1936.

50 Segundo Rubim (1989, p. 553), o debate em torno da herança cultural estava vinculado à forma de entender a cultura em relação à ideologia. A maior parte dos marxistas, ainda segundo o autor, entendia a cultura a partir de uma relativa autonomia frente à ideologia burguesa; outra parte, nas quais se incluíam Stalin e Zdanov, a entendia como sobredeterminada e identificada integralmente com a ideologia dominante.

51 LACERDA, Carlos. "Grandeza e miséria do espírito todo poderoso", *Revista Acadêmica*, Rio de Janeiro, ano 2, n. 10, abr. 1935.

Na mesma linha, José Portogalo, outro integrante da AIAPE argentina, demonstrava uma clara oposição aos ideais de "defesa da cultura", associando cultura aos interesses burgueses e aos do capital imperialista no país. A poesia iconoclasta de Portogalo, que integrava o livro já citado (*Tumulto*) proibido pela censura em 1935, revelava a permanência do sectarismo entre alguns comunistas, ao mesmo tempo em que davam início à mobilização frentista que originou a organização de intelectuais:

> Londres, Roma, Paris, Nova York
>
> "Em defesa dos direitos do Homem"
>
> *"Em defesa da cultura:"...*
>
> "Em defesa da propriedade privada"
>
> Pela conquista dos mercados internacionais:
>
> Petróleo, Automóveis. Aço. Trigo. Carne.
>
> Capital em combate. Luta de interesses: Essa é a verdade (CANE, 1997, p. 451).

Essas tensões entre uma concepção materialista de cultura e uma mais universalista são reveladas no embate teórico entre o socialista Roberto Ibañez e o comunista Rodiney Arismendi, ambos integrantes da associação uruguaia. Ao contrário de outros países, onde as polêmicas em torno do assunto não se transformaram em debates livres e documentados, no caso uruguaio elas se expressaram nas páginas do boletim entre os anos de 1937 e 1938. O núcleo central da polêmica entre os dois autores referia-se à utilidade do marxismo para a elaboração da crítica literária. Arismendi, em seu pronunciamento, acusou Ibañez de menosprezar a teoria marxista por argumentar que essa não era capaz de alcançar a qualidade de uma obra.[52] Ele se contrapôs a tal ideia, afirmando: "Al analizar con mentalidad dialéctica la obra literaria, el marxismo permite al crítico advertir qué ubicación dentro del devenir histórico y literario esta posee". Em resposta às críticas, Ibañez apresentou um longo texto, no qual afirmava: mesmo que também pertencesse a um partido de origem marxista, considerava que a

---

52 ARISMENDI, Rodiney. "El marxismo y la literatura", *AIAPE, por la defensa de la cultura*, Montevidéu, ano I, n. 9, p. 8, out./ nov. 1937.

teoria "aspira a formular una calidad nueva, con detrimento de la **calidad** de siempre, en cuya permanencia reposa el concepto de la inmortalidad como privilegio de la obra de arte".[53] No embate entre a concepção da produção cultural como fruto das forças históricas submetidas ao mundo material e o entendimento da arte como transcendência com valor universal, residia a principal tensão com relação à ideia de cultura entre os intelectuais antifascistas.

O confronto Arismendi-Ibañez não teve continuidade após a resposta do segundo, o que permite supor que, em relação a tal matéria, o consenso entre os integrantes da AIAPE não ocorreria. Ainda assim, vale transcrever o comentário de Ibañez no qual ele afirma ter moderado seu discurso com o objetivo de sensibilizar todos os leitores de boletim *AIAPE*. Essa afirmativa permite supor que, para ele, uma ideia mais universalizante de cultura facilitaria a maior união das diferentes tendências políticas: "Me pareció necesario evitar explayamientos que oliesen a la prédica tendenciosa en un instante en que la unión de los demócratas auténticos constituye nuestra honrada finalidad."[54]

NACIONAL X INTERNACIONAL: QUAL CULTURA?

Intimamente relacionada à discussão sobre a preservação ou a transformação da cultura frente à ameaça fascista estavam os debates em torno do "nacional", também em constante tensão com a perspectiva internacionalista. Em um primeiro momento, isso se dava graças ao caráter do antifascismo que, nos anos 1930, estava situado no entrecruzamento de um movimento intelectual internacional e local, assim como o seu oponente, o fascismo. Eram comuns as acusações mútuas entre fascistas e antifascistas de estarem a serviço de agentes externos: da "internacional fascista" ou da "internacional comunista".[55]

Além disto, o embate entre o nacionalismo e o internacionalismo foi uma característica da cultura comunista do período, que pretendia articular o internacionalismo proletário com as tendências políticas nacionais, tendo em vista a possibilidade de uma articulação frentista (CANE, 1997, p. 445). Ademais, para a luta anti-

---

53 IBAÑEZ, Roberto. "La ética social del artista", *AIAPE, por la defensa de la cultura*, Montevidéu, ano 2, n. 11, p. 10, jan. 1938. Grifos no original.

54 IBAÑEZ, Roberto. *op. cit.*

55 Tratava-se também de uma operação de "desnacionalização" do discurso do fascismo, acusando-o de estar a serviço de agentes estrangeiros e imperialistas.

-imperialista que esteve fortemente mesclada ao antifascismo, o recurso ao nacional era essencial, ainda que o ápice dessa relação tenha sido a década anterior, como bem apontou Patrícia Funes (2006).

Um exemplo do papel atribuído ao "caráter nacional" positivo frente à ameaça representada pelo imperialismo encontra-se na análise do jornalista Brasil Gerson, quando afirma:

> Uma das características mais impressionantes da dominação imperialista nos países semicoloniais, como o Brasil, é a decomposição do caráter nacional, forçada por esses exploradores de povos graças a um trabalho lento e persistente de suborno. Isso é, aliás, uma das bases sobre a qual o imperialismo descansa sua máquina de sucção, pois se a nação inteira conservasse íntegro seu caráter nativo e mantivesse firme a confiança em si mesma, os magnatas estrangeiros nela não permaneceriam impunes sequer um dia, e daqui como das Índias seriam expulsos no instante de sua chegada.[56]

James Cane (1997), como outros autores (BISSO; CELENTANO, 2006), aponta para a principal questão em relação à emergência do nacional no antifascismo: a disputa discursiva em torno do imaginário do nacionalismo entre a esquerda e a direita, o que delegou aos intelectuais antifascistas a missão de "recuperar" o nacional, associando-o a posições progressistas. Em suma, tratava-se de mobilizar um ideário nacional de esquerda. É nesta chave analítica da disputa em torno do nacional com os grupos fascistas e com os Estados autoritários que reside a mais interessante linha interpretativa dos traços de nacionalismo reivindicados pelo ideal de "defesa da cultura". Cabe ressaltar que esta reivindicação do nacional no antifascismo coincide diretamente com a aceitação (ou recusa) da herança cultural entendida como tradição crítica e histórica do país.

As marcas dessa disputa passam inicialmente pelo uso do termo nacional; nos textos que tratavam exclusivamente da cultura, ele aparece uma única vez em um artigo de Ernesto Giudice publicado em *Unidad*. O autor apresenta alguns caminhos para a cultura nacional, mas ainda faz uma ressalva ao uso da expressão.[57] Na ampla maioria

---

56 GERSON, Brasil. "Devemos odiá-los", *A Platéa*, São Paulo, 2 set. 1935.

57 "Para terminar: usamos el término 'cultura nacional' para no usar, en realidad, una denominación fija que designa una categoría dada de cultura". Cf. GIUDICE, Ernesto. "Hacia el congreso de la cultura nacional", *Unidad, por la defensa de la cultura*, Buenos Aires, ano 2, n. 3 e 4, p. 8-9, out./ nov. 1937.

dos artigos são encontradas as expressões: cultura brasileira, cultura argentina, cultura uruguaia, evitando o uso da palavra nacional, mesmo que o sentido fosse o mesmo. O nacionalismo era visto como uma característica associada à direita, mas que poderia possuir entre seus sentidos uma identificação com as lutas pela emancipação, como se nota no trecho abaixo:

> Admitimos si se da a la palabra "nacionalismo" el significado de amor a la independencia económica de la Nación, amor a la libertad de su pueblo, amor al establecimiento de un régimen que asegure el pueblo de la Nación el bienestar y la cultura compatibles con el nivel de civilización y vejamen (sic) del pueblo de la nación. Pero en ese caso – parece innecesario decirle – también nosotros somos "nacionalistas". Nosotros contra quienes los llamados "nacionalistas" viven apuntando sus armas.[58]

Apesar da relutância no uso do termo, constata-se a existência de três principais linhas de reivindicação do nacional por parte de intelectuais antifascistas: na disputa em torno dos "próceres" e/ou datas comemorativas, na criação e fundamentação de novos cânones nacionais e no desenvolvimento de análises críticas e historiográficas que buscavam dar conta de reposicionar a compreensão da história dos países. Nesse último caso, destacam-se as obras do brasileiro Caio Prado Jr. (cujo estudo sobre o período colonial já aparece em *Marcha*),[59] dos argentinos Rodolfo Puigróss e Boleslao Lewin, este último um judeu-polonês emigrado para o país; seus estudos foram divulgados em pequenos artigos nos boletins *Unidad* e *AIAPE*.[60]

---

58 CARRIEGO, Evaristo. *Unidad, para la defensa de la cultura*, Buenos Aires, año 2, n. 3 e 4, p. 11, oct. nov. 1937.

59 Caio Prado Jr. foi filiado ao PCB desde 1931 e ocupou o cargo de presidente da ANL em SP em 1935. Permaneceu dois anos preso. Após ser libertado, exilou-se na Europa, onde prestou auxílio aos refugiados espanhóis na fronteira da França com a Espanha. Retornou ao Brasil somente em 1939. O artigo referido é PRADO JR. Caio. "A economia colonial", *Marcha*, Rio de Janeiro, ano 1, n. 5, p. 14, 22 nov. 1935.

60 Cf. PUIGROSS, R. "El desarrollo del mercado interno en Argentina", *Unidad, para la defensa de la cultura*, Buenos Aires, ano 2, n. 1, p. 2, ago. 1937; entre outros. Cf. LEWIN, Boleslao. "Un aspecto de la historia rioplatense", *AIAPE, por la defensa de la cultura*, Montevidéu, ano 3, n. 24, p. 7, mar./ abr. 1939, entre outros.

Ainda com relação à Argentina, encontramos um artigo assinado por Rodolpho Guioldi [61] no boletim *Unidad*, que destacava a urgência de estudos históricos a respeito de um episódio que suscitou muita polêmica. Começou a partir da iniciativa do governo Justo de repatriar os restos mortais do caudilho Juan Manuel de Rosas, o que desencadeou uma discussão a respeito da importância do passado *rosista* para a história do país. Opondo-se às análises favoráveis e também às contrárias ao caudilho, entendidas pelo autor como "fundadas en un terreno vicioso y falso", o texto logrou efetuar uma leitura classista do fenômeno do caudilhismo, articulando com as heranças políticas reivindicadas por Justo. Assim, a ditadura de Rosas era apontada como:

> [...] una lucha de los nuevos usufructuarios del poder por someter la masa de la campaña. [...] Esa su función reaccionaria es ocultada sistemáticamente por los panegiristas y por los "antis", que buscan en toda forma borrar la lucha de clases de la Historia argentina. [...] Por eso ahora, bajo el régimen de la reacción, se organiza la repatriación de sus restos. Faltaría acaso, erigirle un monumento en el cual el ornamento principal fuese la figura del presidente Justo prendido a las ubres del *rosismo*: Orden, Autoridad, Sumisión.[62]

No Brasil, alguns ensaios buscavam dar conta de integrar novos personagens e acontecimentos na história do país, ligados, sobretudo, a uma valorização da atuação popular. Citamos como exemplo o ensaio sobre a Revolução Praieira, feito por Moacyr Werneck de Castro[63] ou o texto sobre a recuperação da história da Colônia Cecília, elaborado por Affonso Schmidt para a revista *Cultura, mensário democrático*.[64]

Rubim atribui essa recuperação da história dos setores populares no Brasil à ação cultural dos comunistas, que, mesmo de maneira desordenada e às vezes pouco

---

61 O artigo, assinado por Rodolpho Guioldi, é de fevereiro de 1936, data em que o autor estava preso no Brasil (desde 25/01/1936 como consta em seu prontuário no DESPS-RJ n. 5878) por sua participação nos movimentos armados de fins de 1935. Não se sabe se é devido a esse fato que tal artigo é atribuído a Rodolpho Puiggrós por Bisso e Celentano (2006).

62 GUIOLDI, Rodolpho. "Juan Manuel de Rosas", *Unidad por la defensa de la Cultura*, Buenos Aires, ano 1, n. 2, p. 10-11, fev. 1937.

63 CASTRO, Moacyr Werneck. "A revolução praieira", *Problemas*, São Paulo, ano 1, n. 2, p. 35-43, 15 set. 1937.

64 SCHIMIDT, Affonso. "Colônia Cecília", *Cultura, mensário democrático*, Rio de Janeiro, n. 8, p. 17-18, jun. 1939, e seguintes.

profunda, estiveram dedicados à matéria (RUBIM, 1989, p. 555). No entanto, os intelectuais antifascistas também se dedicaram ao assunto, como é o caso de Newton Freitas, por exemplo.⁶⁵

No Uruguai, a ação de Francisco R. Pintos, dirigente comunista (GOMEZ, 1990, p. 63) resultou em obra precursora sobre o movimento operário no país; fragmentos foram publicados nas páginas de *AIAPE*.⁶⁶ Diversas obras surgiram com o objetivo de criar ou consolidar mitos políticos; é o caso do líder nacionalista Basílio Muñoz, que teve uma biografia elaborada por Arturo Ardao e Julio Castro, ainda em 1937.⁶⁷ Também surgiram incontáveis artigos em homenagem ao ex-presidente José Batlle y Ordoñez, que era um importante símbolo na oposição ao *terrismo*; mesmo que a figura de Batlle fosse recuperada positivamente pelos intelectuais antifascistas, as leituras sobre seu papel na transformação da sociedade uruguaia variavam conforme a filiação política.⁶⁸

O mito unificador do antifascismo uruguaio foi Julio Cesar Grauert, morto nos primeiros meses após o golpe: a partir de sua memória foi legitimada a ação dos intelectuais de diversas tendências políticas. A morte trágica do jovem militante *ba-*

---

65 FREITAS, Newton. "Zumbi, o Espártaco Negro", *A Manhã*, Rio de Janeiro, n. 63, p. 3, 7 jul. 1935.

66 PINTOS, Francisco. "Historia del movimiento obrero en el Uruguay (fragmentos)", *AIAPE, por la defensa de la cultura*, Montevidéu, ano 2, n. 22, p. 6, dez. 1938.

67 Na resenha sobre o livro aparece: "Un Basilio Muñoz proyectado en el presente. Los autores han tenido en cuenta lo que puede representar no sólo este ejemplo, sino también esta conducta y más, han depositado en él su confianza sentimental e ideológica." CENTRÓN, E. "Vida de Basilio Muñoz, de Arturo Ardao e Julio Castro", *Ensayos*, Montevidéu, ano 2, n. 17, p. 211-215, nov. 1937 a jun. 1938.

68 Um exemplo é o comentário de F. R. P (Francisco R. Pintos?) sobre o livro de Antonio M. Grompone que tratava da vida de Batlle, no qual está evidente a discordância em torno do protagonismo na transformação social do país no governo *batllista*. "Es necesário, de una vez por todas, en beneficio de una mejor comprensión del conjunto de nuestros problemas y en homenaje a la obra delgran estadista desaparecido, quitar esse sentido de simple dádiva que se imprime a todas sus realizaciones. El día que se comprenda que la obra de Batlle fue un fruto directo de la época en que le tocó actuar; en que la legislación económica por él propiciada, estuvo determinada por expresas necesidades nacionales; que la legislación de carácter cultural fue un complemento indispensable del desenvolvimiento económico, y que toda la legislación social respondía a exigencias de un proletariado que había alcanzado cierto grado de madurez, que luchaba desde hacía mucho por la mayoría de las conquistas que más tarde las leyes consagraron; el día que se comprensa esto, repetimos, se habrá situado definitivamente, sin artificios, en el lugar de preferencia que corresponde dentro del escenario nacional, la gran figura de Batlle y Ordoñez." Cf. F. R. P. Batlle, estudio de Antonio M. Grompone. *AIAPE, por la defensa de la cultura*, Montevidéu, ano 3, n. 23, p. 18, jan./ fev. 1939.

tllista passou a simbolizar todo tipo de resistência ao golpe de Estado. Eugenio Petit Muñoz entendia que, alçado à condição de mártir de uma luta contra a opressão, as ideias e premissas de Grauert ficariam presas ao passado, o que facilitaria os processos de identificação. Segundo Petit Muñoz: "Y así no sabemos cuáles serían ahora sus fórmulas concretas, pero es mejor que lo ignoremos porque todas pueden entonces buscar en el inspiraciones".[69] Grauert, transformado em símbolo na luta pela liberdade, inspirou atos de homenagem e artigos publicados em muitas revistas no país, das mais diferentes orientações políticas, mas sempre referenciado como exemplo de resistência à opressão, como se vê abaixo:

> La doctrina de Brum es la de la inmolación espontánea en holocausto a la libertad, como sacrificio expiatorio de un pueblo realizado por aquellos de sus dirigentes que con más videncia y más sublime desprendimiento por la vida hayan comprendido y sentido en toda su grandeza humana y en su condición de necesidad ineluctable para la vida colectiva. La doctrina de Grauert es la de la resistencia a la opresión sin inmolación espontánea; pero con la eventualidad de ofrecerse a la inmolación, con idéntica videncia de la libertad e idéntico sublime desprendimiento por la vida, como muro de resistencia, para obligar la autoridad a hacerse homicida si está resuelta a no detenerse ante el obstáculo.[70]

Essa mesma busca por um personagem ou data capaz de agregar a intelectualidade antifascista no Brasil e fortalecer sua luta resultou em algumas tentativas de recuperar, já em 1935, os eventos da Batalha da Praça da Sé ocorridos no ano anterior. Articulada pelo jornalista comunista Pedro Motta Lima, a data foi considerada a "primeira e estupenda manifestação do que pode uma Frente Popular, sem preocupações divisionistas de fronteira de partidos, de tendência ideológica..."[71] A proposta não parece ter tido grande repercussão e, nos anos seguintes, não voltou a ser considerada uma data importante para o antifascismo no país.

Apesar de não dizer respeito especificamente à cultura, a associação brasileira ANL era a única que associava um ideal nacionalista às suas pautas (afinal, a Aliança

---

69 MUÑOZ, Eugenio Petit. "Grauert", *AIAPE, por la defensa de la cultura*, Montevidéu, ano 2, n. 12 e 13, p. 6, fev./ mar. 1938.

70 MUÑOZ, Eugenio Petit. Grauert. *op. cit.*

71 LIMA, Pedro Motta. Uma data antifascista. *A Manhã*, Rio de Janeiro, n. 141, p. 3, 6 out. 1935.

era *Nacional* Libertadora). Durante o ano de 1935 suas publicações estiveram atentas à formulação de um ideário nacionalista que, após um levantamento rigoroso no diário *A Manhã*, verificou-se ter estado voltado intensamente para a atuação dos militares, procurando estabelecer uma identificação entre o Exército e as lutas pela emancipação no Brasil. Segundo comentário publicado em *A Manhã*: "Nenhum dos grandes feitos políticos que assinalam nossa evolução deixou de contar com o apoio efetivo da tropa."[72] Tal recuperação passou por uma ressignificação dos próceres do Exército brasileiro (Floriano Peixoto, Duque de Caxias),[73] de datas cívicas como o 7 de setembro, tendo ainda logrado agregar um novo panteão às lutas militares, talhado na história do tenentismo; em ambas operações, os símbolos estavam em disputa, já que não se pode esquecer o vínculo tenentista de Getúlio Vargas. Por esse motivo, a comemoração do 5 de julho de 1935 foi ironizada numa crônica de Álvaro Moreyra:

> Por que tanta prontidão no Exército, na Marinha, na Polícia Militar, na Polícia Especial, na Polícia Civil?
>
> [...] Qual o motivo da autoridade constituída se sentir aflita daquele jeito?
>
> Descobriu-se. Motivo íntimo.
>
> A autoridade constituída estava começando a comemorar o Cinco de Julho.
>
> Foi por isso que não deixou a Aliança Nacional Libertadora realizar, na Feira de Amostras, um comício com o mesmo fim.
>
> Ciúmes.
>
> Não admitia comemorações populares. Achou suficiente as de oficiais.
>
> [...]
>
> As altas esferas, embora brotadas de entusiasmos revolucionários, são conservadoras. Para elas, o Cinco de Julho é uma tradição. E o cagaço também.[74]

---

72 O DIA do soldado, glorificado na pessoa de Caxias. *A Manhã*, Rio de Janeiro, n. 105, p. 1, 25 ago. 1935.

73 LIMA, Pedro Motta. "Floriano", *A Manhã*, Rio de Janeiro, n. 57, p. 3, 30 jun. 1935 ou BASTOS, Abguar. "A mística Florianista", *Cultura, mensário democrático*, Rio de Janeiro, n. 7, p. 3, maio 1939.

74 MOREYRA, Álvaro. "Tradições", *A Manhã*, Rio de Janeiro, n. 63, p. 3, 7 jul. 1935.

A disputa se dava ainda em relação a Euclides da Cunha, que Plínio Salgado considerava o "precursor da doutrina integralista".[75] Euclides da Cunha, Lima Barreto e Castro Alves figuravam no panteão dos escritores e suas heranças culturais eram reivindicadas pelos comunistas, pois os três tinham em comum a preocupação social com a realidade brasileira (RUBIM, 1989, p. 555). Nas revistas antifascistas ou que militaram contra o fascismo são encontrados inúmeros textos que deles se valeram como exemplo para o combate à penetração fascista e nazista no país.[76]

O jornalista gaúcho Benjamin Soares Cabello, na revista carioca *Movimento*, escreveu um artigo intitulado "Entre 'Antonio Chimango' e 'Martin Fierro'", que constitui um bom exemplo de "identidades nacionais" entrecruzadas em países do Cone Sul. O autor recuperou, nesse texto, a figura do argentino Martin Fierro, como um símbolo da "raça pampeira", deixando de lado um personagem símbolo dos pampas brasileiros, Antonio Chimango[77] e justificou a escolha nos seguintes termos: "Nós sentíamos que o argentino falava mais diretamente as nossas almas que o brasileiro". Ou seja, Martin Fierro representava o "social", enquanto Antonio Chimango era "político".[78]

A referência a "identidades entrecruzadas" se deve porque a figura de Martín Fierro também foi recuperada pelos representantes do movimento antifascista argentino. O *gaucho*, cristalizado na década anterior como símbolo da argentinidade literária (BISSO; CELENTANO, 2006), foi recuperado no texto de Raúl González Tuñón, não na chave do "gauchismo literário", que, segundo ele, significava uma "actitud confusionista sino fascistizante del gauchismo, indigenismo, ultranacionalismo que pretende afirmar lo criollo mientras sirve a la burguesía nacional aliada o servidora o cómplice

---

[75] "O integralismo é um movimento feito às pressas, sem raízes na história nacional. E foi também às pressas que ele resolveu catar, entre os grandes nomes que honram o nosso passado, alguns precursores." Cf. Euclydes da Cunha e o integralismo. *Revista Acadêmica*, Rio de Janeiro, n. 30, set. 1937. Veja também MOREYRA, Álvaro. "Plínio Conselheiro", *A Manhã*, Rio de Janeiro, n. 65, p. 3, 10 jul. 1935.

[76] MONTENEGRO, Mario. "O patriotismo de ontem e de hoje: a penetração germânica no país", *Cultura, mensário democrático*, Rio de Janeiro, n. 7, p. 17-18, maio 1939.

[77] Segundo Masina (2008), Antônio Chimango (derivado dos *chimangos*, adeptos de Julio de Castilho na Revolução Federalista de 1893) é personagem do poema de mesmo nome de autoria de Amaro Juvenal, pseudônimo de Ramiro Barcellos, publicado em 1915. Para a autora, "Ramiro Barcellos encontrou, na sátira política, o modo de denunciar e tornar visíveis as manobras e os conchavos que asseguravam a permanência dos castilhistas no poder através de farsas eleitorais".

[78] CABELLO, Benjamin Soares. "Entre 'Antonio Chimango' e 'Martin Fierro'", *Movimento, revista do Club de Cultura Moderna*. Rio de Janeiro, ano 1, n. 1, p. 15, maio 1935.

del imperialismo ... ".[79] Tuñon buscou em Martín Fierro uma atualidade que permitia associá-lo ao homem do campo, explorado pelo imperialismo e pelo fascismo e sintetizou nesse personagem os símbolos da luta política dos anos 1930. Tuñón ofereceu em sua descrição um estrato das imagens mobilizadoras que estavam em jogo na luta antifascista: o nacional, o popular, o internacional etc. O texto afirma que Martín Fierro:

> Es popular y populachero, argentino e internacional. Fue y es antimperialista, anti-guerrero y antifascista. Ha estado varias veces preso en la Sección Especial de Policía. Ha caído agotado, o acribillado, en los yerbales, en los ingenios, en los viñedos...[80]

Numa aparente oposição à recuperação do Martín Fierro, foram encontrados artigos relativos à geração de 1837, nos quais "figuras do liberalismo decimonônico [...] serviram como símbolos unificadores do incipiente e progressivo nacionalismo" (CANE, 1997, p. 459). Dentre todos, foram valorizados especialmente Esteban Echeverría e Domingo Faustino Sarmiento, sendo o primeiro enaltecido por Nydia Lamarque como "el espíritu militante, la inteligencia en armas".[81] Os símbolos da nacionalidade argentina ligados aos episódios de sua independência eram lidos em chave anti-imperialista e democrática, num paralelo possível entre dois momentos da história do país (1810 e 1930) nos quais estavam mesclados as lutas pela libertação com os apelos ao papel civilizatório do intelectual frente à barbárie. Nesta leitura, a figura de Sarmiento transcendeu as fronteiras e foi amplamente valorizado também pela AIAPE do Uruguai, por seu papel na inspiração a José Pedro Varela em prol da realização de reformas da educação, entendidas como defesa da civilização contra a barbárie.[82]

Nesse país, ainda que em menor escala, viu-se também uma disputa em torno dos cânones nacionais. O escritor Horácio Quiroga, falecido um pouco antes,

---

79 GONZÁLEZ TUÑÓN, Raúl. "El escamoteo de Martín Fierro", *Unidad, por la defensa de la cultura*, Buenos Aires, ano 1, n. 2, p. 6, fev. 1936.

80 *Idem*.

81 LAMARQUE, Nydia. "Boceto de Echeverría", *Unidad, por la defensa de la cultura*, Buenos Aires, año 2, n. 3 e 4, p. 5, out./ nov. 1937.

82 A respeito desse tema, Jesualdo ministrou uma conferência na AIAPE argentina intitulada "Sarmiento y la reforma de la escuela uruguaya", que foi publicada na revista *Ensayos* (ano 2, n. 21, out. 1938 a ago. 1939, p. 258-277) e no boletim *AIAPE* (ano 2, n. 19 e 20, set./ out. 1938, p. 4).

recebera homenagens oficiais do regime *terrista*. O aiapeano Jesualdo Sosa tratou de recuperar a ilustre figura de Quiroga para a esquerda, atribuindo a ele "posición revolucionaria, impensadamente. Sin propósitos, ni deseos, ni intenciones segundonas". Tratava-se de contrapor a figura do escritor à imagem consolidada de um literato ligado à ficção e à fantasia:

> Es bien seguro que todos los numerosos actores que el Estado ha dispuesto en su honor, no serían en honor de este Horacio Quiroga, sino el del otro, "el cuentista a lo Poe", "el de la cuarta dimensión"...porque esta dimensión que no alcanza a salir de la tierra, es seguro, que no tiene derecho a homenajes oficiales.[83]

A mobilização do ideário nacional entre os antifascistas do Uruguai foi menos intensa em comparação ao que foi realizado pelas associações brasileiras e argentinas, apesar de eventualmente ter aparecido nos textos o personagem de Artigas, o grande mito fundador do país oriental.[84] Supomos que esse fato se deve a uma menor intenção de mobilização popular pelos intelectuais da AIAPE uruguaia, e também devido à ausência de grupos fascistas significativos no país capazes de justificar a construção de imaginários sociais para fazer frente aos que os fascistas costumavam manipular no jogo político.

No que diz respeito ao recurso a símbolos pelos grupos antifascistas nos três países, cabe ressaltar que, na maioria dos casos, eles foram construídos e manejados em conexão com as realidades nacionais, como se procurou mostrar. Quanto ao uso de imagens que simbolizassem o caráter internacional da luta antifascista, constamos que houve uma tentativa, pouco expressiva, de inserir na guerra de imagens algumas referências a datas cívicas capazes de sugerir a ideia de uma luta comum. O 14 de julho francês (que remetia à noção de liberdade) e o 7 de novembro russo (símbolo da ascensão do comunismo), foram celebrados através de mobilizações populares que indicavam momentos de transformação nas sociedades. O que particularmente se sobressaiu da imprensa nesse período foram as personalidades de Henri Barbusse e Romain Rolland, transformados em mitos mobilizadores do antifascismo internacional, tema que será revisitado no capítulo 5.

---

83   SOSA, Jesualdo. "Nuestro homenaje", *AIAPE, por la defensa de la cultura*, Montevideo, ano 1, n. 3, p. 4, mar. 1937.

84   SOSA, Jesualdo. "El concepto sobre el gobierno pluripersonal en Artigas y Batlle", *AIAPE, por la defensa de la cultura*, Montevideo, ano 3, n. 29, p. 10, out./ dez. 1939.

AS AÇÕES EM "DEFESA DA CULTURA"

Álvaro Moreyra foi um cronista de olhar apurado e crítico; seus textos sempre tinham um tom de autocrítica, mesmo que o espírito militante estivesse sempre presente. Em 1937 na revista *Dom Casmurro* e, em 1938, em *Diretrizes* foi publicado o mesmo texto no qual o autor se referia a certa onipresença da ideia de cultura nos debates intelectuais, sem que fosse transformada em prática. Nesse sentido, argumentou:

> Cultura é uma palavra velha. De vida sedentária. Poucos se davam com ela intimamente. Alguns a conheciam de vista. Alguns, de nome. A guerra botou-a na rua, espalhando que foi para defendê-la que os exércitos se mobilizaram. E desde aquelas ignomínias de 1914 a 1918, a cultura é popular no mundo inteiro. Mais pelo som que tem nas línguas do que pelo significado que os cérebros lhe dão. Em certos países essencialmente agrícolas, a cultura, não sendo do homem, às vezes é da terra, o que representa uma compensação. Há, também, laboratórios que fazem a cultura de micróbios... A que interessa, agora, compreende a herança das grandes obras do passado e a possibilidade de aumentá-la. É a cultura que precisa sair das suas sílabas para a sua realidade.[85]

Na Argentina, Ernesto Giudice também clamava por resultados práticos, "¿que crea ese intelectual, que valor propio incorpora a nuestra cultura?". A produção artística e literária dos intelectuais era vista pelo argentino como o principal dever do intelectual antifascista: "SER ARTISTA. Y demostrarlo". Giudice afirmou:

> Luchar contra el fascismo no basta: hay que crear obra que sin necesidad de llevar el rótulo de "antifascista" – que es una cosa fácil y cómoda – sea antifascista de verdad, es decir socialmente viva y dinámica, en su misma naturaleza, en su inconfundible expresión. La forma de demostrar que nuestra posición de izquierda es fecunda para la ciencia y el arte, es hacer ciencia y arte en contacto con la realidad social y la vida.[86]

---

85   MOREYRA, Álvaro. "Bom dia", *Dom Casmurro*, Rio de Janeiro, ano 1, n. 1, 13 mai. 1937. O mesmo texto foi publicado em *Diretrizes* (n. 9, dez. 1938).

86   GIUDICE, Ernesto. "Hacia el congreso de la cultura nacional", *Unidad, por la defensa de la cultura*, Buenos Aires, ano 2, n. 3 e 4, p. 8-9, out./ nov. 1937.

Outras vozes críticas denunciavam o uso da fórmula que não se materializava em ações práticas em "defesa da cultura". Elas se referiam ao uso excessivo das referências sem grandes fundamentações. Além disso, algumas contradições despontavam. Na Europa, André Breton, da dissidência surrealista, esbravejou no Congresso de Escritores pela Defesa da Cultura, ocorrido em Paris, ainda em 1935: "Quantos escritores nós descobriremos na França, mesmo reacionários, que ousem se declarar contra a cultura?" (TERONI; KLEIN, 2005, p. 31).

Recém-iniciada a guerra, a revista *Sur* apresentou uma crítica ao mote que se referia à "defesa da cultura" pelo intelectual, alegando que essa era sua tarefa primordial, seu trabalho e sua função:

> Hay en nuestros días una tendencia a poner los discursos moralizantes que "en defensa de la cultura, la inteligencia" etc. etc., [...] Ningún ser humano ha cumplido sus deberes morales por el hecho de realizar correctamente su trabajo. Pero el intelectual cree encontrar una coyuntura que le permite ser heroico en forma gratuita y grácil: desempeñar su función de tal.[87]

No entanto, a partir da pesquisa nas fontes constatou que houve uma série de ações que foram justificadas a partir desse mote, ações essas que tiveram importante papel, inclusive na oposição aos governos autoritários. As ações serviram, acima de tudo, para ampliar e dinamizar o debate em torno da cultura e do papel do intelectual nas sociedades sul-americanas.

Das proposições em relação à criação artística e literária, observamos que o ideal de "defesa da cultura" instigou a promoção de outros espaços artísticos (alternativos, independentes) que, ao mesmo tempo, se dispuseram a buscar estabelecer uma valorização do aspecto profissional dos produtores. Muitos esforços foram feitos pelas associações e pelas revistas para a promoção e divulgação cultural. As publicações apresentavam contos, crônicas, poesias, crítica musical, literária e cinematográfica, agenda cultural e todas as edições traziam gravuras, xilogravuras, fotografias de esculturas, além da divulgação e críticas de exposições realizadas. A proteção da atividade artística e dos artistas estava relacionada às críticas constantes à política cultural das instituições governamentais responsáveis pela promoção da cultura em geral, incluin-

---

[87] CANTO, Patricio. "El intelectual y la guerra europea", *Sur*, Buenos Aires, ano 9, n. 61, p. 46-49, out. 1939.

do arte, educação, bem como concursos artísticos que lhes cabia organizar. A crítica denunciava o oficialismo predominante nesses campos relacionados à cultura.

Os intelectuais antifascistas ainda marcaram importante posição na defesa da liberdade artística e do intelectual perseguido. Além de toda a já citada mobilização argentina por Raúl González Tuñón, Hector P. Agosti e José Portogalo, a articulação se repetiu no Brasil, ao menos enquanto houve a possibilidade de mobilização política, pela defesa de Dionélio Machado, escritor gaúcho preso em agosto de 1935 no Rio Grande do Sul, acusado de exercer "atividades comunistas" por ocupar o cargo de presidente da ANL no estado. No Uruguai, essa perseguição ocorreu esporadicamente, como na ocasião da interdição da peça *En un rincón de Tacuarí*, do intelectual *batllista* Justino Zavala Muniz, em 1938. As associações organizaram atos de repúdio contra essa e outras interdições consideradas como "verdadeiros atentados à cultura".[88]

Dois aspectos também relevantes da atuação do intelectual em "defesa da cultura" não foram contemplados; eles serão apenas referenciados aqui, no intuito de abrir caminhos para investigações futuras. O primeiro deles se refere aos esforços dos intelectuais para atuarem como sujeitos coletivos, esforços esses que resultaram em movimentos com pautas reivindicatórias da categoria em busca de reconhecimento, regulamentação e proteção. Tratava-se de considerar os intelectuais como "obreros del pensamiento".[89] O segundo diz respeito às ações de difusão e disseminação de cultura por meio da educação, que resultou, em alguns casos, em propostas de intervenção nos sistemas educativos dos países em foco.

A AIAPE do Uruguai, devido a sua herança sindical, foi a que mais atuou no sentido da organização dos intelectuais. O ponto alto desse processo foi a aprovação, pelo governo, da lei de propriedade artística e intelectual, que foi ratificada unanimemente pelos integrantes da associação. Defendendo a mudança da ideia de propriedade intelectual (fruto de una "derivación patrimonial de la creación artística"),[90] os aiapeanos acataram o conceito de direito *moral* do autor, baseado na ideia de que ele

---

88 VITUREIRA, Cipriano S. "En un rincón de Tacuarí", *Unidad, por la defensa de la cultura*. Montevidéu, ano 3, n. 23, p. 18, jan./ fev. 1939.

89 LUISI, Luisa. "Las universidades populares y la educación cívica", *AIAPE, por la defensa de la cultura*, Montevidéu, ano 1, n. 1, p. 9, dez. 1936.

90 COUTURE, Eduardo J. "Sobre la ley de propiedad literaria y artística", *AIAPE, por la defensa de la cultura*, Montevidéu, ano 2, p. 6, jul./ ago. 1938.

produzia a obra "de su propia sangre, de lo más íntimo de su entraña".[91] O escritor Montiel Ballesteros contemporizou essa ideia no seguinte sentido:

> Admitamos que el bien colectivo del tesoro público no se vuelva maná que alimente nuestra lírica "holgazanería" de cigarras, pero que la ley no sonría con la sentencia platoniana que nos expulsa de la república [...] y del banquete de la vida, aquí donde ni siquiera se corona de rosas a los bardos...[92]

No Brasil, a organização dos trabalhadores intelectuais aconteceu, progressivamente, de fins da década de 1930 a meados da década seguinte (LAHUERTA, 1992; PALAMARTCHUK,2003). Neste período, na ausência de uma organização formal, as iniciativas em torno do tema ocorreram a partir das publicações, sobretudo *Diretrizes* e *Dom Casmurro*. Desde meados de 1935, entre as atividades previstas pelo *Clube de Cultura Moderna* estava a realização do I Congresso Brasileiro de Escritores, encontro que acabou sendo realizado somente em 1945 devido à desarticulação dos movimentos promovida pela repressão; da mesma forma, as agrupações de intelectuais somente ressurgem no cenário político brasileiro em 1942, com a Associação Brasileira de Escritores (ABDE), entre outras (MELLO, 2011).

Na gestação do Congresso já se previa, ao lado das atividades políticas, a pauta da proteção ao trabalho intelectual:

> O Congresso visará à defesa da cultura, a grande causa da Civilização, e o estudo e discussão dos problemas de interesse dos escritores, atinentes à indústria do papel e do livro, ao preço de impressão e representação exigido pelos editores, barateamento do custo e dos impostos e fretes, enfim, a disseminação da cultura.[93]

---

91 PETIT, Víctor Perez. "La propiedad artística y literaria", *AIAPE, por la defensa de la cultura*, Montevideo, ano 2, p. 8, jul./ ago. 1938.

92 BALLESTEROS, Montiel. "Defensa de la propiedad intelectual", *AIAPE, por la defensa de la cultura*, Montevideo, ano 2, p. 7, jul./ ago. 1938.

93 Naquele momento, a comissão organizadora do congresso era composta de Roquette Pinto, Basilio Magalhães, Maria Lacerda de Moura, Hermes Lima, José Oiticica, José Lins do Rego, Eunice Weaver, Álvaro Moreyra e Aníbal Machado. Cf. MARANHÃO, Petrarcha, "Congresso Brasileiro de Escritores", *O Homem Livre*, Rio de Janeiro, ano 3, n. 106, p. 2, 31 ago. 1935.

Entre julho e setembro de 1939 o problema da profissionalização é retomado por *Diretrizes*, que realiza uma enquete sob o tema "Os intelectuais e os problemas da cultura no Brasil". Respondem ao inquérito Cassiano Ricardo, Álvaro Moreyra, Arthur Ramos, José Lins do Rego, Carlos Drummond de Andrade, Jorge Amado e Murilo Mendes.[94] Nas respostas aparecem os temas da necessidade do barateamento dos livros para uma melhor difusão da cultura, maior circulação das obras nacionais etc.[95] Em *Dom Casmurro*, desde as primeiras edições, em 1937, Brício de Abreu reivindicava "uma 'Sociedade de intelectuais'" que sirva para agregar "uma consideração maior... um lugar dentro desse imenso país, que não seja o de enteado, o de parente pobre e o de 'PROTECIONISMO CARIDOSO'".[96] Apesar da resposta de Cassiano Ricardo à referida enquete, na qual propunha uma reconciliação da Academia Brasileira de Letras (ABL) com "os problemas do momento", estava claro que a organização não se fazia representar nos intelectuais de esquerda.

Na Argentina a mobilização pela profissionalização do intelectual esteve praticamente desvinculada do antifascismo e do ideal de "defesa da cultura". Tal fato decorre de um repúdio às atividades exclusivamente sindicais das associações de escritores, que eram entendidas como "fruto del individualismo burgués" (BISSO; CELENTANO, 2006, p. 247). Infere-se que tal atuação ocorreu organizada pelo PEN Club argentino,[97] em dois congressos realizados no país na década de 1930 (1936 e 1939). Desse grupo fazia parte escritores nacionalistas, como Victoria Ocampo, Eduardo Mallea e Manuel Galvéz. A crítica ao congresso de

---

94   OS INTELECTUAIS e os problemas da cultura no Brasil. *Diretrizes*, Rio de Janeiro, ano 2, n. 16, jul. 1939 a ano 2, n. 18, set. 1939.

95   A questão do direito do autor, ao menos nesse momento, foi defendida de forma isolada por Omer Mont'Alegre, um ex-integralista que, por dificuldades financeiras, fora abrigado na redação das revistas de esquerda (SILVEIRA, 1998, p. 273-276).

96   DE ABREU, Brício. "Nós, e a classe intelectual", *Dom Casmurro*, Rio de Janeiro, ano 1, n. 5, p. 1, 10 jun. 1937. Caixa alta no original.

97   O PEN Club é uma organização internacional criada em 1921 com sede em Londres e filiais em diversos países (nos anos 1930, Argentina, Brasil e Uruguai possuíam ramificações). O mote principal era a proteção do escritor e da liberdade de expressão sem, contudo, o envolvimento na política. Com a ascensão de Hitler e posteriormente sob a presidência de Jules Romains (1936-1941) a agrupação ganha certa tonalidade política na defesa, principalmente, da necessidade do escritor posicionar-se frente aos conflitos mundiais e contra o fascismo.

1939, aparecida em *Sur*, indica que o encontro ficou, ao contrário do usual, restrito a "deliberaciones de estricto carácter gremial".[98]

Em contrapartida, a educação foi um aspecto ao qual a AIAPE argentina devotou muita atenção. Dos seis editoriais da revista *Unidad*, quatro estiveram debruçados sobre as ameaças ao que era considerada a mais importante instância de disseminação da cultura. As políticas educacionais estiveram em foco na Argentina, sobretudo frente à implantação do ensino religioso obrigatório nas escolas que, segundo Bisso e Celentano (2006, p. 258), surgiram na esteira da realização do Congresso Eucarístico. Estas medidas governamentais foram consideradas "agressões à cultura",[99] por levar a juventude argentina a se afastar de Sarmiento e da tradição laica implantada por ele na educação.[100]

Em defesa de um projeto concreto para o sistema educativo no país, Ernesto Giudice propõe, sob a bandeira do "laicismo y antifascismo en la enseñanza y la cultura", a união entre professores e alunos para a criação de novos postulados sobre o tema. Dessa maneira, sua proposta de realização de um congresso para tratar dos problemas da cultura no país não deveria esquecer estes atores que, segundo Giudice, são o elo mais frágil da engrenagem cultural:

> Otro congreso distinto no logrará tales resultados. NO conseguirá esa unión. Se limitará, posiblemente, a los escritores, defecto que yo he señalado en oportunidad de varios congresos análogos del extranjero. Los escritores no son toda la cultura. La parte más vulnerable de la cultura está en las escuelas, en el periodismo, porque estos son los INSTRUMENTOS de cultura que primero suprime e frena toda reacción.[101]

A relação dos intelectuais da AIAPE uruguaia com a educação também ocorreu por meio da atuação concreta em relação ao magistério, articulada por intermédio de

---

98 CALENDÁRIO: revista de temas del mes. *Sur*, Buenos Aires, ano 9, n. 63, p. 98, dez. 1939.

99 LA ENSEÑANZA religiosa en las escuelas. *Unidad, por la defensa de la cultura*, Buenos Aires, ano 1, n. 3, p. 1, abr. 1936.

100 LA ENSEÑANZA amenazada. *Unidad, por la defensa de la cultura*, Buenos Aires, ano 2, n. 1, p. 1, ago. 1937.

101 GIUDICE, Ernesto. Hacia el congreso de la cultura nacional. *Unidad, por la defensa de la cultura*, Buenos Aires, ano 2, n. 3 e 4, p. 8-9, out./ nov. 1937.

Hipolito Coirolo, presidente da União Nacional do Magistério[102] e materializada pela realização de palestras dos membros da associação para os professores. A preocupação com o sistema educativo se manifestou principalmente pelo intenso suporte oferecido às Universidades Populares (UPs) pelos intelectuais aiapeanos, já que as UPs, nas palavras da médica feminista Paulina Luisi, eram responsáveis por suprir as "necessidades culturais" do povo.[103] Esta relação AIAPE-UPs, era entendida praticamente como uma "transferência" de cultura para as classes populares, no que Sofía Arzarelo chamou de "misión prometeica" do intelectual. Nas palavras da poeta, "El hombre de la masa, nuestro igual, nuestro superior en sufrimiento, se ha vuelto un misterio para sí mismo, pues, en la cultura se halla la clave con que desciframos. Ella debe serle entregada por nosotros para establecer la igualdad en las superioridades".[104] Uma exceção dessa prática em relação à educação é a trajetória do pedagogo comunista Jesualdo Sosa, um dos membros mais ativos da AIAPE, que buscou realizar uma produção teórica inovadora fruto de sua experiência com crianças nas escolas rurais onde lecionara.[105]

A preocupação quanto à educação no Brasil encontrou algum espaço entre as pautas da ANL e dos grupos de intelectuais a ela vinculados, com destaque para Anísio Teixeira, célebre educador que fora Diretor de Instrução Pública do governo de Pedro Ernesto no Distrito Federal, além de outros signatários, já citados, do *Manifesto dos Pioneiros da Educação Nova*. Durante o ano de 1935, dezenas de artigos no jornal *A Manhã* condenavam os projetos de retomada do ensino religioso nas escolas,[106] em referência ao Plano Nacional de Educação, em elaboração por Gustavo Capanema, que sofria pressões da igreja Católica e das Forças Armadas (SCHWARTZMAN; BOMENY; RIBEIRO COSTA, 2000). Destaca-se, ao contrário da Argentina e do

---

102 COIROLO, Hipolito. "Labor cultural del magisterio", *AIAPE, por la defensa de la cultura*, Montevideo, n. 8, p. 16, ago./ set. 1937.

103 LUISI, Paulina. "Las universidades populares y la educación cívica", *AIAPE, por la defensa de la cultura*, Montevidéu, n. 1, p. 9, nov./ 1936.

104 ARZARELO, Sofía. "Deberes y responsabilidades del intelectual en la lucha por la defensa de la cultura", *AIAPE, por la defensa de la cultura*, Montevidéu, ano 3, n. 26, p. 6, jun. 1939.

105 Jesualdo Sosa teve uma longa trajetória posterior como formador de professores. Nos anos 1930, publicou as obras "180 poemas de los niños de la escuela de Jesualdo" (Buenos Aires: Claridad, 1938) e "Vida de un maestro" (Buenos Aires-Montevideo: Sociedad Amigos del Libro Rioplatense, 1935).

106 Por exemplo, A INSTITUIÇÃO do ensino religioso nas escolas e o objetivo político imediato. *A Manhã*, Rio de Janeiro, n. 26, p. 1, 25 mai. 1935 ou MOREYRA, Álvaro. "Ensino religioso", *A Manhã*, Rio de Janeiro, n. 30, p. 3, 30 maio 1935, entre outros.

Uruguai, que nessas discussões e entre as inquietações dos intelectuais antifascistas brasileiros não seja manifestada qualquer preocupação com os professores como agentes de "disseminação" de cultura, fato que seguramente não poderá ser explicado neste trabalho. Novamente em 1939, o tema da educação aparece pontualmente em um artigo de Benjamin Soares Cabello, por meio do qual o jornalista apoia os esforços do governo para nacionalizar as escolas do sul do país, entendidas como "quistos desnacionalizantes".[107] De maneira geral, especialmente em comparação aos países vizinhos, o tema não obteve grande destaque na pauta das discussões da intelectualidade antifascista no Brasil.

---

[107] CABELLO, Benjamin Soares. "A nacionalização do ensino e Machado de Assis", *Diretrizes*, Rio de Janeiro, ano 2, n. 13, p. 59-60, abr. 1939.

AIAPE, *por la defensa de la cultura* (Montevidéu)
Acervo do Sadil, FHCE, UDELAR.

PARTE II

Circulação de ideias e de intelectuais antifascistas

APRESENTAÇÃO

Esta segunda parte tem como foco a circulação de ideias antifascistas entre os países do Cone Sul e destes com a França. Para acompanhar a circulação dessas ideias entre os dois continentes, foi necessário mapear os meios materiais que possibilitaram esse trânsito entre os diferentes espaços. A partir desse mapeamento procurou-se analisar a natureza dos suportes que permitiram a comunicação de ideias, bem como os personagens que atuaram como mediadores.

A imprensa destacou-se como suporte dos conteúdos produzidos pelos intelectuais antifascistas, podendo ser considerada "um meio privilegiado de intercâmbio cultural" (TERONI, 2005, p. 16). O capítulo 3 será dedicado a investigar a difusão e os intercâmbios estabelecidos pelas revistas que funcionaram como suporte das ideias antifascistas, bem como o papel dos autores como produtores e mediadores no processo de circulação dessas ideias entre diferentes espaços.

No capítulo 4, podemos acompanhar o trânsito de intelectuais entre os países do Cone Sul e a Europa a partir da análise de quatro congressos que representaram momentos-chave na luta contra o fascismo. Nesses eventos, realizados tanto nos referidos países americanos como na Europa, surgiram documentos importantes que provocaram debates de ideias e formas de ação contra o fascismo. Esses documentos foram resultados dos esforços da atuação coletiva de intelectuais frente aos problemas da época. Tais encontros também contribuíram para a consolidação de espaços de sociabilidade intelectual que permitiram a troca de saberes e de experiências no contexto da luta antifascista.

Naquelas circunstâncias, a questão do exílio foi importante porque o exilado, perseguido pelos regimes autoritários da época, atuou na condição de sujeito em transição entre dois espaços (ROLLEMBERG, 1999, p. 29), desempenhando um papel muito importante: dar continuidade à resistência em relação ao avanço do fascismo. Em vista disso, é possível afirmar que a dimensão transnacional dos exilados os torna "vetores fundamentais de mobilização coletiva nos vários domínios e esferas nas quais eles foram ativos" (SZNAJDER; RONIGER, 2009, p. 194).

No capítulo 5, discutimos aspectos da mobilização dos intelectuais à luz de personagens ligados a eventos que tiveram destaque na imprensa do Cone Sul. Essa análise permitiu mostrar suas reflexões sobre os desafios do engajamento político, da autonomia de ideias do intelectual e da eficácia que eles tiveram para o conjunto da luta.

CAPÍTULO 3

Intercâmbios por meio da imprensa

A CIRCULAÇÃO DA IMPRENSA ANTIFASCISTA

Os jornais e revistas que foram instrumentos de contrapropaganda e de debate de ideias na luta contra o fascismo tiveram uma atuação para além do âmbito nacional. As trocas efetivadas entre as revistas revelam uma aspiração ao intercâmbio com vistas a partilhar ideias e soluções para problemas políticos e culturais comuns. A amplitude da circulação dos impressos políticos, tanto nos espaços nacionais como em outros países, oferece a possibilidade de acompanhar os contatos entre intelectuais de lugares distintos e o impacto que a leitura dos textos causou. O alcance geográfico que as publicações tiveram permite aquilatar a importância das redes que elas ajudaram a constituir, produzindo uma "sociabilidade intra e inter-revistas", na expressão de Regina Crespo (2011, p. 108).

Neste trecho procurou-se investigar a circulação dos impressos a partir dessa sociabilidade inter-revistas, relacionada a uma aspiração expressa para a realização de intercâmbios e pelos intercâmbios efetivamente indicados entre elas. Nesse último caso, as revistas enviavam exemplares para outra de seu interesse que, em troca, correspondia remetendo seu exemplar; estes eram publicados em sessões específicas sob o título de "revistas recebidas" etc.

Numa análise restrita a tal instância de troca, o que se percebe são elos pouco concretos entre as publicações das AIAPEs argentina e uruguaia e contatos esparsos do Brasil com as publicações sul-americanas. Em suma, constata-se que houve um significativo intercâmbio entre as revistas antifascistas dos países do Cone Sul e as da França, mas um intercâmbio esparso entre as revistas do próprio Cone Sul.

A troca mais intensa ocorreu com a revista francesa *Commune* (1933-1939), que indica ter recebido praticamente todas as publicações sul-americanas; no entanto, não sabemos se houve reciprocidade, pois somente duas publicações argentinas fizeram menção ao recebimento da francesa. O mesmo ocorreu em relação às revistas *Monde* (1938-1935), *Front Mondial* (1933-1935) e *Vigilance* (1934-1939), publicações que foram pouco mencionadas como "revistas recebidas" nos periódicos sul-americanos.

A partir dessa constatação, conclui-se que o intercâmbio de ideias entre os intelectuais foi importante não pela troca de revistas, mas, sobretudo, pela reprodução de artigos de uma revista em outra (muitas vezes sem indicação da fonte) e pela contribuição direta do intelectual de um determinado país numa publicação estrangeira. Esses dois aspectos serão analisados neste capítulo.

Num primeiro momento, estabelecer o potencial de difusão de uma publicação pode estar relacionado a sua tiragem, um dado bastante escasso e de difícil apreensão. De maneira geral, as revistas antifascistas objetos deste estudo eram distribuídas em bancas de jornal e por meio de assinaturas; a inexistência das listas de subscritores não permite o aprofundamento da análise sobre o público leitor diretamente engajado nas publicações.

O boletim *AIAPE, por la defensa de la cultura* manifestava a intenção de alcançar todos os departamentos do Uruguai; é o que indica os constantes avisos "rogando" por novas assinaturas dirigidos aos "amigos del interior".[1] O empenho nessa solicitação era visto como uma forma de militância contra o fascismo, como se pode observar no seguinte anúncio:

> El Instituto Cooperador de la Prensa Libre del Interior, por intermedio de sus esforzados dirigentes Victor M. Dotti y Francisco L. Astiazarán remitió a todos los órganos de tierra adentro adheridos, artículos referentes a la Semana del Libro Quemado. Fue una forma más de hacer antifascismo, dándole a la vez una mayor resonancia al acto de 20 de mayo."[2]

No Brasil, constatamos que a revista *Diretrizes* e outras publicações antifascistas do PCB (*Cultura, mensário democrático; Problemas* e *Seiva*), foram distribuídas em capitais do nordeste; a distribuição de *Marcha, Movimento* e *O Homem Livre* ficou

---

[1] A NUESTROS amigos del interior. *AIAPE, por la defensa de la cultura*, Montevidéu, ano 2, n. 11, p. 13, jan. 1938.

[2] COOPERÓ el I.C.C.P.L.I. *AIAPE, por la defensa de la cultura*, Montevidéu, ano 3, n. 25, p. 8, maio 1938.

concentrada no eixo Rio-São Paulo. Anúncios de uma revista em outras eram frequentes; a revista baiana *Seiva* fazia sistematicamente a divulgação de suas congêneres, segundo João Falcão (1998, p. 53).

A divulgação de outras publicações pelas revistas ocorria com o objetivo de estabelecer intercâmbios culturais, apresentar um índice da produção editorial do período ou repercutir crítica ou elogios a outros empreendimentos. Este não era um recurso exclusivo das publicações antifascistas, sendo amplamente utilizado pela imprensa cultural e, em bem menor grau, pelos jornais. Um exemplo é o da revista socialista *Claridad*, cuja seção dedicada a outras revistas esteve a cargo de Sergio Bagu e Dardo Cuneo desde 1934 até o encerramento da publicação. Assim foram apresentados os propósitos da seção:

> Este número inicia *Claridad* una sección destinada al análisis de las revistas que llegan hasta su redacción en concepto de canje. Prestarase (sic) en ella especial atención a aquellas publicadas en nuestro continente, con las cuales nos comuniza (sic) idénticas inquietudes y problemas. Anima nuestros propósitos revelar en nuestro ambiente los esfuerzos que en el orden cultural tienen efecto en esta América.[3]

O intercâmbio entre as publicações, preocupação expressa em muitas delas, visava colaboração em nível internacional. Tanto *Claridad* na Argentina quanto a revista *Seiva* no Brasil, duas publicações que enfatizavam a intenção de efetivar as trocas culturais, faziam apelo sobretudo aos intelectuais das Américas. Como se procurou mostrar em capítulo anterior, a formação de um ideário pan-americanista foi se fortalecendo, gradativamente, ao longo da década de 1930.

No segundo número de *Seiva*, a revista solicitou colaborações estrangeiras em anúncio publicado em língua espanhola, no qual fazia apelo aos irmãos da América em nome dos "Americanos del Brasil", reforçando a ideia do brasileiro como parte integrante do continente, já que, em muitas ocasiões, foram vistos como um povo à parte na região:

> Libros, Publicaciones, Periódicos, Tópicos, Comentarios y, en fin, toda clase de colaboración que refleje y exprese maduramente el pensamiento Americano tendrán acojida (sic) fraternal por esta nueva revista que acabamos de iniciar. A todos aquellos amigos y compañeros que nos

---

[3] ÍNDICE: analice das revistas recibidas en canje. *Claridad*, Buenos Aires, n. 279, jul. 1934.

quieran distinguir con sus colaboraciones les enviaremos gratis nuestros ejemplares. Hacemos extensivo este envío a todos nuestros hermanos de América y del Extranjero. SEIVA, es un trabajo de los Americanos del Brasil.[4]

O boletim uruguaio *AIAPE, por la defensa de la cultura* publicou um chamado para o "intercambio cultural efectivo" dirigido "[...] a los directores de todas las publicaciones literarias, culturales o ideológicas de América, España, Francia, etc". Nesse grupo de países foram enumerados, sem expressar claramente uma hierarquia de importância, os espaços nos quais o intercâmbio cultural do antifascismo sul-americano ocorreu com maior intensidade, segundo o que esta pesquisa pode apurar.

Apesar de não se ter a intenção de mapear quantitativamente as trocas entre as publicações antifascistas ou entre aquelas que se dedicaram à luta antifascista no período, considera-se importante analisar, mesmo que pontualmente, os intercâmbios. Nem todas as publicações antifascistas apresentaram, sistematicamente, um índice de trocas com outras publicações, como acontecia em outras revistas culturais ou políticas.

Na Argentina, como já referido, a revista *Claridad* foi a que mais se destacou em termos de intercâmbio com outras publicações (CASSONE, 1998, p. 148). Ela apresentava comentários sobre publicações argentinas da época, como: *Nosotros* (1907-1943), a radical *Hechos e Ideas* (1935-1941), *Columna* (1937-1942), de Cesar Tiempo, *Nueva Revista* e *Cursos y Conferencias* (1937-1952), revista em que eram publicadas as conferências realizadas no Colegio Libre de Estudios Superiores. Dentre as revistas do Uruguai, *Claridad* fez referência a muitos números do boletim *AIAPE, por la defensa de la cultura* e às revistas *Ensayos*, *Alfar* (1923-1955) e *Mentor* (1938-1945) entre outras.

Claridad apresentou esporadicamente as revistas brasileiras *Diretrizes*, *Problemas* e *Cultura, mensário democrático*; no entanto, as notas não destacavam os valores políticos, democráticos ou antifascistas das publicações.[5] Note-se que, apesar da prevalência das revistas de esquerda nos índices de *Claridad* (CASSONE, 1998, p. 149), as referências ao Brasil (que aparece em 5º lugar, após a Argentina, Cuba, México e Chile no levantamento feito por Cassone) foram feitas, principalmente, às

---

4   SEIVA solicita intercâmbio cultural. *Seiva*, Salvador, ano 1, n. 2, p. 10, jan. 1939.

5   REVISTA das Revistas. *Claridad*, Buenos Aires, n. 333, fev. 1939 e REVISTA das Revistas. *Claridad*, Buenos Aires, n. 336, jun. 1939.

revistas culturais que não partilhavam dessa tendência, como a paulista *Augusta*, sob direção de Lina Terzi, ou mesmo a periódicos defensores dos regimes fascistas, como *Inteligência* (1935-1936) e *Anauê* (1935-1937), porta voz da AIB. A revista expressava o desejo de "conocer obras de regímenes opuestos al nuestro".[6]

A presença de representantes de *Claridad* em países americanos e europeus demonstrava o grande interesse em promover intercâmbios que resultaram na constituição de uma rede de relações que permitiu amplo diálogo com publicações estrangeiras (CASSONE, 1998, p. 148-149). Amador Cysneiros e B. Silva do Valle foram representantes da revista no Brasil: Silva do Valle, proprietário da Livraria Nacional (SOUSA, 2011, p. 10), aparece na lista de detidos pela polícia política entre 1935 e 1937, dado que sugere proximidade com a esquerda ou a ANL no país (KAREPOVS, 2003, p. 137). Já Cysneiros era o diretor da revista *Seiva*[7] (1935-1936) de São Paulo, publicação cultural onde estavam mescladas ideias nacionalistas com esboços de socialismo.[8] O fato de Cysneiros ser o representante de *Claridad* no Brasil explica o intercâmbio frequente entre *Seiva* paulista e a revista argentina.

No Brasil, os pedidos de intercâmbio da revista *Seiva*, da Bahia, resultaram em algumas colaborações esporádicas do Uruguai. A revista *Mentor*, dirigida por Serafín Cordero Criado, foi exaltada com certo exagero ("leva aos quatro cantos da América o grito pela paz, pela cultura e pela liberdade"), apesar de aparentemente não ter tido muita ressonância no cenário uruguaio.[9] Além desta, ao menos no primeiro ano da revista publicações menores do México, Cuba e Paraguai responderam ao pedido de intercâmbio. Outra revista referida em *Seiva* foi a argentina *Itinerario de America*

---

6   REVISTA das Revistas. *Claridad*, Buenos Aires, n. 322, fev. 1938.

7   Trata-se de uma publicação paulista anterior ao empreendimento da Bahia, este comandado pelo PCB, que possuía o mesmo nome.

8   O prontuário policial de Amador Cysneiros do Amaral inclui o auto de apreensão da revista *Seiva* em setembro de 1937, na sede do Centro de Expansão do Livro e da Imprensa, empresa distribuidora por ele dirigida. Em sua defesa, Cysneiros diz nunca ter sido comunista e afirma professar um socialismo independente de partidos, posição política que o aproxima do argentino Antonio Zamorra. O relatório diz ainda que Cysneiros se acercara de Caio Prado Jr. e Brasil Gerson no ano de 1935, e fora, ainda segundo seu prontuário, apoiador da ANL. Os sete números da revista *Seiva* foram apreendidos sob a acusação de professar ideias bolchevistas; na mesma diligência, livros de Osório Cesar e de Cysneiros também foram recolhidos, por tratarem da Rússia soviética. Cf. Prontuário n. 0966 – Amador Cysneiros do Amaral. DEOPS-SP – Apesp.

9   MENTOR: revista Uruguaia. *Seiva*, Salvador, ano 1, n. 2, p. 21, jan. 1939.

(1938?), dirigida por Atilio Garcia Mellid, valorizada pela brasileira por seu caráter americanista.[10] No primeiro número, José Lins do Rego e Pablo Neruda publicaram artigos ao lado de escritores nacionalistas como Scalabrini Ortiz e Eduardo Mallea.

Os intercâmbios entre as revistas das AIAPEs do Prata foram menos intensos do que a ligação entre as duas organizações poderia almejar: houve uma única nota, sem qualquer comentário, sobre o boletim AIAPE do Uruguai na congênere argentina. No movimento contrário, a revista uruguaia saudou o retorno da publicação argentina, interrompida por alguns meses, com uma nota sobre "la resurrección de *Unidad*" na qual "le augura una vida permanente para que cumpla la misión impuesta: la defensa de la cultura contra el fascismo y toda avalancha reaccionaria, tan notoria, en el país hermano".[11] A pouca ressonância do boletim uruguaio talvez se deva às já referidas dificuldades apresentadas pela publicação argentina, que só apresentou esporadicamente um índice de materiais recebidos. Contudo, *Ensayos* (1936-1939) mereceu maior atenção por parte da revista *Unidad*: a publicação, cujos propósitos eram mais acadêmicos do que de intervenção, numa "ostensible tendencia antifascista con predominio liberal" (ROCCA, 2009, p. 17) foi elogiada nos seguintes termos:

> El *principismo* de los intelectuales opositores a la dictadura fascistizante de Terra, cuenta con una publicación que honra las letras hispanoamericanas: Ensayos, revista mensual de alta cultura, cuyo redactor responsable es el Dr. Eugenio Petit Muñoz, profesor y ensayista de arraigado prestigio moral e intelectual en todo el país.[12]

Pouco antes, a publicação *Movimiento*, do CTIU, dirigira um apelo a *Nueva Revista* na Argentina para a realização de intercâmbio;[13] essas publicações concentra-

---

10 *Seiva* reproduziu um trecho do editorial do primeiro número de *Itinerario de América* neste sentido: "A voz de um continente que quer ser criador, depois de haver sido por vários séculos apenas o escravo e copiador da velha Europa". Nesse número da revista brasileira também está publicado um artigo intitulado "Roteiro de América", no qual se apresentou um panorama das realizações culturais de alguns países americanos, seguramente inspirado pela publicação argentina que apresentava uma seção idêntica. Cf. ROTEIRO das Américas. *Seiva*, Salvador, ano 1, n. 2, p. 12-13, jan. 1939.

11 LAS REVISTAS. *AIAPE, por la defensa de la cultura*, Montevidéu, ano 1, n. 8, p. 13, ago./ set. 1937.

12 LIBROS. *AIAPE, por la defensa de la cultura*, Buenos Aires, ano 2, n. 1, p. 11, ago. 1937.

13 NUEVA Revista. *Movimiento*, Montevidéu, ano 3, n. 12, p. 4, mar. 1935.

vam a intelectualidade que deu origem às AIAPEs, mostrando que já existia um contato entre os grupos que fizeram parte das associações. *Movimiento*, pela predominância dos comunistas na organização que a sustentava, divulgava textos e gravuras da publicação *El Trabajador Latinoamericano* (1928-1936), órgão da Confederación Sindical Latino-americana (CSLA).

Das publicações brasileiras do período, somente *Movimento*, do Clube de Cultura Moderna, recebeu a revista argentina *Actualidad* (1932-1936). Considerada uma revista de "comunistas y algunos 'compañeros de ruta'" (PITTALUGA; LÓPEZ; OCKIER, 2007, p. 24), foi efusivamente saudada como a "publicação mais importante da Argentina".[14] Em torno de *Actualidad*, reuniram-se muitos intelectuais que posteriormente comporiam a AIAPE na Argentina; esses contatos mostram que houve também um diálogo anterior entre os membros desses grupos.

A partir desses dados, pode-se notar que as publicações antifascistas brasileiras tiveram algum contato com os grupos intelectuais antifascistas argentinos, especialmente no ano de 1935. Nos momentos posteriores, não houve praticamente intercâmbio entre as publicações antifascistas brasileiras e as demais revistas sul-americanas sobre o tema, muito provavelmente devido ao desmantelamento, pela repressão, das associações no Brasil. Em resposta a um desejo expresso de contatos entre revistas americanas, como é o caso de *Seiva*, trocas pontuais foram estabelecidas com publicações culturais ligadas ao pan-americanismo, como é o caso de *Itinerario*. Por outro lado, o intercâmbio entre as publicações argentinas e uruguaias ocorreu com maior intensidade durante toda a década, sobretudo pelo protagonismo de *Claridad* em estimular as trocas entre as publicações de todo o continente.

Apesar de não se integrar no elenco de fontes desta pesquisa, não se pode ignorar a quase onipresença da revista costa-riquenha *Repertório Americano* (1919-1958) entre as publicações recebidas no Uruguai e na Argentina. A grande difusão da revista devia-se à dedicação de seu diretor de José García Monge ao estabelecer contatos com intelectuais de diversos países (MEDINA, 2008, p. 14). A publicação cumpria um importante papel na divulgação cultural e também na luta contra o fascismo. O processo contra García Monge por conta da publicação de um artigo contra o regime de Franco (*España, la Abissínia blanca*, do jornalista Francisco

---

14 ACTUALIDAD, grande revista de esquerda da Argentina. *Movimento, revista do Club de Cultura Moderna*, Rio de Janeiro, ano 1, n. 4, p. 24, out. 1935.

Marin Cañas) ressoou na imprensa antifascista platense, recebendo a solidariedade do boletim *AIAPE*[15] e da revista *Sur*.[16]

A revista argentina *Sur* também militou na luta contra o fascismo, ao se opôr às investidas nazistas no mundo intelectual e artístico, mantendo sempre o eixo da defesa da liberdade de expressão e de pensamento. A imprensa da Europa, principalmente francesa, ressoava nas páginas de *Sur*, sendo que o principal diálogo dava-se com as revistas *Marianne*, *Nouvelle Revue Française* e *Vendredi*; apesar de não identificada com o comunismo, *Sur* acusou o recebimento de *Commune*, revista da AEAR.[17] Ela, importante divulgadora do antifascismo francês de cunho comunista, fez referência à "luxuosa revista de Buenos Aires"[18] em todas as suas edições a partir de 1936.

Embora *Commune* seja importante no que se refere à promoção de intercâmbios, cabe ressaltar que sua rede de distribuição incluía apenas duas localidades americanas, Buenos Aires e Nova York.[19] Além de *Sur*, somente indicava o recebimento de *Commune* a revista *Dialéctica*, publicação dedicada à divulgação de teoria marxista sob a direção de Aníbal Ponce.

A revista francesa destacou inúmeras publicações do antifascismo sul-americano: *Movimento*, revista do Club de Cultura Moderna (RJ), *Unidade AIAPE, por la defensa de la cultura, Actualidad* e *Movimiento* (publicação do CTIU); felicitou o "renascimento" do periódico *Monde*, no Uruguai, graças à iniciativa de Pedro Cerruti Crosa[20] e indicou o recebimento da brasileira *Revista Acadêmica*, reagindo negativamente a seu conteúdo.[21] Alguns meses depois, uma nova nota apareceu em *Commune* elogiando a "grata evolução" ocorrida na mesma revista, destacando o n. 8 como extremamente interessante porque nele foram publicados textos de André Malraux, Gladkov, Romain

---

15 LAS REVISTAS. *AIAPE, por la defensa de la cultura*, Montevidéu, ano 1, n. 8, p. 13, ago./ set. 1937.

16 CALENDARIO: revista de temas del mês. *Sur*, Buenos Aires, ano 7, n. 33, jun. 1937.

17 HEMOS recibido. *Sur*, Buenos Aires, ano 6, n. 18, mar. 1936.

18 "SUR – Ne pas confondre cette luxueuse revue publié à Buenos Aires avec la jeune revue de Malaga citée plus haut". REVUES en langue étrangère. *Commune*, Paris, ano 3, n. 29, jan. 1936.

19 VOUS TROUVEREZ Commune. *Commune*, Paris, ano 2, n. 18, fev. 1935.

20 "Si la revue fondée par Barbusse est disparue en France, elle renait en Uruguay." Cf. «REVUES étrangères", *Commune*, Paris, ano 3, n. 32, abr. 1936.

21 "Cette revue brésilienne dont le contenu correspond au titre, ne présente pas d'intérêt.", Cf. REVUES en langues étrangères. *Commune*, Paris, ano 3, n. 24, ago. 1935.

Rolland e outros.[22] É preciso frisar que a *Revista Acadêmica* só despertou interesse na intelectualidade de *Commune* quando, em números posteriores, passou a publicar uma pauta semelhante à desenvolvida pela AEAR.

Quanto às outras publicações francesas que chegaram aos países do Cone Sul, foram encontradas referências a *Monde*, de Henri Barbusse, que na maioria das vezes ressoava a partir da tradução de artigos. Encontrou-se uma única referência ao recebimento dela no índice da revista *Claridad*.[23] Contudo, encontramos referências frequentes, em quase todas as edições da publicação argentina, à revista marxista de Nova York, *New Masses* (1926-1948), indicando outras possíveis relações intelectuais que, no entanto, estão fora do escopo deste trabalho.

No diálogo com a Europa, houve também intercâmbios com as revistas espanholas: *Claridad* e *AIAPE* receberam, com frequência, a publicação *Hora de España*, fundada em 1937 pela intelectualidade do país, que se refugiou em Valência para defender o governo republicano. A divulgação da atividade cultural no esforço de guerra e a defesa do compromisso intelectual chegaram à intelectualidade sul-americana que manifestou apoio à posição dos republicanos no conflito.

O boletim uruguaio AIAPE foi bem aceito pelo grupo barcelonês que editava a *Revista de Pedagogia* (1938-?). José Sanchez Trincado, em carta a Roberto Ibañez, indicou ter recebido alguns números da revista uruguaia, com a qual ficou "entusiasmado [...] por lo que significa en cuanto al espíritu de solidaridad universal y de llamamiento de todos los hombres de letras hacia lo que debe ser nuestro esencial deber de esta hora". Trincado solicitou a Ibañez uma lista de sugestões, "nombres de prestigio que unan a su preparación pedagógica o científica, un franco y declarado antifascismo", para futuras colaborações no periódico espanhol.[24]

A ausência de referências a intercâmbios entre as publicações brasileiras e espanholas é notável, ainda que tenha existido no país alguma solidariedade ao governo republicano. Por outro lado, as trocas ocorreram mais significativamente com revistas portuguesas que militavam contra o salazarismo: *Pensamento* (1930-?), do Instituto de

---

22 Na realidade, pela descrição do conteúdo da revista, trata-se do número 13, de agosto de 1935. "Une très heureuse évolution s'est maintenant produite dans la ligne générale de cette publication dont le n. 8 est extrêmement intéressant". Cf. MEMENTO, an 3, n. 27, nov. 1935.

23 REVISTA das Revistas. *Claridad*, Buenos Aires, n. 293, set. 1935.

24 SANCHEZ TRINCADO, José Luis. "Voces de España", *AIAPE, por la defensa de la cultura*, Montevidéu, ano 2, n. 12-13, p. 3, fev./ mar. 1938.

Cultura Socialista e *Seara Nova* (1921-1979). Esta última, iniciativa de Raul Proença, reuniu intelectuais como Jaime Cortesão e Antonio Sergio. Em 1938, ocupou-se em divulgar as revistas culturais brasileiras, o que resultou em permutas com a revista *Problemas*.[25] Vale dizer que, apesar de estarem fora do recorte escolhido para esta pesquisa, as relações entre intelectuais brasileiros e portugueses no período podem ter sido responsáveis por outras redes de intercâmbio entre os movimentos antifascistas europeus e brasileiros, já que Jaime Cortesão e os intelectuais antisalazaristas também participaram do Congresso de Escritores pela Defesa da Cultura, em Paris (1935).

Os intercâmbios de publicações em escala sul-americana e transatlântica dependeram, em grande parte, dos serviços de correios. No entanto, tal serviço público era precário e os intelectuais antifascistas, sobretudo na Argentina e no Uruguai, faziam muitas críticas ao seu funcionamento. Além de falho, os correios, principalmente na Argentina, selecionavam e apreendiam material considerado subversivo, como mostra o alerta publicado na revista *Contra-Fascismo*:

> En la oficina de Publicidad del Correo Argentino, se encuentran arbitrariamente detenidos desde 15 de julio corriente, 1200 ejemplares del n. 7 de "Monde", con el que le adjunto, bajo amenaza de ser devueltos a Montevideo.
>
> La maniobra fascista culmina ahora con un procedimiento más o menos irregular para declarar ilegal nuestra revista, después de haberse realizado de hecho con los números 1 e 2, de los que en total se "extraviaron" 1600 ejemplares. El Correo Argentino se encuentra ante la dificultad de que los paquetes están recomendados y que, por lo tanto, su arbitraria retención debe realizarse en forma que consideramos relativamente fácil de combatir mediante una enérgica protesta pública. En este sentido hemos escrito a la A.J.A., AIAPE y Circulo de la Prensa.[26]

Outras reclamações ecoaram na imprensa do Uruguai, como no caso do sequestro de exemplares do panfleto "El Infierno Nazi", contendo denúncia das violências nazistas contra os judeus na Alemanha. O material foi impedido de

---

25 DE "SEARA NOVA" sobre *Problemas*. Problemas, São Paulo, ano 1, n. 11, p. 63-64, ago. 1938.

26 NOS ESCRIBE el director de Monde, Sr. Pedro Cerruti Crosa. *Contra-Fascismo*, Buenos Aires, ano 1, n. 2, ago./ set. 1936.

entrar no país.[27] No Uruguai, apesar da censura ser menos usual, os correios também eram controlados para dificultar a difusão da imprensa operária e militante (PORRINI, 1994, p. 109). No Brasil, apesar de não constar reclamações na imprensa em relação aos correios, percebe-se, por meio dos relatórios das polícias políticas, que as correspondências e caixas-postais eram vigiadas constantemente.

DIÁLOGOS IMPRESSOS: ARGENTINA, URUGUAI E FRANÇA

A amplitude dos diálogos intelectuais entre a Argentina, o Uruguai e a França é tão vasta que não seria possível estudá-los num só trabalho. Por este motivo, o recorte que se estabeleceu para a investigação desses intercâmbios ficou restrito aos membros das AIAPEs que atuaram nas duas margens do rio da Prata e/ou junto às organizações de intelectuais antifascistas de Paris. Apesar das referidas semelhanças entre a organização uruguaia e argentina em suas origens, a tal ponto da uruguaia se considerar um "desdobramento" da argentina, as colaborações dos intelectuais aiapeanos nas revistas entre as duas margens do rio não foram frequentes e os intercâmbios se deram graças ao exílio.

No âmbito das colaborações de autores argentinos nas revistas uruguaias, cabe mencionar o artigo de Hector P. Agosti[28] sobre a obra de Andre Malraux, na qual o membro da AIAPE argentina narra o percurso literário do escritor francês em direção à preocupação social em suas obras.[29] No entanto, não registramos a contrapartida dessa colaboração por parte dos uruguaios na revista argentina, com exceção das resenhas de livros, que, ainda assim, eram poucas frente ao expressivo número de livros argentinos resenhados pela revista do Uruguai, sobretudo os publicados pela *Editorial Claridad*. A ausência de textos em *Unidad*, frutos de intercâmbios entre as associações, não significa que estes não ocorreram; um exemplo é a conferência de Jesualdo na AIAPE argentina a respeito das ligações entre Sarmiento e José Pedro Varela, cujo texto na íntegra foi publicado somente no Uruguai.[30]

---

27 EL INFIERNO Nazi: panfleto subversivo. *AIAPE, por la defensa de la cultura*, Montevidéu, ano 3, n. 28, p. 12, ago./ set. 1939.

28 Segundo Tarcus (2007) Agosti era comunista e já estivera exilado em Montevidéu, entre 1932 e 1933, nos anos anteriores a sua prisão (1934-1937).

29 AGOSTI, Hector P. "El tema de Malraux", *AIAPE, por la defensa de la cultura*, Montevideo, ano 3, n. 23, p. 1-2, jan./ fev. 1939.

30 [SOSA], Jesualdo. "Sarmiento y la reforma de la escuela uruguaya", *AIAPE, por la defensa de la cultura*, Montevidéu, ano 2, n. 19-20, p. 4, set./ out. 1938.

Mais significativa foi a atuação do intelectual argentino Arturo Orzábal Quintana, enviado em 1937 como delegado à AIAPE do Uruguai.[31] Ele pronunciou uma conferência no Ateneu de Montevidéu sobre "Os intelectuais e os problemas da paz".[32] Nos anos seguintes, publicou três artigos no boletim uruguaio, todos a respeito da situação política internacional, desde os acordos de Munich até as consequências do início da Segunda Guerra Mundial. No entanto, as intervenções no Uruguai, Orzábal Quintana não permitem identificá-lo como um mediador significativo no que concerne à situação política argentina do momento.

A mais expressiva contribuição de uruguaios na AIAPE argentina refere-se a dos irmãos Álvaro e Gervásio Guillot Muñoz (Apêndice, Tabela 1). A dupla dirigira, nos anos 1920, uma das mais destacadas revistas literárias do Uruguai, *La Cruz del Sur* (1924-1931); em meados dos anos 1930 tiveram que se exilar na Argentina "por razones políticas."[33] Álvaro, alguns anos antes, fora cônsul do Uruguai em São Paulo, onde convivera com a artistas e intelectuais, como Lazar Segall.[34]

Em suas atividades políticas no exílio argentino, os irmãos Guillot Muñoz militaram contra a ditadura do governo Terra e contra o fascismo nas páginas de *Unidad*. Um exemplo é o artigo publicado por ocasião do rompimento das relações diplomáticas do regime terrista com a URSS. Álvaro, graças à sua atuação como diplomata, recuperou o histórico de acordos rompidos por Terra para condenar o governo do Uruguai, que considerou um "servilismo frente a la dictadura de Getulio Vargas".[35] Essa acusação devia-se às pressões que Vargas realizou sobre o governo uruguaio após os movimentos armados de 1935 no Brasil; graças às relações comerciais do Uruguai

---

31 VIDA DE LA AIAPE. *Unidad, por la defensa de la cultura*, Buenos Aires, ano 2, n. 1, p. 12, ago. 1937.

32 VIDA DE LA AIAPE. *AIAPE, por la defensa de la cultura*, Montevidéu, ano 1, n. 3, p. 16, mar. 1937.

33 Os motivos que levaram ao exílio de Gervásio Guillot Muñoz não estão claros na historiografia. Consta que ele era subdiretor do Museo Nacional de Bellas Artes, em Montevidéu, e foi destituído pela ditadura de Gabriel Terra logo em 1933. Exila-se em 1935, momento de novo endurecimento da ditadura de Terra por conta dos movimentos armados ocorridos no início desse ano.

34 Os jornais permitem recuperar uma pequena parte da trajetória de Álvaro Guillot Muñoz em São Paulo entre os anos de 1933 e 1934 nos quais ocupou o posto de cônsul. Por ocasião de sua partida, um jantar lhe foi oferecido e nele compareceram inúmeras personalidades como Affonso Schimdt, Nabor Caires Brito, Lazar Segall, entre outros. Cf. VIDA Social. *Correio Paulistano*, São Paulo, p. 7, 13 jul. 1934.

35 GUILLOT MUÑOZ, Álvaro. "Rompiendo relaciones", *Unidad, por la defensa de la cultura*, Buenos Aires, ano 1, n. 2, p. 4, fev. 1936.

com a URSS, o país oriental era acusado de abrigar empresas que financiavam as atividades comunistas na região (AYÇAGUER, 2008).

Os dois irmãos publicaram importantes estudos sobre poetas franco-uruguaios, o que os credenciou como profundos conhecedores da literatura e da história francesas. Gervásio publicou na revista argentina artigo sobre os embates políticos da Revolução Francesa considerados "Precedentes históricos del Frente Popular en Francia".[36] Além de ser o secretario do periódico Unidad, Gervásio publicou artigos no boletim uruguaio sobre a AIAPE argentina.[37] Como se pode notar, as trajetórias intelectuais de Gervásio e Álvaro Guillot Muñoz no exílio portenho foram importantes para os contatos entre as duas organizações.

Além disso, Gervásio Guillot Muñoz teve importantes ligações com os intelectuais franceses; em fins de 1939 publicou em AIAPE uma nota cujo título era "Como se ven desde Paris nuestras Aiapes". Ali narrou sua visita à Associação Internacional de Escritores pela Defesa da Cultura. Nessa nota afirmou ter ouvido "los elogios más cordiales a nuestra Aiapes de Uruguay y Argentina" e recebeu um convite para "estrechar vínculos para la defensa de la cultura auténtica contra los impostores, demagogos y tránsfugas".[38] Nesse mesmo texto o autor aproveitou para transmitir o entendimento da organização francesa sobre os acontecimentos daquele período (pacto Germano-Soviético e Segunda Guerra Mundial). Tal intermediação permite enfatizar, uma vez mais, o papel de Gervásio como mediador quando afirma:

> Los intelectuales congregados en la Maison de la Culture saben perfectamente que la guerra de 1939 es una nueva guerra imperialista, que la democracia francesa, ha sido arrasada por Daladier, que no pueden opinar sobre la gestión de ese gobierno porque esa autoridad es una dictadura reaccionaria que ha prohibido la libertad de crítica y ha instaurado un inflexible y asfixiante régimen de censura. La Maison de la Culture sabe que el pueblo es otra vez carne de cañón y

---

36 GUILLOT MUÑOZ, Gervasio. "Precedentes históricos del Frente Popular en Francia", Unidad, por la defensa de la cultura, Buenos Aires, ano 1, n. 1, p. 9, jan. 1936.

37 GUILLOT MUÑOZ, Gervasio. "La intelectualidad antifascista en América: La AIAPE de Buenos Aires", AIAPE, por la defensa de la cultura, Montevidéu, ano 1, n. 3, p. 14, mar. 1937.

38 GUILLOT MUÑOZ, Gervasio. "Como se ven en Paris nuestras Aiapes", AIAPE, por la defensa de la cultura, Montevidéu, ano 3, n. 29, p. 5, out./ dez. 1939.

ha puesto en la picota a los entregadores del pueblo español y a los capituladores de Munich.[39]

A relação entre a AIAPE do Uruguai e a França se estabeleceu também por meio de outro importante personagem: o poeta franco-uruguaio Jules Supervielle. No entanto, o escritor, cuja trajetória incluiu um trânsito frequente entre a França e o Uruguai,[40] nunca chegou efetivamente a assumir o papel de representante da AIAPE frente aos grupos franceses. Em 27 de novembro de 1936, logo nos primeiros meses de existência da organização uruguaia, Supervielle enviou a Luisa Luisi uma correspondência manifestando sua adesão à homenagem feita pela AIAPE ao poeta Federico Garcia Lorca.[41] Poucos meses depois, Luisa Luisi dedicou um artigo à obra de Supervielle, no qual afirmou que ele estava "lejos de un poeta social", o que, no entanto, não lhe valeria uma condenação.[42] Esse fato reforça a ideia de que a AIAPE uruguaia incorporou em suas filas intelectuais politicamente heterogêneos.

Os intelectuais argentinos também estabeleceram contatos diretos com associações francesas. A relação ocorreu por meio de membros da AIAPE, como Nydia Lamarque, Raúl González Tuñón e Aníbal Ponce. A estadia deles na Europa resultou em artigos publicados na imprensa antifascista francesa e, posteriormente, em textos sobre a França publicados no boletim *Unidad*. Os primeiros artigos abordavam a realidade social e política da Argentina, enfatizando aspectos da América do Sul, destinados aos leitores da França. Nos artigos destinados aos argentinos o objetivo era fomentar a luta contra o fascismo no país por meio dos relatos dos bem-sucedidos eventos franceses rumo à constituição de uma Frente Popular. A análise desses textos, fruto da mediação entre as realidades francesa e argentina, mostra a interpretação da Argentina em relação à França, ou seja, um olhar externo que diz respeito à alteridade.

Aníbal Ponce, que representou um importante elo entre a AIAPE e os intelectuais franceses, publicou dois artigos na imprensa antifascista que merecem atenção.

---

39 GUILLOT MUÑOZ, Gervasio. "Como se ven en Paris nuestras Aiapes", *AIAPE, por la defensa de la cultura*, Montevidéu, ano 3, n. 29, p. 5, out./ dez. 1939.

40 "Consultado en ocasión de una entrevista sobre las fuentes de su inspiración, contestó que en realidad dudaba si le debía más a Homero o a la Compañía de Transatlánticos que aseguraba el servicio entre Burdeos y Montevideo." (URUGUAIOS..., 1969, p. 700).

41 ADHESION de Supervielle, *AIAPE, por la defensa de la cultura*, Montevidéu, ano 1, n. 2, p. 2, dez. 1936.

42 LUISI, Luisa. "Supervielle, poeta metafísico", *AIAPE, por la defensa de la cultura*, Montevidéu, ano 1, n. 4, p. 12, abr. 1937.

Em fevereiro de 1935, no jornal *Front Mondial*, Ponce apresentou uma interpretação do ponto de vista marxista sobre o golpe do Gal. Uriburu e sobre os métodos reacionários utilizados pelo governo de Augustín P. Justo. Nesse mesmo artigo, avaliou a importância da luta estudantil relacionada à dos movimentos antifascistas, que estariam "ainda entravados pela divisão no movimento operário".[43]

No mesmo mês, um artigo mais denso de Anibal Ponce foi publicado em *Monde*. Nele, o autor recuperou sua trajetória biográfica com relação às leituras de autores franceses, apontando a prevalência de narrativas sobre a Revolução Francesa desde a infância ("La *Gran Revolución* fue para mí lo que para otros fue *Los tres mosqueteros*...."). Na juventude, ainda segundo Ponce, entendeu que esse tema tinha sido de interesse comum a outros intelectuais de sua geração e estabeleceu paralelo entre as leituras dos enciclopedistas realizadas pelos revolucionários franceses e argentinos. Nesta linha, o autor recuperou – livro a livro, autor a autor do panteão francês – o seu percurso de compreensão da realidade social, que alcançara finalmente Marx e Engels. A narrativa autoral invadiu o momento da chegada de Ponce a Paris em meio às grandes manifestações antifascistas ("¿Habían comprendido su deber "mis" multitudes de Paris?"). Naquela ocasião, Ponce se referiu à sua participação numa grande manifestação que o transportara a outros sucessos revolucionários presentes em sua memória; a associação era clara: aquele momento atual da luta antifascista o remetia imediatamente a todas as lutas populares travadas na França:

> Por momentos, entreabriendo los ojos, yo creía encontrarme en medio de esas otras multitudes de "mí" Paris revolucionario, mientras que desfilaban en mi espíritu como una zarabanda de sueños las imágenes del 93, del 47, del 71. A través de más de un siglo, ¿no estábamos, acaso, frente a los mismos enemigos?[44]

Aníbal Ponce foi o autor do manifesto fundacional da AIAPE,[45] que teve um trecho reproduzido em *Vigilance*. O manifesto fazia referência aos países latino-ame-

---

43 PONCE, Anibal. "Fascisme et antifascisme en Argentine", *Front Mondial*, Paris, 2ª époque, ano 2, n. 2, p. 5, fev. 1935.

44 PONCE, Aníbal. "Buenos Aires – Paris", *Monde*, Paris, ano 8, n. 321, p. 12, fev. 1935. Tradução de Terán (1983).

45 Segundo Cane (1997, p. 447), a íntegra desse manifesto foi perdida, restando apenas trechos, como o apresentado no balanço de Ponce (1936, p. 330) sobre o primeiro ano da AIAPE.

ricanos dependentes do imperialismo, para onde era transportada a "semente da desagregação da Europa": o fascismo. A infiltração da ideologia fascista nos países americanos foi interpretada por Ponce a partir da expansão das doutrinas xenófobas, racistas e militaristas:

> As doutrinas radicalmente estrangeiras ao conteúdo humano do passado americano se introduzem entre estes povos para viciar o seu desenvolvimento, destruir suas culturas ainda mal asseguradas e os privar de seus últimos direitos penosamente adquiridos. Em nome da ordem tentamos sufocar a liberdade.[46]

Vigilance saudou a criação da AIAPE argentina, entendendo-a como uma organização de intelectuais de toda a América Latina. Cabe ressaltar que o Comitê de Vigilância dos Intelectuais Antifascistas (CVIA) foi uma organização de atuação predominantemente nacional que esteve na base das manifestações em prol da Frente Popular Francesa; seus animadores foram Alain, Paul Rivet e Paul Langevin. A partir de sua fundação, em março de 1934, intelectuais de tendências políticas diversas se agregaram ao grupo,[47] que acabou por se desintegrar em julho de 1936 devido às polêmicas em torno do pacifismo.[48] Os comunistas e simpatizantes do PCF se desvincularam do CVIA, entre eles Paul Langevin. Nos anos de 1936 a 1939, a organização fez a defesa inconteste de um pacifismo radical e, segundo Racine-Furlaud (1977, p. 112), foi se aproximando do anticomunismo.

Considera-se que os intercâmbios entre o CVIA e a AIAPE argentina (e também o Brasil, como se verá mais à frente) devem ser entendidos, mais como uma ação dos indivíduos comunistas ou simpatizantes que ali militavam pela criação da Associação Internacional pela Defesa da Cultura (AIDC), do que por uma aspiração de mobilização internacional dos intelectuais membros do CVIA.

---

46 EN AMERIQUE latine. *Vigilance*, Paris, n. 32, p. 14, 15 jan. 1936.

47 Segundo Racine-Furlaud (1977, p. 89) são eles J. Baby, M. Prenant, H. Wallon, A. Wurmser pelo partido comunista, J. Dominois, socialista; A. Bayet, radical etc.

48 Para Racine-Furlaud (1977, p. 96-106), as polêmicas em torno do pacifismo renderam duas grandes rupturas ao CVIA. Em julho de 1936, os comunistas e simpatizantes abandonaram a associação devido à ausência de um posicionamento concreto quanto à luta contra o fascismo, relacionadas também às discordâncias sobre a urgência ou não de se travar acordos com Hitler. Em um segundo momento, em junho de 1938, outro grupo rompe com o CVIA acusando o "pacifismo extremo" do grupo como um afastamento da luta contra o fascismo.

Ainda no que se refere à relação entre a França e Argentina, a escritora Nydia Lamarque, que também estivera em Paris e testemunhara um evento que ela denominou "Mítin de Frente Único, el primer que se realizará desde que el Partido Comunista y el Partido Socialista firmaron su pacto de unidad de acción.[49] Em seu relato, publicado em *Unidad*, a autora afirma ter ficado hospedada, em Paris, na casa de um membro do Partido Comunista, sem citar nomes. Ela se considerou uma "pequeña espectadora casi invisible" das inúmeras reuniões de que participara, já que, segundo seu relato, era proibida pelos membros do partido de participar de grandes manifestações, devido ao risco de ser deportada pela polícia. A escritora narrou o encontro com os membros da Frente Única, ao mesmo tempo em que refletiu sobre as práticas políticas dos movimentos antifascistas de seu país:

> ¿Por qué en Argentina somos mudos? Recuerdo grandes, ardientes mítines en Rosario, en Santa Fe, en Buenos Aires misma, antes de la ilegalidad total. Eran silenciosos: terminados los discursos, la multitud que durante ellos había crepitado y llamado, se apagaba de golpe, como lámpara que repentinamente se quema. ¡Sí ni siquiera sabemos repetir con cadencia una consigna como lo hacen aquí en este momento! "Les Soviets partout!" Sin duda, nos falta tradición revolucionaria, no es posible comparar esta masa, que tiene a sus espaldas la Commune y cientos de insurrecciones menores, esta masa homogénea, consciente, levantisca, con los contingentes heterogéneos y todavía tan poco informados que el Partido debe educar y conducir a la batalla. Pero, sin embargo, yo creo que debemos aprender a cantar.[50]

Na imprensa francesa, Nydia Lamarque publicou um artigo sobre a Guerra do Chaco (1932-1935) no periódico *Monde*, fazendo referência à amplitude do movimento Amsterdã-Pleyel na América do Sul após a realização do Congresso de Montevidéu. Segundo sua narrativa, a adesão ao movimento aumentara entre os soldados que se insurgiam contra os oficiais e, como punição, eram assassinados.[51]

---

49 Na ausência de uma biografia da escritora Nydia Lamarque, ou de dados mais preciso nas fontes documentais, não foi possível precisar a data de sua viagem a Paris nem do encontro de Frente Única por ela narrado.

50 LAMARQUE, Nydia. "Mitin del Frente Único en Paris", *Unidad, por la defensa de la cultura*, Buenos Aires, año 1, n. 1, p. 10-11, jan. 1936.

51 LAMARQUE, Nydia. "La guerre dans le Chaco", *Monde*, Paris, ano 8, n. 319, p. 15, 18 jan. 1936.

Raúl González Tuñón também abordou esse tema na imprensa francesa. Nos meses iniciais do conflito no Chaco boreal, o jornalista fora enviado como correspondente do diário *Crítica* ao campo de batalhas (ORGAMBIDE, 1998, p. 79). Ali recolheu histórias do dramático cotidiano da guerra, que envolveu as populações da Bolívia e do Paraguai. Tuñon não cansava de abordar em seus artigos o conflito, repetindo que as populações dos dois países não sabiam as razões pelas quais estavam lutando. Tuñon ofereceu aos leitores de *Monde* um relato vivo e humano do conflito que fazia parte da pauta do movimento antiguerreiro europeu.[52]

O papel de Raúl González Tuñón como mediador entre os movimentos europeus e os sul-americanos não se esgotou nessa circunstância. Como será abordado no capítulo 4, ele compareceu ao Congresso de Escritores em Defesa da Cultura em Paris, em julho de 1935 e, mais tarde, com Córdova Iturburu, ao II Congresso de Escritores em Defesa da Cultura, realizado na Espanha em 1937. Após o encontro de 1935, Tuñón elaborou um inflamado relato sobre a mobilização dos escritores em Paris, que foi publicado na primeira edição do boletim *Unidad*.[53]

Tuñón e Iturburu divulgaram relatos do Congresso da Espanha na imprensa antifascista da Argentina e do Uruguai. O discurso de Iturburu foi, excepcionalmente, reproduzido nos dois jornais das AIAPEs do Prata;[54] na ocasião da partida dos dois jornalistas para o Congresso, a AIAPE do Uruguai solicitou a colaboração de ambos para a revista a respeito de "sus impresiones sobre la guerra de España y otros problemas europeos".[55]

O trânsito de intelectuais entre as agrupações incluiu a visita do francês Renauld de Jouvenel ao Cone Sul em 1936. Colaborador eventual da revista *Commune* e simpatizante do PCF, o escritor passou pelo Uruguai, Argentina, Chile e Brasil, onde "fue recibido en Río de Janeiro por policías, seguido constante e inoportunamente e invitado a hacer abandono inmediato del país por las autoridades". Os argentinos da AIAPE se manifestaram contra a

---

52   GONZÁLEZ TUÑÓN, Raúl. "La guerre dans le Chaco", *Monde*, Paris, ano 7, n. 290, p. 4, 6 jan. 1934.

53   GONZÁLEZ TUÑÓN, Raúl. "Los escritores católicos en el Frente Popular", *Unidad, por la defensa de la cultura*, Buenos Aires, ano 1, n. 1, p. 14, jan. 1936.

54   O discurso foi publicado com títulos diferentes, mas o conteúdo é idêntico. Cf. ITURBURU, Córdova. "Nuestra palabra en la Asamblea de Valencia", *Unidad, por la defensa de la cultura*, Buenos Aires, ano 2, n. 2, set. 1937, p. 6-7 e Idem, "El símbolo de las Cibeles", *AIAPE, por la defensa de la cultura*, Montevidéu, ano 1, n. 7, p. 4, jul. 1937.

55   AIAPEANOS en viaje. *AIAPE, por la defensa de la cultura*, Montevidéu, ano 1, n. 3, p. 6, mar. 1937.

ação da polícia brasileira comentando: "¿Qué impresión llevará a Europa de nuestros países este escritor?".[56] Cabe lembrar que a ação repressora no Brasil ocorreu logo após a insurreição de 1935, que provocou intensa perseguição aos "comunistas" e simpatizantes.

A repressão brasileira, nesse caso, foi orquestrada a partir da denúncia de um observador, que monitorava minuciosamente os passos da intelectualidade uruguaia e argentina, e enviava pequenas notas à polícia política do Rio Grande do Sul e do Rio de Janeiro. O documento que relata essa denúncia oferece importantes pistas para se reconstituir os intercâmbios entre os intelectuais brasileiros, argentinos e uruguaios. Nesse sentido, cabe transcrever parte do texto da referida denúncia:

> NOTA N. 43 – Para o conhecimento de V. Ex. comunico que está no Uruguai depois de ter percorrido alguns países da América do Sul e da América Central o francês Renaul (sic) de Jouvenel que se diz radical socialista. Este homem é membro da Associação de Escritores e Artistas Revolucionários da França. Sua atividade em Montevidéu tem sido ao lado de todas as figuras extremistas do Uruguai com as quais tem se entrevistado seguidamente. Jouvenel apresenta como pretexto destas conferências o facto de ter sido encarregado de fazer um inquérito sobre a marcha do comunismo na América. Seguirá dentro de poucos dias para o Brasil, onde pretende visitar os Estados principais.[57]

DIÁLOGOS IMPRESSOS: BRASIL, URUGUAI, ARGENTINA E FRANÇA

O intenso trânsito de jornais e de pessoas nas fronteiras do sul do Brasil era a grande preocupação do observador ao qual foi feita referência no item anterior. Ele considerava Montevidéu a "capital do bolchevismo na América do Sul",[58] fato que tornava urgente medidas para controlar as fronteiras.

Com esse propósito, o observador elaborou um relatório, composto por mais de mil nomes, alguns acrescidos de fotografias, que oferecia um retrato detalhado da

---

56 LOS DÍAS, los hechos y los hombres. *Unidad, por la defensa de la cultura*, Buenos Aires, ano I, n. 3, p. 3, abr. 1936.

57 Dossiê Partido Comunista no Uruguai. Fundo Polícias Políticas, Setor Sul-americano, Notação 3 A, p. 65. – DESPS/APERJ.

58 *Ibidem*, p. 13.

oposição no Uruguai e das ligações com os militantes brasileiros e argentinos.[59] Tal documento, apesar de precioso, deve ser olhado com o devido cuidado para que não se incorpore o "discurso da ordem" (CARNEIRO, 2006, p. 155) à reconstrução histórica desses contatos, já que as polícias políticas consideravam comunistas qualquer um que se opusesse à conjuntura política do momento.[60]

Assim sendo, a reconstituição da circulação de pessoas e ideias antifascistas entre Brasil e os países do Prata ficará restrita aos militantes da ANL em diálogo com as AIAPEs, ainda que eventualmente uma ou outra ligação seja apontada. A partir deste recorte, destaca-se a predominância de um fluxo de pessoas, partindo do Brasil em direção à Argentina e Uruguai, ocorrido devido ao peculiar desfecho da ANL, que forçou muitos militantes, comunistas ou não, a se exilarem nos países vizinhos. Na direção contrária, os intercâmbios foram escassos e pontuais, mas ainda assim importantes.

A vinda de Raúl González Tuñón ao Brasil em 1931, como correspondente de *Crítica*, foi decisiva para o estabelecimento de contatos com os militantes brasileiros.[61] Dois anos mais tarde, Tuñón foi contatado por Brasil Gerson para alertá-lo a respeito da viagem de Vargas à Argentina, entendida como uma grande conspiração entre os governantes dos dois países. Neste sentido o brasileiro escreveu ao argentino sugerindo "que ficasse atento, pois estava certo de que tudo isso era a preparação de um plano sinistro, que logo se efetivaria".[62]

Ainda em 1935, Getúlio Vargas fez uma visita diplomática a Gabriel Terra no Uruguai. A comitiva do presidente teve, entre seus integrantes, o jornalista Jorge Amado,[63] que é provavelmente o autor de uma reportagem enviada ao periódico *A*

---

59   Dossiê Partido Comunista no Uruguai. Fundo Polícias Políticas, Setor Sul-americano, Notação 3 A, p. 13. – DESPS/APERJ.

60   Um exemplo é a presença na lista de comunistas a serem fichados do nome do militante nacionalista (do Partido Blanco) Basílio Muñoz, um ferrenho opositor da ditadura de Gabriel Terra, líder do movimento armado de janeiro de 1935 no Uruguai e que, definitivamente, não era comunista.

61   Diversos jornais da grande imprensa saudaram a visita de Tuñón, que teria vindo ao Brasil se informar dos "últimos acontecimentos": o golpe de 1930. Cf. JORNALISTAS argentinos em visita à NOITE. *A Noite*, Rio de Janeiro, p. 4, 23 maio 1931 e outros.

62   GERSON, Brasil. Sob a máscara da confraternização universal. *A Manhã*, Rio de Janeiro, ano 1, n. 27, p. 2, 26 maio 1935.

63   Esta informação foi retirada do currículo de Jorge Amado presente no sítio da Academia Brasileira de Letras. Disponível em: <www.academia.org.br/abl/cgi/cgilua.exe/sys/start.htm?infoid=727&sid=244>. Acessado em: 14 fev. 2013.

Manhã narrando o atentado sofrido por Terra na ocasião da recepção a Vargas; o jornalista – que não assinou a reportagem[64] – aproveitou a estadia no Uruguai para entrar em contato com a intelectualidade de oposição ao regime *terrista* com vistas a se inteirar da situação política daquele país. Esse contato também permitiu que os intelectuais uruguaios tivessem notícias dos "exilados da última revolução uruguaia".[65] Entre os exilados estava o chefe nacionalista Basílio Muñoz e outros envolvidos na "Revolución de enero" daquele ano, que haviam se refugiado, em grande parte, no Rio de Janeiro (AGUIRRE GONZÁLEZ, 1985, p. 123-124).

Ainda no que se refere aos contatos entre intelectuais antifascistas do Cone Sul, cabe destacar a visita que o intelectual argentino Bernardo Kordon fez ao Brasil em 1937, analisada por Adrián Celentano (2010). Além de visitar a Bahia, teve encontros com intelectuais brasileiros. Ao retornar a Buenos Aires, Kordon expôs reflexões importantes sobre a cultura negra da região e passou a colaborar como correspondente na revista *Cultura, mensário democrático*.[66]

Os intercâmbios entre a intelectualidade antifascista do Cone Sul foram muito significativos a partir do grande afluxo de brasileiros que se exilaram na Argentina e Uruguai. Desde o início da década de 1930, brasileiros já vinham solicitando refúgio nesses países (RANGEL, 2002), mas a lista se ampliou muito a partir de 1935.[67] Grande parte dos exilados chegou entre novembro de 1935 e início de 1936. Newton

---

64 Infere-se que o autor da reportagem é Jorge Amado, pois as informações coincidem: ele efetivamente acompanhou a comitiva do presidente Vargas ao Uruguai e colaborava frequentemente no jornal *A Manhã*. A reportagem assim o qualifica: "O redator d'A MANHÃ destacado para fazer a reportagem da principesca excursão do sr. Getulio Vargas ao Prata..." Cf. MONTEVIDÉU perante a ditadura sanguinária de Terra. *A Manhã*, Rio de Janeiro, ano 1, n. 41, p. 1, 12 jun. 1935.

65 *Ibidem*.

66 Um exemplo da colaboração de Bernardo Kordon na revista é KORDON, B. "A falange espanhola e a conquista da América por Hitler", *Cultura, mensário democrático*, Rio de Janeiro, ano 1, n. 9, p. 18, jul. 1939.

67 O relatório da polícia política apresenta os seguintes nomes (sem se referir à data) como "exilados comunistas" no Uruguai: Roberto Sisson, Carlos da Costa Leite, José Gay da Cunha, Antonio Bento Monteiro Tourinho, Carlos B. França, Walter, B. Silva, José correia de Sá, David Capistrano, Jorge Amado, Pedro Mota Lima, Brasil Gerson, Ivan Martins, Luiz Cuneo, Abelardo Araujo, Vivaldo Vanjão, Telmo França, Armando Cunha, José Oliveira Andrade, Manoel Palheiro, H. Chester, Michel Reicher, Alberto Soriano Thebas, W. Feldman, Mary Mercio, Rosa Meireles, Gilberto Tourinho. A lista de refugiados é enorme e provavelmente não é possível de ser recuperada na íntegra. Fundo Polícias Políticas, Setor Comunismo, Notação 11/cont, p. 232 – DESPS/APERJ.

Freitas exilou-se somente após o golpe de 1937, após sair da prisão e Brasil Gerson, em 1939, após ter sido condenado pelo TSN pela participação na ANL.

Entre os exilados, destaca-se o escritor e jornalista José Barboza Mello, refugiado em Buenos Aires desde o início da década; ele teve uma trajetória intelectual e política bastante peculiar, sendo mais reconhecido nos países do Prata do que no Brasil.[68] Segundo um esboço de biografia encontrado nos arquivos da Associação Brasileira da Imprensa (ABI), o escritor fora "deportado para o Uruguai por opor-se à revolução de 30,"[69] ainda no ano de 1931. Desde então, passou a escrever na imprensa platina; com a criação da ANL, em fins de 1934, tornou-se porta-voz dessa associação na região do Prata, desempenhando um papel fundamental no que se refere à circulação de ideias.

Barboza Mello era um comunista,[70] mas não colaborou nos jornais e revistas dos partidos comunistas da região, nem na imprensa criada pela IC para a difusão das orientações soviéticas; também não colaborou na imprensa antifascista brasileira. Sua atuação esteve restrita ao universo dos intelectuais e militantes das AIAPEs. O escritor brasileiro contribuiu para a fundação do CTIU no Uruguai e da AIAPE argentina; na primeira, foi secretário da publicação *Movimiento*. Mudou-se para a Argentina por ocasião da visita de Vargas ao Uruguai,[71] onde viveu até início dos anos 1940. Foi ativo colaborador do periódico argentino *Unidad* e ministrou algumas conferências na sede da AIAPE e no Colégio Livre de Estudios Superiores.[72] Graças a seus contatos na

---

68   Daí a imensa dificuldade em se descobrir mais informações sobre a trajetória de José Barboza Mello (ou de Melo, ou Barbosa Melo). Seu prontuário (n. 9206 – DESPS/APERJ) apontava uma prisão no dia seguinte ao golpe de 1964. Nos arquivos da polícia política em São Paulo sua ficha indica ser "ele uma figura destacada nos meios extremistas da esquerda, mas toda sua atuação se tem feito sentir no Exterior. Em 1936, promoveu tenaz campanha de descrédito contra o Brasil nos países latino, digo, nos países platinos e foi autor de vários protestos contra as prisões dos 'líderes vermelhos'". Cf. Prontuário n. 6079 – José Barboza de Mello – DEOPS/SP/APESP.

69   JOSÉ Barboza Mello, sem local, manuscrito, 19?, 4p. – Arquivos da ABI.

70   Duas entrevistas com atores que conheciam José Barboza Mello confirmam que ele era um "homem do partido." Entrevista com Luis Viegas da Motta Lima, 15 ago. 2012, Rio de Janeiro; entrevista com Anita Leocádia Prestes, por email, 5 jun. 2012.

71   JOSÉ Barboza Mello, sem local, manuscrito, 19?, 4p. – Arquivos da ABI.

72   Em 1937, Barboza Mello discorreu sobre a situação política no Brasil. Cf. VIDA DE LA AIAPE. *Unidad, por la defensa de la cultura*, Buenos Aires, ano 2, n. 2, p. 12, set. 1937; já em 1939, o autor

Argentina, foi importante elo entre as associações antifascistas, já que era conhecido entre os intelectuais do Prata como membro da ANL brasileira.[73]

A presença de Barboza Mello na AIAPE argentina explica algumas trocas importantes ocorridas entre os intelectuais da ANL e essa associação. Em *Unidad* aparece um artigo de Carlos Lacerda, publicado anteriormente em *Movimento*, revista do *Club de Cultura Moderna*. O texto, *Cultura y Revolución*, é um exemplo da interpretação marxista sectária sobre a cultura burguesa, apresentada como uma "arma de classe" que deveria ser inevitavelmente transformada pela ascensão do proletariado.[74] Traduzido para o espanhol, o artigo de Lacerda foi a única reflexão teórica elaborada por brasileiros que ressoou na imprensa antifascista argentina; o fato de ser expressão da radicalidade dos comunistas diz algo sobre as duas Associações. No movimento contrário, um artigo de Nydia Lamarque sobre o centenário de Esteban Echeverría, publicado originalmente em *Unidad*, tem alguns trechos reproduzidos na *Revista Acadêmica*, sem indicação de autoria e só identificados pela afinidade do tema e do formato.[75]

O relatório policial referido acima demonstrava a inquietação da repressão em relação ao papel cumprido por José Barboza de Mello nas relações entre os "comunistas" brasileiros e rio-platenses. A polícia afirmava que ele servia de tradutor dos artigos que transitavam pelas fronteiras entre o periódico *A Manhã*, da ANL e a CTIU, como se lê no trecho que segue:

> A Confederación de Trabajadores Intelectuales de Uruguay (CTIU) fornecia material para propaganda do jornal "A MANHÃ", do Rio de Janeiro. O Serviço de correspondência é feito por intermédio de Caixas Postais, pelas fronteiras e muitas vezes por navios do Lloyd Brasileiro.

---

afirma ter feito uma conferência no CLES de título "La Revolución Francesa y el Brasil" (BARBOZA MELLO, 1971?, p. 13).

73 GUILLOT MUÑOZ, Gervasio. "La intelectualidad antifascista en América: La AIAPE de Buenos Aires", *AIAPE, por la defensa de la cultura*, Montevidéu, ano 1, n. 3, p. 14, mar. 1937.

74 LACERDA, Carlos. Cultura e Revolução. *Movimento, revista do Club de Cultura Moderna*, Rio de Janeiro, ano 1, n. 3, p. 6-7, set. 1935 e Idem, Cultura y Revolución. *Unidad, por la defensa de la cultura*, Buenos Aires, año 1, n. 3, p. 5, abr. 1936.

75 LAMARQUE, Nydia. "Epítome a Esteban Echeverría", *Unidad, por la defensa de la cultura*, Buenos Aires, ano 2, n. 1, p. 6-7, ago. 1937 e DE ESTEBAN Echeverría. *Revista Acadêmica*, Rio de Janeiro, ano 4, n. 30, set. 1937.

A tradução é feita por JOSÉ BARBOZA MELLO, atualmente em Buenos Aires.[76]

Além de tradutor, Barboza Mello elaborou e publicou dezenas de artigos na imprensa argentina e uruguaia entre 1933 e 1939. No levantamento dessas fontes foram encontrados, na imprensa argentina, textos publicados em *Claridad, Contrafascismo, Izquierda: crítica y acción socialista* e *Unidad, por la defensa de la cultura*. No Uruguai, colaborou nos diários *Acción* e *Movimiento* (Apêndice, Tabela 2). Na maioria dos artigos abordava a situação política brasileira, com efetivo destaque para os objetivos e atuação da ANL.

Tendo em vista os objetivos desta pesquisa, serão destacados somente os artigos do escritor no boletim *Unidad*; das seis edições da publicação, em três delas foram encontrados artigos de Barboza Mello. No primeiro número, o artigo "La bandera libertadora flamea en el sertão", expôs a conjuntura de miséria e exploração do estado do Rio Grande do Norte, fato que, segundo o autor, teria favorecido a "maduración de la conciencia de clase de las masas, de la idea de asalto al poder". O texto apresenta uma análise "otimista" da atuação da ANL naquele momento, pois anuncia "la victoria inminente de los que luchamos por la liberación de Brasil".[77] Na edição seguinte, apresentou um panorama da produção cafeeira no país, abordando o papel do imperialismo e da oligarquia na exploração da população rural.[78] Por fim, já em 1937, publicou um texto de exaltação à candidatura do escritor José Américo de Almeida à presidência do Brasil, considerada, segundo o autor, praticamente vitoriosa, "porque cuenta con el imprescindible apoyo de la opinión popular". O texto dizia ainda que, "después de Sarmiento, es la primera vez que se repite el fenómeno, en nuestra América, de que un escritor ocupe la suprema magistratura de la nación".[79]

Este último artigo desencadeou um posicionamento da AIAPE argentina em solidariedade à candidatura de José Américo: uma correspondência foi enviada ao es-

---

[76] Dossiê Partido Comunista no Uruguai. Fundo Polícias Políticas, Setor Sul-americano, Notação 3 A, p. 14. – DESPS/APERJ.

[77] BARBOZA MELLO, J. "La bandera libertadora flamea en el sertão", *Unidad, por la defensa de la cultura*. Buenos Aires, ano 1, n. 1, p. 7, jan. 1936.

[78] BARBOZA MELLO, J. "40 millones de bolsas de café", *Unidad, por la defensa de la cultura*, Buenos Aires, ano 1, n. 2, p. 19, fev. 1936.

[79] BARBOZA MELLO, J. "La candidatura presidencial de un escritor popular", *Unidad, por la defensa de la cultura*, Buenos Aires, ano 2, n. 1, p. 9, ago. 1937.

critor brasileiro, que, segundo carta reproduzida em *Unidad*, "encarna las aspiraciones de los defensores de la cultura, el patrimonio mayor de la humanidad".[80] Libório Justo, das páginas do *La Nación*, teceu duras críticas ao apoio da AIAPE à candidatura do escritor, comparando-o com Roberto Ortiz e julgando-o representante da oligarquia brasileira, bem como "agente descarado del imperialismo yanqui". Emilio Troise, presidente da AIAPE, respondeu às críticas afirmando conhecer a complexidade da situação do país e ponderou que "callar o censurar en abstracto, hubiese sido lo más cómodo, o una de las tantas maneras elegantes e inofensivas de permanecer al margen del drama que vive el país vecino".[81] No momento da resposta de Emilio Troise, o Brasil já havia mergulhado na ditadura do Estado Novo, e as previsões de Barboza Mello sobre a vitória iminente de José Américo foram frustradas.

No Uruguai, as contribuições de Barboza Mello ocorreram nas atividades do CTIU, a partir da publicação de textos de divulgação sobre a ANL.[82] Após o surgimento da AIAPE no país, não se encontrou mais nenhuma referência à participação do escritor até o Congresso Internacional das Democracias, em março de 1939, sobre o qual se tratará mais adiante.

O engajamento de Barboza Mello na luta contra o fascismo foi além das atividades na imprensa. Em conjunto com o jornalista comunista Pedro Motta Lima, também exilado na Argentina, o escritor publicou a obra *El nazismo en el Brasil: Proceso del estado corporativo*, em 1938, pela Editorial Claridad. Trata-se de um longo relato jornalístico da situação política brasileira dos anos 1920 e 1930, no qual os autores buscaram esclarecer as forças políticas em conflito e fundamentar a tese da influência nazista no governo de Getúlio Vargas, sobretudo após o golpe de novembro de 1937. No prólogo da obra, a cargo de Mario Bravo, senador pelo Partido Socialista argentino, é possível notar a existência de certa reserva em relação ao Brasil por parte do público leitor da região. Justificando a diferença entre lutar contra o imperialismo brasileiro na região do Prata e a favor do povo, Bravo recuperou as disputas anteriores em que o Brasil e a Argentina estiveram de lados opostos, na tentativa de situar a luta antifascista, em curso naquele momento, como uma questão de solidariedade entre os povos e não entre impérios:

---

80 A carta tem data de 27 de agosto de 1937. Cf. VIDA DE LA AIAPE. *Unidad, por la defensa de la cultura*, Buenos Aires, ano 2, n. 2, p. 12, set. 1937.

81 TROISE, Emilio. "Carta abierta a Liborio Justo", *Claridad*, Buenos Aires, n. 320, dez. 1937.

82 BARBOZA MELLO, J. "La Alianza Nacional Libertadora del Brasil", *Movimiento*, Montevidéu, ano 3, n. 16, p. 10, set. 1935.

> Alberdi, siempre montó guardia en la frontera argentina, en medida precautoria. ¿Contra el Brasil? No. Contra el Imperio. Contra el estado político y social que tenía por exponente el Imperio. Éramos una república recién liberada de una tiranía y necesitaba, para el arraigo de las instituciones democráticas de fondo y de forma, rodearse de países de su misma densidad y de coincidentes intereses. La monarquía era una mala vecina, con la esclavitud como constitución legal y comercio, con la abolición de la libertad, con el aplastamiento impío de toda tentativa hacia la emancipación. Pero Alberdi estaba con el pueblo del Brasil. Fue su agitador, em la medida que pudo. (BRAVO, 1938, p. 5)

A virulência dos ataques a Getúlio Vargas no corpo do livro sofre uma alteração repentina no último capítulo, pois o golpe integralista de maio de 1938 surpreendeu os autores, que produziam a obra "de un plumazo, en medio del tumulto de la labor cotidiana en la redacción de los diarios porteños" (LIMA; MELLO, 1938, p. 216). Na parte final do livro o apoio a Vargas contra o fascismo foi insinuado, devido à recente adoção da estratégia de União Nacional. Essa ambiguidade pode ter contribuído para que a obra de José Barboza Mello e Pedro Motta Lima não obtivesse ressonância nem nos países do Prata, nem no Brasil. O livro não foi o único sobre o tema lançado no período; obteve maior destaque a obra *Penetración Nazi en América*, de Adolfo Tejera, lançado também em 1938 pela Editorial Nueva América de Montevidéu.

Essa editora, criada pelo intelectual *batllista* e membro destacado da AIAPE, Justino Zavala Muniz, também foi responsável pela tradução e publicação de um livro de Motta Lima no Uruguai em 1937. O projeto editorial teve início com a obra *Bruhaha* (1927). Segundo Zavala Muniz, a editora tinha um caráter americanista:

> Su denominación indica ya, que intentaremos hacer de nuestra editorial una tribuna del pensamiento contemporáneo americano, y de aquellos que, venidos de Europa, consideremos útiles y necesarios para orientación de la cultura de estos pueblos. No tendremos pues, ni fronteras territoriales, ni estéticas, ni mentales.[83]

A crítica feita ao livro de Motta Lima nas páginas do boletim da AIAPE uruguaia, assinada pelo poeta Cipriano Santiago Vitureira, mostra a importância que se dava ao conhecimento de outras realidades para a compreensão dos problemas do

---

83 CRÍTICA y Libros, *AIAPE, por la defensa de la Cultura*, Montevidéu, ano 1, n. 7, p. 9, jul. 1937.

Uruguai. Mesmo julgando a obra como "fruto de la conciencia esquemática de una época", Santiago Vitureira afirmou que o livro "logra medir nuestros propios problemas, [por medio de] la visión de ellos en climas diferentes".[84]

Para além dessa atuação literária, houve colaborações de Pedro Motta Lima na imprensa do Prata. Ainda que modestas, também preocuparam a polícia política (Apêndice, Tabela 3). Em outro informe encontrou-se a acusação ao jornalista de, por meio de artigos, estremecer as relações cordiais do Brasil com outros povos sul-americanos:

> Vê-se claramente que Mota Lima, a serviço da propaganda dissolvente do partido comunista, não só deseja lançar o povo do Brasil contra o seu grande benfeitor que é o Presidente Vargas, como também se propõe a aguçar a antipatia de outros povos contra as diretrizes do Estado Novo.[85]

O menor envolvimento de Motta Lima com a imprensa antifascista talvez se explique pelo fato de ele ter retornado ao Brasil na clandestinidade e, mesmo assim, continuar publicando no Uruguai e na Argentina como forma de disfarce.[86] Qualquer que tenha sido o motivo, Pedro Motta Lima teve menor contato com as AIAPEs do Prata se compararmos com a atuação de José Barboza Mello.

Além de Motta Lima, diretor do diário frentista *A Manhã*, do Rio de Janeiro, Brasil Gerson, diretor do jornal frentista *A Platéa*, de São Paulo, também buscou refúgio nos países do Prata. Gerson teve contato com a AIAPE uruguaia logo que chegou ao Uruguai em 1939. Seu nome aparece como novo associado[87] e como tendo recebido ajuda da associação.[88] Não foram encontradas contribuições do jornalista

---

84 CRÍTICA y Libros, *AIAPE, por la defensa de la Cultura*, Montevidéu, ano 1, n. 7, p. 9, jul. 1937.

85 Pedro Motta Lima e seus incertos subversivos. Fundo Polícias Políticas, Setor Comunismo, Notação 11d, p. 7-32, maio 1938 – DESPS/APERJ.

86 Em entrevista, Luis Viegas da Motta Lima, filho de Pedro, afirma: "Para todos os efeitos [ele] estava exilado na Argentina, mas, por volta de 1937, me encontrava com ele todos os sábados [no Rio de Janeiro]". Entrevista concedida a autora, por telefone, em 20 abr. 2012.

87 CON LA democracia y la cultura auténticas. *AIAPE, por la defensa de la Cultura*, Montevidéu, ano 4, n. 29, p. 8, out./ dez. 1939.

88 UN AÑO de extraordinaria labor de la AIAPE. *AIAPE, por la defensa de la Cultura*, Montevidéu, ano 4, n. 29, p. 20, out./ dez. 1939.

na imprensa antifascista; ele trabalhou para o jornal *La Razón*, que não faz parte das fontes deste trabalho.

No final de 1939, Brasil Gerson escreveu uma carta "en nombre de los periodistas exiliados en el Plata" ao ministro Fernando Costa, pedindo que lhes fosse concedido, por Vargas, o perdão judicial, o que foi negado.[89] Em 1942, frente ao posicionamento do Brasil ao lado dos Aliados na Segunda Guerra Mundial, Brasil Gerson e Motta Lima retornaram ao Brasil, onde são presos por cerca de dois anos até a anistia assinada por Vargas em junho de 1944.

A intensa divulgação das atividades da ALN nos países do Prata acabou fazendo crer que a organização tinha maior amplitude do que realmente possuía entre 1936 e 1937. Após a repressão, como já foi dito, a organização foi desmantelada e somente alguns militantes do PCB se mantiveram na ativa.

Uma correspondência, interceptada pela polícia de um militante exilado em Montevidéu para os companheiros de partido que permaneciam no Brasil, explicita a ação de propaganda realizada pelos militantes comunistas junto à intelectualidade e aos periódicos da Argentina e do Uruguai.[90] Um trecho dessa correspondência evidencia o trânsito de materiais, tanto enviados de Montevidéu, quanto do Brasil:

> Tenho lhes enviado todo o material possível, no limite das possibilidades dos portadores. Há menos de uma semana, partiu daqui uma boa quantidade. O homem, que já levou uma vez, desta estava com medo. Não sei se chegará. [...] De todo material que enviarem, mandem sempre dois exemplares, pelo menos: um para cá, outro para Bs. As. Isto me poupa o trabalho de multiplicar aqui e mais depressa é publicado lá.[91]

Os materiais vindos do Brasil serviam para fornecer informações e pautar a imprensa com relação, principalmente, à questão dos presos políticos, centrada nas figuras de Luiz Carlos Prestes e Rodolfo Ghioldi. Para tal, havia uma circulação em Montevidéu do boletim brasileiro *O Libertador*, , que servia para alimentar informa-

---

89 Os jornalistas brasileiros exilados pedem clemência. Fundo Polícias Políticas. Setor Comunismo, Notação 11d, p. 53, ago. 1939 – DESPS/APERJ

90 Não foi possível identificar os pseudônimos utilizados na correspondência.

91 Carta de Montevidéu, 6 jun. 1936 no Dossiê Partido Comunista no Uruguai. Fundo Polícias Políticas, Setor Sul-americano, Notação 3 A, p. 1. – DESPS/APERJ.

ções para os periódicos platenses.[92] Essa ação de propaganda explica a profusão de artigos sobre a vida de Luiz Carlos Prestes e expressões de solidariedade a sua trajetória política (Apêndice, Tabela 4).

A campanha pela libertação dos presos esteve oficialmente a cargo do Socorro Vermelho Internacional (SVI), organização ligada à III Internacional, responsável pela ajuda a presos políticos e seus familiares. Mesmo assim, na Argentina e no Uruguai, a mobilização em torno do tema foi intensa, encontrando espaços na agenda de militantes de diferentes tendências e alcançando, inclusive, uma grande repercussão popular. Para além da atuação na imprensa, houve mobilizações de protesto e arrecadação de fundos, que também inquietaram a polícia brasileira. Na referida carta, o militante brasileiro afirmava: "A massa aqui é um fato".[93]

A propósito dos movimentos de solidariedade a Luiz Carlos Prestes, foi dedicado um relatório policial elaborado pelo temido chefe da Seção de Segurança Social, Seraphim Braga. O relatório se baseava em recortes de jornais e revistas coletados em diversos países, que serviram para reconstituir, detalhadamente, os eventos e os envolvidos na campanha pela libertação de Prestes. Como afirma Maria Luiza Tucci Carneiro (2006, p. 155), no discurso da polícia política a imprensa tinha o status de evidência. Seraphim Braga responsabilizou, principalmente, os intelectuais pela "fama de Luiz Carlos Prestes ter cruzado as fronteiras".[94]

A referida campanha envolveu grupos de intelectuais nos Estados Unidos, México, Cuba, Bolívia, Argentina, Chile e Uruguai. De modo geral, ela se restringia a moções de repúdio assinadas por intelectuais e tornadas públicas através de periódicos ou telegramas dirigidos ao presidente Vargas solicitando a libertação do preso. Algumas petições foram endossadas pelo Poder Legislativo de alguns dos países, como foi o caso de Cuba. A intenção era utilizar o prestígio intelectual ou político de

---

92   "O Boletim Semanal do S. V. sul americano [Socorro[o] Vermelho], transcreveu todos os discursos do CHERMONT, assim como 'Amnistia'. Igualmente tem sido lidos nos atos públicos e referidos em discursos de nosso pessoal. De certos materiais, como 'O Libertador' e 'Sentinela Vermelha', de que eu muito necessito para o trabalho [...] podem mandar maior número, não só porque é difícil multiplicar, como serve para mandar para o Rio Grande." Carta de Montevidéu, 6 jun. 1936 no Dossiê Partido Comunista no Uruguai. Fundo Polícias Políticas, Setor Sul-americano, Notação 3 A, p. 1. – DESPS/APERJ

93   *Ibidem.*

94   Relatório sobre atividades comunistas. Fundo Polícias Políticas, Setor Comunismo, Notação 11 cont., Dossiê 1, p. 275-280 – DESPS/APERJ.

estrangeiros para pressionar o governo brasileiro e, ao mesmo tempo, tornar pública a trajetória do prisioneiro, reverenciado como "libertador do povo da América".

No Uruguai, numa sessão do Comitê de ajuda ao Povo Espanhol, em 1936, a moção aprovada exigia do governo brasileiro a liberdade do "glorioso lutador pela liberdade de seu povo e guia para todos os povos do continente, General Luiz Carlos Prestes". Nesse país, assim como na Argentina, os comitês a favor da liberdade de Prestes confeccionaram cartões com a fotografia do militante para arrecadar fundos; há notícias de que tais publicações teriam alcançado a cifra de 10 mil exemplares.[95]

Na Argentina também funcionava o Comitê de Anistia aos Presos e Exilados Políticos da América, sob a responsabilidade dos congressistas Mario Bravo e Lisandro de la Torre. Segundo Vecchioli (2007), esta, entre outras organizações "en defensa de las víctimas de la dictadura", funcionava à parte de uma filiação partidária específica, ou seja, seus membros pertenciam tanto ao Partido Comunista, como à União Cívica Radical ou ao Partido Socialista.

Em Montevidéu, o clamor em torno das manifestações contra o governo brasileiro no caso Prestes desencadeou a criação da lei n. 9565, de junho de 1936, que passava a exigir autorização prévia para "toda reunión cuya finalidad se ala de hacer demostraciones o críticas, favorables o contrarias, a la política de un Estado extranjero" (PORRINI, 1994, p. 69). A referida lei foi posta em prática seguidas vezes para impedir concentrações políticas contrárias aos governos vizinhos. A criação da lei era mencionada pelos intelectuais da AIAPE como uma das ações "contra a cultura" efetivadas pelo governo de Gabriel Terra.

A referida carta do militante brasileiro exilado traz um relato, entre maravilhado e emocionado, de uma das manifestações a favor das "víctimas de la represión brasileña" em 23 de maio de 1936. Entre a esperança e o desterro, a narrativa mostra qual era a perspectiva de seguir militando no exterior:

> [...] A grande homenagem a Balthazar Brum, que se converteu, afinal, num ato monumental pela Frente Popular de apoios às vitórias francesa, espanhola e russa, e numa estrondosa manifestação de apoio a ANL, a Prestes e ao Brasil, isto é, ao seu povo. Quando Córdova Iturburu, do grupo de intelectuais argentinos e Eugenio Gomez, de-

---

95   Relatório sobre atividades comunistas. Fundo Polícias Políticas, Setor Comunismo, Notação 11 cont., Dossiê 1, .p. 275-280 – DESPS/APERJ.

> putado do Partido Comunista Uruguaio se aproximavam, nos seus discursos, da situação americana, antes mesmo de chegarem ao Brasil, para onde se via que a oração se inclinava, já formidável massa, que enchia o Atheneu e os milhares que estamos na rua, sob a chuva, escutando nos alto-falantes, na parte térrea do edifício, começavam lentamente, a princípio em surdina, depois mais depressa e mais alto: "Prestes!...Prestes!...Prestes!...". O Firmo, velho sentimental, nesta noite, como no 1º de maio, teve que esconder no lenço discretamente, um pouco de sua emoção e de sua saudade.

A carta esclarece que o intercâmbio com os países do Prata manteve acesa a militância em prol da Frente Popular dos comunistas brasileiros, voltada agora para as realidades políticas dos países vizinhos.

Um último aspecto a ser abordado diz respeito aos intercâmbios da intelectualidade brasileira com a francesa no período. Assim como nos países do Prata, muitos artigos foram traduzidos do *Monde*, do *Front Mondial* e de *Vigilance*. A *Revista Acadêmica* publicou inúmeros textos de intelectuais franceses, sendo que muitos deles não faziam referência à fonte.

Um intercâmbio a ser destacado refere-se à visita que o psicólogo marxista[96] Henri Wallon realizou ao Brasil, na qual proferiu conferência na sede do Club de Cultura Moderna, em agosto de 1935. Apresentada pelo psicólogo brasileiro Jaime Grabois, a palestra versou sobre o tema "Psicologia e organização do trabalho". Wallon discorreu sobre o taylorismo e os danos à saúde do trabalhador, fazendo um paralelo com a União Soviética, onde os males causados pelo trabalho sistematizado seriam amenizados devido a outras atividades físicas. Wallon sugeria que os males do trabalhador estavam relacionados mais ao sistema capitalista do que ao método taylorista de organização. Afirmou:

> Não se tratava, porém, de um defeito inerente ao sistema, mas sim da sua aplicação em determinadas condições sociais. Numa estrutura social diversa os lados bons do sistema Taylor e similares persistem, sendo corrigidos os seus defeitos. No instituto de Moscou estabelecem-se as "compensações" a ginástica, o sport, os clubs de restauração

---

96 Henri Wallon era filiado ao Partido Socialista (SFIO – *Section Française de l'Internationale Ouvrière*) até 1942, quando se incorporou ao Partido Comunista Francês.

intelectual etc... que são introduzidos em todos os locais do trabalho com o fim de anular os defeitos provenientes da esquematização do trabalho de cada operário.[97]

A visita de Wallon ao Brasil foi saudada pelo advogado aliancista Hermes Lima em um editorial publicado no jornal *A Manhã*. O psicólogo foi indicado como inspiração para os intelectuais, cientistas e professores por representar um exemplo do fim do isolamento entre "a ciência e a vida"; Lima afirmou a necessidade da "dilatação dos horizontes científicos" posto que "desligado de todo objetivo social, a ciência terminaria preocupando-se com fantasmas, constituindo-se um luxo erudito, uma estesia para iniciados."[98]

Neste artigo, a sociedade soviética foi apontada como um modelo de desenvolvimento científico, já que ela teria logrado colocar a ciência a serviço da sociedade. Hermes Lima baseou suas considerações na leitura, indicada por Wallon,[99] da obra *À la lumière du marxisme*, organizada a partir de conferências realizadas entre 1933 e 1934 no Círculo da Rússia Nova, em Paris, onde "a referência ao desenvolvimento da ciência na URSS [era] onipresente" (PETITJEAN, 2006, p. 5). O círculo era composto por intelectuais que ambicionavam conciliar marxismo e teorias científicas, mantendo, no entanto, a independência crítica em relação a partidos políticos. Segundo Lima, o grupo era integrado por "nomes fora e acima de partidos ou seitas, unicamente movidos pelo desejo de investigação, da análise e da defesa da cultura. Diante do materialismo dialético não adotaram uma atitude prévia de condenação, mas utilizaram-se do método, com rigoroso espírito científico".[100]

Essa viagem ao Brasil e o contato com o Clube de Cultura Moderna explicam o artigo de Henri Wallon publicado em *Vigilance*, no mês de abril de 1936. Em reação à severa repressão decorrente dos movimentos armados de novembro do ano anterior,

---

97 PÁGINA do Club de Cultura Moderna. *Movimento*, revista do Club de Cultura Moderna, Rio de Janeiro, ano 1, n. 1, p. 22, mai. 1935.

98 LIMA, Hermes. "Henri Wallon", *A Manhã*, Rio de Janeiro, ano 1, n. 100, p. 3, 20 ago. 1935.

99 O artigo aponta que Hermes Lima teve contato somente com a introdução do trabalho, ainda não publicada e escrita por Wallon, que possivelmente a ofereceu ao advogado por ocasião da visita ao Brasil. O livro *À la lumière du marxisme* foi publicado somente em 1936.

100 Compunham o Círculo da Rússia Nova os professores Jean Baby, Marcel Cohen, George Fiedmann, René Maublanc, Marcel Prenant, Wallon entre outros. LIMA, Hermes. "Henri Wallon", *A Manhã*, Rio de Janeiro, ano 1, n. 100, p. 3, 20 ago. 1935.

o psicólogo denunciou, nas páginas da revista, a atuação de Vargas na prisão de Luiz Carlos Prestes e de outros militantes e intelectuais, apresentando uma análise bastante detalhada da situação política brasileira. No texto, Wallon avalia a atuação dos intelectuais no Brasil, demonstrando muita afinidade com o tema e com os projetos políticos e educativos desenvolvidos pelo CCM. Segundo o autor:

> O intelectual deve implorar três ou quatro empregos, sendo que um só seria suficiente para ocupar seu tempo, mas é remunerado de maneira irrisória; quanto aos médicos, não há clientela que possa pagar, com exceção de uma parte limitada da burguesia, e a medicina social não tem credibilidade; o engenheiro é empregado em empresas onde todos os postos de direção ou de remuneração pertencem a estrangeiros.

> O povo é analfabeto. O intelectual, frequentemente de uma inteligência notável. Para este último o sofrimento é duplo: ele é pessoalmente incapaz de cumprir seu destino e ele reconhece o quanto há de intuitivo e de inteligência latente, mas desperdiçada com os analfabetos. Daí advém uma dupla aspiração: instruir o povo para elevá-lo ao mesmo nível das nações mais civilizadas; se proteger das condições econômicas impostas ao Brasil por sua situação de país semicolonial. A obra de educação popular foi realizada por homens como o prefeito do Rio, o reitor Peixoto e o secretário de educação Anísio Teixeira; mas eles estão hoje presos ou destituídos. As condições de vida foram estudadas por homens de ciência, economistas, professores como Castro Rebello, Hermes Lima, Leonidas de Rosendo (sic); mas eles estão presos ou destituídos.[101]

Seguramente se pode afirmar que o contato de Wallon com os intelectuais do Clube de Cultura Moderna contribuiu para sua interpretação da situação política do Brasil. O fato de o texto ter repercutido no boletim do CVIA em Paris, demonstra, além da óbvia afinidade com o tema das ameaças fascistas no mundo, que a repercussão se deveu à intermediação de Wallon e pela leitura dos fatos que fez a partir do contato com a intelectualidade antifascista brasileira.

Outro destaque na relação da intelectualidade antifascista da França e do Brasil refere-se a Moacir Werneck de Castro, jovem jornalista brasileiro que circulou pela Europa em 1935 e que acabou por mediar tais intercâmbios. Em suas memórias, ele

---

101 WALLON, Henri. "Le fascisme au Brésil", *Vigilance*, Paris, n. 36, p. 18, 28 abr. 1936.

afirma ter ido viajar a turismo, e, coincidentemente, encontrar-se em Paris às vésperas do Congresso Mundial da Juventude. O autor relatou o seguinte:

> Procurei contato com o movimento juvenil antifascista. Como se preparava então um Encontro Internacional da Juventude contra o fascismo, eu caía do céu: era o sul-americano que até então estava faltando. Cheguei a tempo de participar de uma reunião preparatória. Levei a minha intervenção escrita, em francês, pois tinha pavor de falar em público. Transmitia as informações que recebera do Brasil, sobre o vertiginoso ascenso da Aliança Nacional Libertadora. (CASTRO, 2002a, p. 101)

Desse contato, Werneck publicou um artigo no *A Manhã*.[102] Em outro relato, divulgado na *Revista Acadêmica*, Werneck se refere ao contato que teve com a Associação de Escritores e Artistas Revolucionários (AEAR) quando foi assistir a uma palestra de Iline.[103] No dia seguinte, ainda segundo seu relato, comparecera a um evento na "Exposição Internacional contra o fascismo (sic)",[104] em que foram discutidos alguns temas da literatura revolucionária. Ali conhecera Louis Aragon, que o teria fascinado graças à sua personalidade e produção poética.

Outra atuação de Werneck de Castro em Paris, que não consta em suas memórias, foi uma correspondência enviada a Henri Barbusse, por meio da qual dava notícias da ANL ao intelectual francês e tentava articular uma visita sua ao Brasil. Por meio dessa correspondência nota-se que Werneck também solicitara a Barbusse que escrevesse um artigo para o jornal *A Manhã*. No pedido, o jornalista procurou especificar o conteúdo que deveria estar presente no texto: "Talvez seja muito, mas eu creio que a necessidade imediata que existe no Brasil de esclarecer estas questões me autoriza a te pedir isto que em outra situação seria um abuso". O trecho da carta diz o seguinte:

> Existe no Rio um jornal – "A MANHÃ" – que é representante deste movimento [a ANL]. (...)

---

102 CASTRO, Moacir Werneck. "Uma reunião internacional de jovens", *A Manhã*, Rio de Janeiro, ano 1, n. 78, p. 3, 25 jul. 1935.

103 CASTRO, Moacir Werneck. "Aragon, e a poesia revolucionária", *Revista Acadêmica*, Rio de Janeiro, ano 2, n. 11, mai. 1935.

104 Em suas memórias (CASTRO, 2002a, p. 98-99), Werneck de Castro relata haver estado presente em um evento da Associação Internacional contra o Fascismo.

> É por este jornal, que conta com um público muito grande, que eu gostaria de entrevistá-lo. Ettiene Constant me aconselhou a te enviar, por escrito, desde agora, aquilo que eu preciso. (Você poderá mudar como quiser a ordem da exposição, agregar aquilo que você julgar útil e suprimir o que você julgar supérfluo no desenvolvimento das questões. Aí estão!)
>
> Em primeiro lugar, isto que você faz neste momento, o Congresso Int. de Escritores, sua importância e tarefas. O papel do escritor na vida social, o pretenso antagonismo entre trabalho intelectual e trabalho manual.
>
> A cultura humana e ameaçada: quais são as formas que a ameaçam. A luta pela cultura é um privilégio de uma elite "cultivada" ou uma luta de massas? Hitler, queimador de livros.
>
> O fascismo e a guerra na Europa. A Itália e a Ethiópia. Os governos fascistas são os principais agentes de guerra? Por quê? La SDN. A diplomacia dos países capitalistas e a diplomacia da URSS. O tratado franco-soviético, sua importância histórica, o que ele representa para a defesa da paz.
>
> As linhas gerais da política na França, as perspectivas. As eleições municipais.
>
> O movimento Amsterdã-Pleyel, seus resultados, suas realizações. *Monde*, suas transformações, seu programa.[105]

Não se encontrou no *A Manhã* a colaboração de Barbusse solicitada por Werneck de Castro, mas ainda assim é interessante mencionar o caso que mostra a possibilidade de solicitação de textos "sob encomenda" e com pauta determinada. Além disso, a menção à correspondência é importante porque mostra o empenho do jornalista brasileiro em aproximar a intelectualidade antifascista francesa da brasileira.

Cabe, finalmente, uma breve referência a Emiliano Di Cavalcanti nesse contexto. Ainda que a ausência de fontes não tenha permitido detalhar a contribuição do re-

---

[105] Cf. WERNECK DE CASTRO, M. [Carta] 12 mai. 1935, Paris [para] BARBUSSE, H. s.l. 3f. Solicita colaboração para o jornal *A Manhã*. – Les archives du Parti Communiste Français (PCF), Paris.

nomado artista, membro do PCB, para a luta contra o fascismo, não se pode deixar de mencionar o impacto de suas imagens de um Mussolini gigantesco e ameaçador, publicadas no jornal *A Manhã*, do Rio de Janeiro, contribuindo para conclamar adeptos para essa causa. Além disso, em suas idas a Paris por conta do trabalho, dialogou com intelectuais franceses e, em mais de uma ocasião, estampou suas gravuras nas páginas de *Monde*, de Henri Barbusse.[106] Pode-se afirmar que seu diálogo com os intelectuais e sua imaginação pictórica expressa na imprensa francesa contribuíram para a conexão desses dois universos: o francês e o brasileiro.

---

106   As edições de *Monde* n. 270, de 5 ago. 1933 e n. 346, de 1 ago. 1935 contém ilustrações de Di Cavalcanti.

Movimento, revista do Club de Cultura Moderna (Rio de Janeiro)
Acervo do AEL

CAPÍTULO 4

Peregrinos do pensamento:
os congressos e a luta antifascista

Neste capítulo são abordados os congressos que foram marcos importantes para a luta antifascista. Dentro do recorte temporal escolhido para o trabalho, os eventos ocorreram tanto na América do Sul como na Europa. Outros encontros sobre o tema ocorreram em países americanos (EUA, em 1933 e 1939), no entanto, buscou-se dar atenção aos congressos que foram amplamente destacados na imprensa do Cone Sul.

Dedica-se maior espaço aos congressos ocorridos no Uruguai (1933 e 1939), tanto em busca de manter esta pesquisa com uma perspectiva latino-americana quanto pela necessidade em se construir uma recuperação factual dos eventos, tarefa ainda por fazer. Quanto aos congressos europeus (1935 e 1937), muito já foi escrito e pesquisado, portanto, nas páginas seguintes será dada ênfase à participação dos intelectuais do Cone Sul nos encontros e à repercussão desses eventos nas imprensas brasileira, argentina e uruguaia.

Compreendendo tais congressos como mais uma instância de circulação de ideias antifascistas, o enfoque continua sendo nos intercâmbios entre a intelectualidade do Cone Sul e a europeia, com ênfase na França. Procura-se também analisar o papel dos comunistas e da IC na realização dos eventos e as formas pelas quais atuaram esses personagens nas lutas contra o fascismo.

CONGRESSO ANTIGUERREIRO LATINO-AMERICANO DE MONTEVIDÉU (1933)

Esse Congresso, marco inicial do recorte temporal da pesquisa que originou esse livro, foi muito significativo para os intelectuais que, poucos meses após sua realização, deram início à militância contra o fascismo. Mesmo tendo ocorrido sob a bandeira da Frente Única e com a participação majoritária de organizações operárias, o evento impulsionou a uma mobilização que passou a incluir a intelectualidade como mais um motor para a transformação da sociedade. A polícia política referiu-se aos eventos como "não ter sido outra coisa senão uma Terceira Internacional Sul-americana".[1]

Além disso, o Congresso também marcava os primeiros diálogos da intelectualidade sul-americana com os movimentos europeus antifascistas coordenados por Henri Barbusse e Romain Rolland, já que o Congresso de Montevidéu era visto como um desdobramento dos encontros de Amsterdã, no ano anterior.

No entanto, o Congresso latino-americano ocorreu sem a participação de representantes oficiais do movimento europeu, ou seja, foi realizado de forma autônoma. A partir dessa evidência, deve ser relativizada a ideia de que havia um controle total da IC (ou do Bureau Sul-americano) ou mesmo da organização do movimento antiguerreiro coordenado por Henri Barbusse. Contudo, não se pode negar que o evento foi resultado das ações de comunistas.

O Congresso de Amsterdã de março de 1932 foi uma ação da IC, organizada em torno da ameaça de invasão da Manchúria por parte dos japoneses; a defesa da URSS contra o imperialismo nipônico vinha mesclada com libelos pacifistas[2] (CARRE-PREZEAU, 1993) e, ao mesmo tempo, com uma mobilização antifascista focada no regime italiano. O Congresso foi convocado pelos escritores Henri Barbusse e Romain Rolland, que lançaram apelos à intelectualidade mundial. Foi um chamado definitivo para o início do envolvimento dos intelectuais nas lutas travadas pelos

---

1   Dossiê Partido Comunista no Uruguai. Fundo Polícias Políticas, Setor Sul-americano, Notação 3 A, p. 13. – DESPS/APERJ.

2   A ideia do *pacifismo* em relação ao Movimento Amsterdã-Pleyel desencadeou um longo debate. Desde o chamado para o primeiro encontro, em agosto de 1932, aproximaram-se diversos grupos pacifistas europeus, surgidos após o fim da Primeira Guerra Mundial. Com vistas a estabelecer um movimento de massas, a IC, apesar de seu repúdio ao pacifismo, acabou por ceder em alguns pontos sobre a questão. Por essa razão, nos primeiros meses, o Movimento Amsterdã-Pleyel não aderiu integralmente às propostas da IC. Com a ascensão do nazismo na Alemanha, em 1933, acaba por vencer a tese de que o pacifismo e o antifascismo não eram compatíveis, já que o primeiro acarretaria na aceitação do segundo. Essa conclusão derivava da ideia de que a guerra e a violência talvez fossem necessárias para combater o fascismo, fazendo com que o pacifismo radical fosse entendido como uma forma de aceitação do fascismo.

comunistas, que haviam sido alijados das lutas políticas da esquerda pelas estratégias sectárias da IC (CARRE-PREZEAU, 1993, p. 24).[3]

Mais tarde, em 4 e 5 de julho de 1933, outro encontro realizado na Sala Pleyel, em Paris, visava a dar continuidade ao que fora discutido no Congresso de Amsterdã. Com a vitória de Hitler na Alemanha, outras preocupações surgiram. As atividades provenientes desses encontros deram origem ao movimento[4] intitulado Amsterdã-Pleyel, que atuou intensamente na luta contra o fascismo nos anos seguintes (CARRE-PREZEAU, 1993, p. 143).

A ideia de uma mobilização latino-americana contra a guerra foi desenvolvida a partir dos comitês antiguerreiros argentino e uruguaio conjuntamente com a Confederação Sindical Latino-americana (CSLA).[5] Os comitês, surgidos em diversos países entre os anos de 1932 e 1933, propunham um amplo alinhamento das forças políticas para combater a guerra em curso no continente. No caso do Cone Sul, tratava-se da eclosão do conflito entre Bolívia e Paraguai no início de 1932, em torno da disputa pelo território do Chaco Boreal. A Guerra do Chaco (1932-1935) teve entre suas motivações a disputa pelas jazidas de petróleo descobertas na região. Naquele momento, a interpretação dada pela esquerda a respeito do conflito atrelava-o a disputas imperialistas de duas grandes potências, EUA e Grã-Bretanha que, por meio de duas empresas com interesses econômicos na região, teriam incentivado a guerra.[6] A mobilização antiguerreira na América do Sul tinha, portanto, um forte caráter de luta anti-imperialista.

---

3   A estratégia da IC previa a criação de um amplo movimento de massas, o que incluiria as camadas médias e até pequeno-burguesas. O símbolo do Movimento Amsterdã-Pleyel era uma estrela de três pontas, representando os camponeses, operários e intelectuais.

4   A ideia de seus criadores (a IC e Henri Barbusse) era que o grupo fosse considerado um movimento, e não uma associação para, desta maneira, garantir vivacidade e uma "perpétua evolução". Destes princípios derivam a fala de Barbusse: "Le Congrès d'Amsterdã est fini. Vive le Mouvement d'Amsterdã!".

5   A Confederação Sindical Latino-americana (CSLA) foi uma confederação de sindicatos revolucionários fundada em Montevidéu em 1929. Em atividade até 1936, a Confederação, sob forte influência da IC, foi responsável pela organização de inúmeras conferências que mobilizaram trabalhadores de vários sindicatos em diversos países da América Latina.

6   Moniz Bandeira (1998, p. 41) rebateu a tese de que a Standart Oil of New Jersey e a Royal Dutch Shell instrumentalizaram a Bolívia e o Paraguai para que disputassem, pelas armas, as jazidas de petróleo da região, pois não encontrou associação direta das empresas com o conflito. O historiador, no entanto, não descarta a importância dessa interpretação para o "imaginário político" da época.

A realização do encontro foi articulada no final de 1932 graças ao Comitê Organizador do Congresso antiguerreiro latino-americano, composto, da mesma forma que na Europa, por muitos intelectuais: a escritora Nydia Lamarque, da Argentina, o pintor Barnabé Michelena, do Uruguai e, representando a CSLA, o sindicalista Miguel Contreras. A sede da organização estava localizada na Associação Cultural Anatole France, em Buenos Aires.[7] O grupo organizou a publicação de um Boletim do Congresso de Montevidéu e encontrou bastante espaço de divulgação nos periódicos comunistas dos países platinos. Com base nessas fontes foi possível reconstituir este evento sobre o qual há escassas referências na historiografia.

Após a publicação de um manifesto em prol da realização do congresso, o boletim noticiou a adesão de dezenas de organizações sindicais latino-americanas, além do apoio de intelectuais e estudantes. Encabeçaram a lista o "General Luis Carlos Prestes, Dr. Fernando de Lacerda e Otávio Brandão, do Brasil", seguidos pelo General Augusto Sandino, o militante paraguaio Oscar Creydt, o senador Lafferte e o advogado Contreras Labarca do Chile, os deputados Lazárraga e Gómez do Uruguai.[8] O boletim informava que a Comissão Mundial Permanente contra a Guerra, originada a partir do Congresso de Amsterdã, em 1932, anunciava a vinda de seu presidente, Henri Barbusse, ao Congresso latino-americano.

As correspondências de Henri Barbusse a respeito da preparação do evento mostram que, às vésperas do início do Congresso, o comitê europeu não havia enviado delegados ou representantes ao Uruguai. A mensagem de Alfred Kurella, secretário do dirigente soviético Georgi Dimitrov, deixou transparecer a falta de recursos:

> Congresso de Montevidéu: Até agora nós não temos novidades que o congresso será adiado. Ele acontecerá dia 28 de fevereiro, quer dizer, dentro de 3 dias. Sendo que nós não somos representados por nenhum delegado, é necessário ao menos enviar um telegrama. G. Jeram me pediu de rogar a você para enviá-lo até dia 27 à noite, porque ele não tem

---

7   FUE allanada la sede del Comité Anti-guerrero, en Buenos Aires. *Justicia*, Montevidéu, n. 3095, p. 4, 3 mar.zo 1933.

8   PREPARATIVOS para la realización del Congreso Anti-guerrero Latino-americano. *Boletim del Comité Organizador...* n. 1, p. 2, 15 dez. 1932.

dinheiro para enviá-lo daqui. Quando o enviamos como telegrama noturno (pelo menos 25 palavras) ele não fica muito caro.⁹

A Guerra do Chaco e o cenário sul-americano haviam sido colocados em pauta no movimento de Amsterdã por Williams Simons, militante comunista estadunidense que, segundo se pode apurar, havia comparecido à I Conferência dos Partidos Comunistas da América Latina em 1929 (PITTALUGA; LÓPEZ; OCKIER, 2007, p. 27). Alfred Kurella relatou ter elaborado artigos sobre a guerra na América Latina "com base num grande relatório enviado por Simons..."¹⁰ Foi desse militante a ideia do envio de uma comissão de investigação para, em nome do movimento, elaborar um relatório sobre a situação do conflito no Chaco. Apesar de amplamente anunciada pelos jornais, a aspirada visita da comissão e de Henri Barbusse à América do Sul não aconteceu.

Ainda assim Barbusse continuou sendo o animador da mobilização antiguerreira. Um apelo, divulgado no *Front Mondial* e reproduzido em diversas publicações no Cone Sul, conclamava os latino-americanos a comparecerem ao Congresso de Montevidéu, enfatizando ainda a continuidade em relação ao evento de Amsterdã:

> Hay hombres valientes y hay poderosas organizaciones entre vosotros, capaces de tomar en sus manos la bandera desplegada en Ámsterdam y hacerla flamear en el continente sudamericano, sacudido por la guerra.¹¹

Nos meses que antecederam a realização do Congresso, adiado por diversas vezes desde o início de 1933, a imprensa comunista dedicou grande espaço à preparação do evento. Podemos acompanhar as inúmeras adesões de sindicatos à proposta, bem como a ampliação do envolvimento dos intelectuais na sua organização. Uma declaração publicada entre janeiro e fevereiro de 1933 noticiou o ingresso, nos quadros do comitê organizador, de Aníbal Ponce, Emilio Troise,

---

9   A. K. [Alfred Kurella]. [*Carta*] 25 fev. 1933, Paris [para] BARBUSSE, HENRI. s.l. 3f. Relatório sobre as atividades dos comitês do movimento de Amsterdã – Les archives du Parti Communiste Français (PCF), Paris.

10   A. K. [Alfred Kurela]. [*Carta*] 8 dez. 1932, Paris [para] BARBUSSE, HENRI. s.l. 1f. Relatório sobre as atividades dos comitês do movimento de Amsterdã – Les archives du Parti Communiste Français (PCF), Paris.

11   EL LLAMADO de Henri Barbusse a los pueblos de América Latina. *Boletim del Comité Orgnizador...*, n. 4, p. 4, mar. 1933.

Córdova Iturburu, Elias Castelnuevo, González Alberdi, Rodolfo Ghioldi e Paulina Medeiros.[12]

O caráter de mobilização intelectual do Congresso ganhou força com a publicação de um manifesto dos intelectuais argentinos, dirigido a toda intelectualidade latino-americana e reproduzido em periódicos comunistas e socialistas, como a revista *Claridad* argentina.[13] No manifesto, o apelo era calcado na figura do intelectual progressista – e não somente naqueles filiados a partidos políticos –, que era chamado à participação militante no Congresso a partir do seguinte argumento:

> Y considerando que la lucha contra el imperialismo, factor de guerra, sólo puede ser conducida al través de la lucha por la unificación de la América Latina, como un paso hacia la comunidad mundial de los pueblos, dirigimos nuestro llamado caluroso a la intelectualidad progresista del continente, invitándola a colaborar de modo activo y orgánico en la realización de la Conferencia Continental contra la Guerra Imperialista a realizarse en Montevideo el 1.1.33.[14]

Às vésperas do Congresso, foi a vez da intelectualidade uruguaia aderir ao evento contra as guerras imperialistas, num longo manifesto divulgado no boletim do Congresso Antiguerreiro e na revista argentina *Actualidad*. O texto afirmava que o encontro não seria um evento comunista, mas sim "un congreso de masas. Un congreso de obreros, de campesinos, de intelectuales, de estudiantes...".[15] As dezenas de assinaturas que subscrevam o manifesto demonstram a importância que o tema representou para a intelectualidade uruguaia.

No Brasil, um panfleto que circulou no Rio de Janeiro com data de março de 1933 clamava pela "realização legal e pública do Congresso Anti-guerrero de Montevidéo".[16]

---

12 EN MARCHA hacia el congreso continental antiguerrero. *El Trabajador Latinoamericano*, Montevidéu, n. 53-54, p. 27-28, jan./ fev. 1933.

13 LLAMADO de los intelectuales argentinos a todos los intelectuales de América. *Claridad*, Buenos Aires, n. 259, 10 dez. 1932.

14 EN MARCHA hacia el congreso continental antiguerrero. *El Trabajador Latinoamericano*, Montevideo, n. 53-54, p. 49, jan./ fev. 1933.

15 FRENTE al problema de la guerra: manifiesto de los intelectuales uruguayos. *Actualidad*, Buenos Aires, ano 1, n. 12, p. 16-17, fev. 1933.

16 INTENSIFIQUEMOS a luta contra as guerras imperialistas em defeza (sic) da União Soviética. Rio de Janeiro: Comitê de Frente Única Anti-Guerreiro do Brasil, mar. 1933. Panfletos Apreendidos pelas DESPS (n. 370)/APERJ

Era um longo chamado à mobilização de forças capazes de constituir uma Frente Única para apoiar os comitês antiguerreiros latino-americanos e colocar-se, assim, ao lado de intelectuais como Nydia Lamarque, Aníbal Ponce e Oscar Creyt. O manifesto era assinado por diversos intelectuais, entre eles o médico Osório César, indicado como presidente do Comitê Antiguerreiro do Brasil, e por Tarsila do Amaral.

O evento finalmente realizou-se entre os dias 12 e 16 de março de 1933, na cidade de Montevidéu. Dele participaram 446 delegações, sendo 382 delas representantes de sindicatos de trabalhadores industriais, doze de camponeses e *jornaleros*, quatro artistas, 23 intelectuais e 45 estudantes. As deliberações ocorreram nas dependências do Teatro Stadium, e foram regidas pelo "más amplio espíritu de democracia proletaria".[17] Essa análise, divulgada nas páginas do periódico comunista, era seguida pela informação de que, durante o Congresso, a palavra fora dada a todos os militantes, inclusive anarquistas, trotskistas e socialistas. Na mesma edição encontra-se uma interpretação eufórica do evento e de seus desdobramentos:

> Después de cinco días de sesiones en los que se trabajó intensamente discutiéndose la línea a seguir a la base de la línea general del Congreso de Ámsterdam, que se tomaran resoluciones e hicieran planes de trabajo se clausuró el Congreso en medio de delirante entusiasmo y del compromiso de las delegaciones de cada país retornar a sus sitios de trabajo y acción y trabajar denodamente (sic) por la aplicación de las resoluciones del Congreso Antiguerrero, para popularizarlo y divulgarlo entre las masas trabajadoras, campesinas, indias, estudiantiles e intelectuales, enseñando como el camino de la lucha contra la guerra imperialista y antisoviética es el camino de la aplicación consecuente de la línea antiguerrera del Congreso de Montevideo.[18]

A escassez de material impresso sobre esse Congresso – foram produzidos somente os boletins supracitados e a publicação *Frente Anti-Guerrero*, da qual tivemos acesso a uma única edição – impede a reconstituição do conteúdo das conferências que esclareceriam a participação dos militantes sindicais e também dos intelectuais presentes. Uma nota divulgada em abril de 1933 justificava a ausência dos materiais

---

17 BAJO la bandera del Congreso Latinoamericano de Montevideo. *La Internacional*, Buenos Aires, n. 3406, p. 4, 13 abr. 1933.

18 *Ibidem*.

oriundos do Congresso devido à intervenção da ditadura de Terra, que "ha creado algunas dificultades para la impresión y distribución de los materiales".[19]

A imprensa comunista destacou o pronunciamento de abertura do evento, sob a responsabilidade do professor argentino Aníbal Ponce, que iniciou sua fala declarando sua independência em relação a partidos e tendências políticas:

> Antes se refirió a su posición personal frente al movimiento antiguerrero. Dijo que no pertenecía a ninguna tendencia, ni partido, que su posición sigue siendo la de un estudioso, un hombre de biblioteca y laboratorio, que como muchos otros han tomado una actitud firme contra la guerra imperialista desencadenada en América Latina, y que amenaza arrasar con todo el mundo.[20]

Entre os intelectuais, além de Aníbal Ponce, somente Tarsila do Amaral e o dirigente comunista Gonzalez Alberdi pronunciaram conferências; as intervenções públicas foram, em sua maioria, de dirigentes operários e camponeses das inúmeras organizações presentes. A pintora brasileira estava próxima do PCB naquele momento, mas não era uma militante comunista. Seu pronunciamento versou sobre "As mulheres e a guerra"; o jornal *Justicia* apresentou um extrato da conferência:

> Analizó el papel que las mujeres han jugado y juegan en las guerras; relató, a este respecto acontecimientos que han tenido lugar durante la última lucha armada en Brasil y pasó a referirse a la situación de la mujer en la Unión soviética, donde rompe la esclavitud capitalista y la esclavitud doméstica. Ligo esto con el ataque imperialista que se prepara contra la URSS; habló de la militarización de las mujeres en Francia y Brasil a través de los planes Boncour y Goes Monteiro respectivamente y terminó haciendo un caluroso llamado a las mujeres obreras, campesinas e intelectuales a participar en las grandes acciones de la lucha antiguerrera. Fue largamente aplaudida.[21]

É importante ressaltar que a fala de Tarsila foi a única que ampliou a análise do fenômeno da guerra imperialista para outras esferas, no caso, o papel da mulher. Em

---

19   MATERIALES del Congreso Antiguerrero de Montevideo. *La Internacional*, Buenos Aires, n. 3406, p. 4, 13 abr. 1933.

20   INICIÓ ayer sus trabajos el Congreso Antiguerrero. *Justicia*, n. 3919, p. 4, 13 mar. 1933.

21   PROSIGUIÓ el ciclo de conferencias antiguerreras. *Justicia*, Montevideo, n. 3910, p. 4, 9 mar. 1933.

geral, os pronunciamentos estiveram marcados pela reafirmação das mesmas denúncias: atuação das potências imperialistas, combate ao pacifismo "estéril" e conivência dos governos Justo, Vargas e Terra com a preparação de uma nova guerra.

Ao Congresso de Montevidéu, apesar de ter sido uma iniciativa claramente comunista, compareceram inúmeras delegações anarquistas e trotskistas. Os últimos chegaram a fazer pronunciamentos, mas foram bombardeados pelos militantes dos PCs.[22] As polêmicas marcaram as crônicas do evento: as delegações anarquistas abandonaram o Congresso e formalizaram um documento, assinado por 45 delegações, no qual relatam "una apología del bolchevismo y un ataque incesante contra los anarquistas a los cuales también habían invitado a participar".[23] Os trotskistas argentinos já tinham se pronunciado a respeito do Congresso de Amsterdã, "que entregan en las manos inseguras de escritores 'izquierdistas' radicales o 'semi-radicales', la organización del luchar antiguerrero". Afirmavam ainda que tais intelectuais não tinham legitimidade para liderar o movimento: "¿Qué autoridade tienen para convocar al proletariado los González Tuñón, los Petit de Murat y Nydia Lamarque?"[24]

Essa postura era compartilhada pelo militante trotskista brasileiro Mario Pedrosa, que neste momento estava articulando a formação da FUA em São Paulo; em entrevista para o jornal *A Platéa*, declarou seu desprezo pelo Congresso de Amsterdã:

> Ele constitui-se de um amálgama heterogêneo de elementos vindos das diversas classes sociais e de organizações políticas, culturais ou sociais que, por definição, não podiam misturar as bandeiras nem deliberar em comum.
>
> Primeiro: os seus iniciadores são dois escritores pequeno-burgueses que não passam de simples pacifistas humanitários. Barbusse, que é o presidente do Congresso, se caracteriza pelo confusionismo mais abjeto, incapaz de uma atitude política definida.[25]

---

22 A exemplo da fala do "delegado trotskista", que não foi nomeado, duramente combatida por Fernando de Lacerda e Gonzalez Alberdi. Cf. LAS CONFERENCIAS del comité antiguerrero. *Justicia*, Montevideo, n. 3912, p. 4, 11 marzo 1933.

23 FRACASO del Congreso Antiguerrero. Razones del retiro de 45 delegaciones. Firmado por las 45 delegaciones disidentes, s/f [c. mar. 1933] – Microfilms (Rollo CE 6) – Cedinci, Buenos Aires

24 LIGA COMUNISTA DE LA ARGENTINA, El Congreso Antiguerrero de Montevidéu y la Liga Comunista, Buenos Aires, fev. 1933, 2f – Microfilms (Rollo CE 6) – Cedinci, Buenos Aires.

25 AS GUERRAS Imperialistas da América do Sul são reflexos das rivalidades capitalistas. *A Platéa*, São Paulo, 5 jan. 1933.

A estratégia de composição da Frente Única ainda era bastante sectária, como comprovam os seguidos ataques contra os militantes não comunistas que compareceram ao Congresso por parte da maioria comunista presente. Os militantes contra a guerra imperialista, que foram agregados ao grupo a partir da Europa, como foi o caso de Augusto César Sandino (que havia integrado o movimento Amsterdã-Pleyel desde fins de 1932), foram repelidos. Isso mostra, além do radicalismo das posições comunistas, certa autonomia de decisão do Congresso de Montevidéu; uma das resoluções tratou de expulsar o nicaraguense "por su capitulación vergonzosa ante el imperialismo yanqui y el gobierno feudal-burgués de Somoza, traicionando así el proletariado mundial".[26] Outra evidência é a condenação dos militantes apristas, a despeito de seu importante papel nas lutas anti-imperialistas no Peru e na América do Sul. Paradoxalmente, Victor Raúl Haya de la Torre, o líder do APRA, era admirado por Romain Rolland e Henri Barbusse. O jornal socialista uruguaio *El Sol* identificou essa contradição:

> Romain Rolland fue nombrado por aclamación Presidente Honorario del Congreso. Víctor Raúl Haya de la Torre, fue tratado de traidor... Romain Rolland, en más de tres oportunidades cablegrafió al Gobierno de Perú, pidiendo la libertad de Haya de la Torre, a quien considera una de las figuras más destacadas entre los luchadores en pro de las clases explotadas de nuestro continente. El mismo viejo R. Rolland, declaró públicamente su gran admiración por Haya de la Torre, a quien considera no como a un buen amigo, sino que quiere como a un hijo. [...] Muy singular contraste. Cosas de comunistas criollos.[27]

Esse prestígio dos apristas frente aos intelectuais europeus era visto com dificuldade pelos comunistas sul-americanos. É o que evidencia a correspondência de um militante comunista peruano, membro da AEAR de seu país, a Henri Barbusse. Na carta, ele explica que Haya de la Torre era o maior empecilho que eles enfrentavam para a formação de uma Frente Única; por esta razão, pedia a Barbusse e a Rolland

---

26 EXPULSIÓN de Augusto César Sandino del movimiento antiimperialista. *Frente Anti-Guerrero*, Buenos Aires, n. 1, p. 1, set. 1933.

27 ALVAREZ BISBAL, V. "Como se lucha contra la guerra", *El Sol*, Montevidéu, ano 11, n. 1073, p. 2, 23 mar. 1933.

que modificassem, publicamente e sem piedade, a opinião que tinham sobre o APRA e seu líder, e completava:

> Neste sentido o senhor e Romain Rolland poderiam nos oferecer um grande apoio, assim como ao movimento revolucionário no Peru, ao <u>corrigir a opinião que os senhores têm sobre ele</u>. É justamente uma das razões pelas quais este personagem contra revolucionário possui ainda tanto prestígio e tanta autoridade por aqui, pois conhecemos a opinião elogiosa que os senhores têm dele, e naturalmente ele soube explorar suficientemente esta opinião.
>
> Esta retificação deveria ser pública e deveria o repudiar sem misericórdia, por que um indivíduo fascista e guerreiro como ele não merece outra coisa.[28]

Essas reflexões colocam em evidência que os diálogos entre os militantes antifascistas da Europa e do Cone Sul não eram consensuais. Para a consolidação dos ideais unitaristas, tanto na Frente Única quanto na Frente Popular, uma longa tradição de sectarismo deveria ser superada. Henri Barbusse estava consciente desse fato; em diálogo com Étienne Constant,[29] a militante responsável por expandir o movimento Amsterdã-Pleyel na América Latina, afirmou: "Temos então que levar em conta este fato para não criar uma rede unicamente de comunistas em um continente onde, em geral, o Partido agiu, até pouco tempo, com muito

---

28   MACEDO, JOSÉ [*Carta*] 3 maio 1935, Sicuani, (Pérou) [para] BARBUSSE, HENRI, Paris. 2f. Notifica a fundação da AEAR no Peru e solicita apoio de Henri Barbusse – Les archives du Parti Communiste Français (PCF), Paris.

29   Étienne Constant, pseudônimo de Sophie Jancu (1901-1984). Jornalista nascida na Moldávia, de família judia, aderiu ao PCF em 1933. Adotou um pseudônimo masculino em sua militância na Europa ocidental, por meio do qual assinou inúmeros artigos na imprensa próxima ao PCF. Chamou a atenção de Henri Barbusse nessa atividade e foi convidada a secretariar o Comitê Mundial Contra a Guerra. Enquanto cumpria a função dedicou-se a expandir a articulação do movimento Amsterdã-Pleyel para a América Latina, apesar de não constar em sua biografia no verbete do Maitron. Sua atividade de maior destaque é a coordenação do Comitê de Ajuda ao Povo Chinês, em meados de 1935. Foi companheira do militante comunista Gabriel Peri e participou da resistência à ocupação nazista na França. Disponível em: <maitron-en-ligne.univ-paris1.fr/spip.php?article20536>. Acessado em: 21 mar. 2012.

sectarismo no que concerne a luta contra a guerra e o fascismo".[30] A ausência de uma rede confiável de militantes no continente era uma das razões pelas quais Barbusse não compareceu ao encontro de Montevidéu e também não enviou a Comissão de Investigação que tinha sido anunciada. Justificou sua atitude com o seguinte comentário: "Parece-me indispensável começar pelo começo, quer dizer, estabelecer ligações seguras, antes de pensar em realizar iniciativas tais como a Comissão de Enquete na região do Gran Chaco ou como [a presença de] uma delegação em um congresso importante".[31]

Sua posição foi irredutível, mesmo frente à insistência de Luiz Carlos Prestes, que enviou uma carta aberta a Barbusse solicitando maior atenção do movimento Amsterdã-Pleyel ao conflito no Chaco.[32] Em meados de 1934, Barbusse ainda não havia encontrado os desejados intermediários para articular a luta contra a guerra e o fascismo na América Latina:

> Eu recebi a carta de Prestes que será publicada brevemente. Eu ainda estou extremamente preocupado com tudo o que concerne ao México, a América Latina Central e a América do Sul, onde nós temos muita simpatia e certamente muitas possibilidades, mas onde nós ainda não conseguimos organizar metodicamente os comitês em vista de um movimento contínuo. A grande dificuldade que nós enfrentamos e sobre a qual me queixo frequentemente, é que nós não temos os homens necessários para servir de intermediários e agentes de ligação. Inumeráveis experiências que nós fizemos finalmente fracassaram por meio desta falta de intermediários qualificados e de agentes de ligação seguros. Quando da minha viagem aos Estados Unidos, eu fiz novas tentativas, que infelizmente não deram quase

---

30 BARBUSSE, HENRI. [*Carta*] 2 dez. 1934, s.l. [para] CONSTANT, ÉTIENNE. s.l. 1f. Solicita orientação sobre a expansão do movimento contra a guerra e o fascismo na América Latina – Les archives du Parti Communiste Français (PCF), Paris.

31 *Ibidem*

32 PRESTES, Luiz Carlos. Carta al Compañero Barbusse. *Soviet*, Buenos Aires, ano 2, n. 9, p. 7-8, set. 1934. A carta, traduzida para o francês, se encontra nos arquivos de Barbusse custodiados pela Association Républicaine des Anciens Combattents (ARAC), em Villejuif.

nenhum resultado, mesmo que nós pareçamos ter em mãos muitos elementos de sucesso.[33]

Apesar deste fato, os movimentos antifascistas e antiguerreiros no Cone Sul passaram a se desenvolver mesmo sem contar com uma coordenação central. Ainda que pequena, a participação de intelectuais no Congresso latino-americano antiguerreiro de Montevidéu advinha da proximidade de vários deles com os partidos comunistas; no entanto, é tão quanto ou mais significativo o apelo ao engajamento dos intelectuais feitos por Henri Barbusse e Romain Rolland, apesar disso também não significar adesão irrestrita às opiniões dos intelectuais franceses.

A fala do argentino Emilio Troise, no final do Congresso, evidencia a relevância dos intelectuais franceses para a luta no Cone Sul:

> No quiere refutar las porquerías trotskistas pero pide al Congreso repudie las calumnias lanzadas por estos contra Romain Rolland y Henri Barbusse, que con solo escribir "El Fuego" ha librado una grandiosa batalla contra la guerra.[34]

Poucos meses após o fim do encontro, a mobilização em torno da luta antiguerreira aproximou-se da temática antifascista. A ascensão de Adolf Hitler ao poder na Alemanha, no princípio daquele ano, adicionou mais um elemento à ameaça de uma nova guerra. No periódico comunista *La Internacional*, um chamado ao "aprofundamento do movimento de Montevidéu" declarava que "el advenimiento de Hitler en Alemania precipita ese peligro de guerra".[35] A edição do periódico *Frente Anti-Guerrero* também entendia que a ameaça hitlerista fazia parte de uma "ola de feroz reacción [que] pretende aplastar y aniquilar la fibra combativa de las masas trabajadoras".[36] O que se vê nesse momento é que à luta antiguerreira

---

33   BARBUSSE, HENRI [*Carta*], 16 juil. 1934, s.l. [para] ANÔNIMO. S.l. 1f. Relata a articulação do movimento contra a guerra e o fascismo na América Latina – Les archives du Parti Communiste Français (PCF), Paris.

34   CRÓNICAS del congresso. *Justicia*, Montevidéu, n. 3915, p. 4, 15 mar. 1933.

35   PROFUNDICEMOS el movimiento de Montevideo. *La Internacional*, Buenos Aires, n. 3409, p. 4, 12 jun. 1933.

36   EL CONGRESO antifascista de Santiago. *Frente Anti-Guerrero*, Buenos Aires, n. 1, p. 4, set. 1933.

e anti-imperialista foi agregada a luta contra o fascismo, entendido como uma manifestação reacionária.

Os movimentos antiguerreiros nos países do Cone Sul logo incluíram entre os seus motes de luta a batalha contra o fascismo. Eles foram marcados pelos ideais da Frente Única, mas ainda assim possibilitaram a aproximação de muitos intelectuais; ativos até meados de 1934, foram gradativamente dando espaço às Frentes Populares, momento em que a mobilização do intelectual atingiu seu auge.

CONGRESSO DE ESCRITORES PELA DEFESA DA CULTURA EM PARIS (1935)

O Congresso de Escritores pela Defesa da Cultura realizou-se em Paris entre 21 e 25 de junho de 1935, na Sala da Mutualité. Como já foi dito antes, o evento disseminou o mote "defesa da cultura" que deu novo ânimo à luta dos intelectuais contra o fascismo em diversas partes do mundo. No Cone Sul, o encontro de escritores de Paris foi amplamente saudado na imprensa antifascista e acabou por motivar o desejo de realização de eventos nos mesmos moldes em seus respectivos países.

Além disso, a ressonância do evento nos países em foco pode ser atestada a partir da reprodução, na imprensa sul-americana, dos discursos dos escritores presentes no encontro; a heterogeneidade de vozes permitiu a incorporação na imprensa de diferentes versões do evento, mostrando mais uma vez que o antifascismo comportava dissidências e polêmicas.

Inicialmente, é necessário pontuar que a mais recente historiografia sobre o Congresso de Escritores pela Defesa da Cultura de Paris comprova a complexidade das forças políticas envolvidas na preparação do encontro, e permite refutar a "lenda"[37] da promoção e financiamento do evento pela IC, interpretação compartilhada por Lottman (1985) e Winock (2000).

Segundo Wolfgang Klein, a exaustiva pesquisa sobre as correspondências entre escritores comunistas (especialmente Jean Richard-Bloch, Henri Barbusse e Johannes R. Becher) com dirigentes soviéticos e com o próprio Stalin[38] mostrou que havia dois projetos para a realização do Congresso, e o que foi realizado partiu da iniciativa dos

---

37   Wolfgang Klein (2005, p. 35-36) refere-se à lenda que situa Willi Munzemberg em todas as ações de propaganda do Komintern nas décadas de 1920 e 1930.

38   As correspondências mostram que Henri Barbusse possuía uma relação bem próxima de Stalin; ao escritor francês eram concedidas seguidas entrevistas, as quais subsidiariam a biografia do ditador intitulada "Staline: Un monde nouveau vu à travers un homme", publicado em 1936 após a morte do escritor.

escritores comunistas franceses e exilados alemães, e não de Barbusse, que naquele momento era encarregado diretamente por Stalin de coordenar a ação.

A ideia de Stalin,[39] via Barbusse, era promover um encontro de escritores "em estreita colaboração com o movimento Amsterdã-Pleyel". No entanto, o manifesto elaborado por Henri Barbusse e enviado aos escritores não foi bem recebido, tendo sido criticado por sua radicalidade e sectarismo por parte daqueles que, como Henrich Mann e Romain Rolland, foram fundamentais para a mobilização de seus pares. (KLEIN, 2005, p. 44-46).

A correspondência enviada por um intelectual português a Henri Barbusse evidencia mais uma recepção negativa do documento. Nesse sentido, o missivista alertou:

> Se você tem a intenção de sistematizar a ação de amigos e simpatizantes, na órbita bolchevista, é necessário circulá-lo como está. Mas, se você pensa mobilizar a adesão fora desta esfera, eu peço a permissão de te dizer que é infinitamente mais prático dourar a pílula.
>
> Se a peça fosse de minha composição, eu falaria da indigna conspiração contra a URSS, da necessidade de os deixarem fazer livremente seu vasto ensaio político-social já que nós não somos tão seguros de nossas verdades sociológicas e já que todo o mundo compreende que as reformas sociais se impõem a cada dia mais. Mas, eu não me arriscaria a desenvolver uma franca apologia.[40]

Em paralelo, houve a atuação de Becher e Ilya Ehremburg e alguns membros ativos da AEAR (como André Malraux, André Gide, Jean Richard-Bloch e Louis Aragon), que acabaram por formular um apelo ao qual a maior parte dos escritores aderiu. Desa forma, a iniciativa deste grupo de escritores comunistas acabou se tornando mais forte do que a de Stalin, o que leva Klein (2005, p. 47) a concluir que o Congresso foi uma iniciativa dos comunistas, mas não da IC.

---

39   A ideia era a eliminação da União Internacional dos Escritores Revolucionários (UIER ou MOPR, em russo) e a criação de uma nova organização, que seria chamada possivelmente de União Internacional de Escritores. Com esse objetivo, Barbusse formulou o apelo, "Pour une ligue international des écrivains", que foi chamado de "excessivamente militarista" por Romain Rolland.

40   VARELA, A. [*Carta*] 3 jan. 1935, Lisbonne [para] BARBUSSE, HENRI, s.l., 1f. Recomenda a Barbusse alterações no tom do manifesto para a criação da União Internacional de Escritores – Les archives du Parti Communiste Français (PCF), Paris.

Barbusse, a contragosto, aderiu aos preparativos do evento, que acabou por congregar escritores de diversas tendências políticas e de diferentes nacionalidades (TERONI, 2005, p. 18). O evento mobilizou uma heterogeneidade de vozes não prevista pela IC: alguns escritores se posicionaram firmemente contra a falta de liberdade na URSS e pela libertação de Victor Serge.[41] Apesar de todas as controvérsias nos bastidores, Henri Barbusse ainda desempenhou um papel relevante na mobilização internacional. O relato de Raúl González Tuñón, um dos poucos latino-americanos a dar testemunho sobre o Congresso de 1935, coloca Barbusse no centro de sua narrativa. Em seu texto publicado no *Unidad*, relatou o seguinte:

> Paris. Palais de la Mutualité. Barbusse tiene aún un cigarrillo entre los labios pero su sonrisa es nueva. No está solo. Lo más brillante de la intelectualidad del mundo lo acompaña. Está a su lado Gide, entre el humo y la ceniza, ceño fruncido, mano nerviosa. Está el saludo de Gorki. Está Heinrich Mann, el desterrado. Está Tristan Tzara, leader del arte purismo que va a reclamar una poesía revolucionaria. Está Michael Gold y detrás de él las tres Américas. Está el mensaje de Romain Rolland, sobre la mesa, al lado de las adhesiones calurosas de Valle Inclán, Machado...[42]

A presença do argentino no evento foi responsável por uma relação específica que passou a ocorrer entre grupos de intelectuais desse país com a intelectualidade francesa reunida no Congresso. A situação política argentina encontrou espaço nos debates do evento: foi enviada uma moção de repúdio dos franceses à situação política na Argentina, publicada na revista *Izquierda*.[43]

---

41 Victor Serge foi um escritor de tendências anarquistas que colaborou na Revolução Russa. Profundamente anti-estalinista, Serge é preso na URSS em 1933 acusado de ser trotskista. As pressões pela libertação de Serge, oriundas do Congresso de Escritores pela Defesa da cultura, em Paris, foram cruciais para a libertação do militante, que se exilou primeiro na França e depois no México.

42 GONZÁLEZ TUÑÓN, Raúl."Los escritores católicos en el Frente Popular", *Unidad, por la defensa de la cultura*, Buenos Aires, ano 1, n. 1, p. 14, jan. 1936.

43 A moção dizia:"Escritores de diversos países y variadas creencias e ideas políticas protestamos, en nombre de la dignidad del pensamiento y de la libertad de expresión, contra la política represiva ejercida por ciertos gobiernos latino-americanos que, como el de la Argentina sostiene una Sección Especial de Policía dedicada a perseguir a escritores y artistas y a intentar contra ellos procesos desprovistos de todo fundamento. (firman) Michael Gold, Waldo Frank, André Gide, Henri Barbusse, André Malraux etc." Cf. DECLARACIÓN del congreso internacional de escritores por la defensa de la cultura. *Izquierda*, Buenos Aires, ano 1, n. 6, jun./ jul. 1935.

Nos países onde não houve esse contato direto, foi amplamente difundido na imprensa o plano de trabalho do Congresso, com a pauta de temas que seriam discutidos, bem como as resoluções finais, fato que não ocorreu na Argentina. As notícias do evento relatadas por Tuñón demonstram que, mais uma vez, o escritor foi o mediador dos diálogos entre os intelectuais franceses e os de seu país.

Já no Uruguai, concomitantemente às primeiras notícias da realização do Congresso em Paris, foi iniciada a articulação para que fosse organizado um congresso nacional de escritores. Esse fato passou a obter maior destaque na imprensa do que o próprio evento francês; ele foi realizado em setembro de 1935 e acabou dando origem à AIAPE uruguaia.

No Brasil, o Congresso de Escritores de Paris recebeu enorme atenção na imprensa antifascista, como em *Marcha* e *Movimento*. Ressalte-se que as primeiras edições dos dois periódicos divulgaram a atuação dos intelectuais franceses, o que demonstra o interesse em estabelecer um paralelo entre a atuação dos intelectuais no âmbito nacional e internacional. Como já foi mencionado, o Club de Cultura Moderna (CCM) também se interessou pela realização de um encontro nesses moldes, projeto que foi interrompido pela repressão. No editorial de setembro de 1935, *Movimento* reafirmou que a ideia do encontro de escritores foi inspirada na iniciativa francesa:

> Os escritores devem responder a essa ameaça [do fascismo] com uma atitude ativa e desassombrada. O Congresso de Escritores de Paris mostrou o caminho que deverá ser por nós trilhado. Um congresso de escritores da América Latina deve concretizar, no nosso continente, as diretrizes e o papel do escritor na luta pela liberdade de cultura, por sua ampliação e contra o fascismo e a guerra.[44]

O Congresso de Escritores pela Defesa da Cultura de Paris inspirou ainda uma interessante reflexão sobre o papel do escritor e do intelectual no Brasil, feita por Aníbal Machado. O autor entendeu o encontro de Paris como uma continuidade do Congresso de Escritores Soviéticos de 1934, apesar do encontro de Paris enfrentar uma situação mais complexa por ser realizado em um país capitalista. Enquanto no de Moscou os escritores se reuniram somente para "confirmarem certas diretrizes e

---

44   O CLUB de Cultura… *Movimento, revista do Club de Cultura Moderna*, Rio de Janeiro, ano 1, n. 1, p. 3, maio 1935.

retificar a linha geral da ação literária", no de Paris o escritor revolucionário trabalhou acuado pela reação.

Como os escritores brasileiros não foram convidados para o encontro de Paris, Machado argumentou que a explicação estava no fato de que ainda não existia uma literatura revolucionária consolidada no país:

> A indiferença e cegueira social dos nossos escritores mais conhecidos em face dos problemas que estão se agitando diante do nosso nariz, não nos dá ainda direito de reclamar um convite para esse congresso de tão culta significação. Aliás, já anteriormente, um acontecimento histórico da importância do Congresso Soviético de Escritores realizado em agosto do ano passado, teve entre nós uma repercussão ridícula, facto que se explica, não tanto pela pressão das forças reacionárias sempre mais bem organizadas nos países capitalistas, onde a omissão de determinado noticiário pela imprensa é efeito de um sistemático boicote, mas principalmente pelo estado de meio sonambulismo em que vivem os nossos escritores, estado de que não querem se despertar nem mesmo diante do clamor das nossas massas em franco período de consciência e organização. Sem dúvida, diante da crise mundial é a geração intelectual mais nova do Brasil que está tomando a si e de maneira a admitir as melhores esperanças, essa tarefa de compreensão e ação cultural.[45]

Essa interpretação de Machado deriva de um entendimento do Congresso de Paris como uma plataforma exclusiva do escritor revolucionário e não como um debate entre diferentes vozes em torno de questões urgentes daquele momento. No entanto, a heterogeneidade de vozes presentes no evento francês mostra o contrário. A variedade pode ser confirmada pela leitura dos discursos de diferentes autores que foram publicados na imprensa do Cone Sul.

As publicações selecionaram, entre a variedade de discursos, aqueles que melhor reproduziam sua compreensão do papel do escritor e da cultura na transformação da sociedade. Foi o caso de *Sur*, que traduziu a fala do inglês Aldous Huxley, claramente crítica e dissonante em relação aos que defendiam a literatura engajada, que ele definia como "peças de propaganda". Tal opinião era compartilhada pelos representantes da revista argentina que militavam contra o fascismo a partir da chave liberal.

---

45 MACHADO, Aníbal."Um Congresso internacional de escritores", *A Manhã*, Rio de Janeiro, ano 1, n. 38, p. 3, 8 jun. 1935.

Além da fala de Huxley, o discurso de abertura de André Gide e as colocações de Paul Vaillant-Couturier foram os mais reproduzidos na imprensa do Cone Sul. Gide iniciou sua locução afirmando que "a literatura nunca esteve tão viva. [...] De onde vem, então, o que escutamos dizer que a cultura está em perigo?"; nesse caso, não era preciso dizer que se referia aos países vizinhos (GIDE apud TERONI; KLEIN, 2005, p. 73). Na revista *Movimento*, a frase, ligeiramente modificada, serviu de base para o editorial que insistia na importância da realização do congresso de escritores brasileiros.[46]

O discurso de Vaillant-Couturier também se iniciou com um postulado de impacto: "O socialismo não faz correr perigo algum à cultura". A frase fora feita em resposta à fala de Julien Benda que pregava o não envolvimento dos "clérigos" com as questões políticas. A questão gerou polêmica no congresso e suscitou um debate do qual participaram Jean Ghéheno, Paul Nizan e Henri Barbusse, os três em defesa da ideia de que o socialismo não levava a uma ruptura com a tradição humanista como sugeria Benda (TERONI; KLEIN, 2005, p. 20).[47]

No boletim da AIAPE uruguaia, o discurso de Paul Vaillant-Couturier foi reproduzido, utilizando possivelmente *Commune* como fonte.[48] As questões que pautavam o debate entre Benda-Vaillant-Couturier eram muito semelhantes àquelas debatidas entre os intelectuais da AIAPE, como o já referido entre Rodiney Arismendi e Roberto Ibañez em torno das relações entre o marxismo e a arte, mostrando que choque entre as duas concepções de cultura estava na base da luta antifascista naquele momento.

A criação da Associação Internacional em Defesa da Cultura (AIDC), com sede em Paris, foi uma das ações derivadas do Congresso. É a partir dela que muitos dos diálogos entre a intelectualidade francesa e as agrupações do Cone Sul (no caso

---

46   O CLUB de Cultura... *Movimento, revista do Club de Cultura Moderna*, Rio de Janeiro, ano 1, n. 1, p. 3, mai. 1935.

47   O discurso de Julien Benda afirma haver a necessidade de verificar, antes do início dos debates, se havia consenso em torno do tema a ser debatido para se definir "qual cultura haveria de ser defendida". Assim, ela pontua as duas concepções em jogo: "uma fundada na autonomia do espiritual, outra sobre a continuidade entre os domínios econômicos e literários, e portanto, a existência de dois humanismos".

48   VAILLANT-COUTURIER, Paul. "La defensa de la cultura", *AIAPE, por la defensa de la cultura*, Montevidéu, ano 1, n. 9, p. 1, out./ nov. 1937; IDEM, "La défense de la culture", *Commune*, Paris, ano 3, n. 23, jul. 1935.

brasileiro, indivíduos ou revistas) que se entendiam como parte desse movimento, eram estabelecidos.

Os primeiros meses de atuação da AIDC foram conturbados devido a problemas como as tentativas de interferência da IC nas resoluções do Congresso, a falta de dinheiro e a ausência de uma direção que coordenasse as atividades. Johannes Becher, responsável por toda a articulação do Congresso, foi chamado de volta a Moscou. Henri Barbusse estava descontente e se pronunciou contra as resoluções finais do Congresso por considerá-las "tímidas e mesmo medíocres" (TERONI; KLEIN, 2005, p. 573). A direção acabou ficando a cargo de André Malraux, Luis Aragon e René Etiemble.

No final do ano de 1935 a União Internacional de Escritores Revolucionários (UIER/MOPR) foi finalmente extinta, com a perspectiva de que a AIDC ocupasse seu lugar. Contudo, uma organização da IC sediada em Paris que tinha pouca influência soviética não inspirava a confiança de Stalin, que liberava pouco ou nenhum recurso para sua existência (TERONI; KLEIN, 2005, p. 579).

Enquanto organização internacional, a AIDC não obteve uma atuação destacada, possivelmente por conta das dificuldades apontadas acima. No entanto, percebe-se na atuação dos intelectuais do Cone Sul algumas ações comuns à associação parisiense, como as celebrações do aniversário de setenta anos de Romain Rolland, com um ato em Paris e um número especial da *Revista Acadêmica* no Brasil;[49] a mobilização contra a invasão da Etiópia por Mussolini; a solidariedade a Carl Von Ossietzky[50] e especialmente a solidariedade ao povo espanhol, como será visto mais adiante (TERONI; KLEIN, 2005, p. 582-583).

O Congresso de Escritores pela Defensa da Cultura de Paris obteve maior repercussão na imprensa brasileira possivelmente porque o ano de 1935 representou uma época de maior mobilização política no país. Além disso, a intelectualidade no Brasil esteve articulada em organizações em torno da "defesa da cultura" somente por um breve período, não logrando dar continuidade a uma maior mobilização.

---

49 A edição n. 22 de setembro de 1936 da *Revista Acadêmica* foi toda dedicada a Romain Rolland, a partir de depoimentos de intelectuais franceses e brasileiros.

50 Carl von Ossietzky foi um escritor alemão que foi aprisionado em um campo de concentração por se opor ao regime nazista. Ele ganhou o prêmio Nobel de 1935. A revista *Diretrizes* (ano 1, n. 3, jun. 1938, p. 55) e o boletim *AIAPE, por la defensa de la cultura* (ano 1, n. 2, dez. 1936, p. 3) renderam homenagem a ele.

Diferentemente do Brasil, a Argentina e o Uruguai elaboraram suas próprias respostas aos eventos europeus; no caso argentino, Tuñón e Aníbal Ponce articularam a fundação da AIAPE a partir de suas convivências com a intelectualidade francesa. Já no Uruguai, foi realizado, ainda no âmbito da CTIU, um Congresso de Escritores, que permitiu a apropriação do debate ocorrido na Europa pela intelectualidade do país em busca de soluções próprias.

Pelo exposto, pode-se concluir que a importância dada aos eventos europeus foi inversamente proporcional à intensidade dos movimentos antifascistas nos âmbitos nacionais. Ou seja, quanto mais frágil era a tradição de luta no país, mais eram valorizados os exemplos estrangeiros.

II CONGRESSO DE ESCRITORES PELA DEFESA DA CULTURA NA ESPANHA (1937)

O segundo encontro de escritores, promovido pela Associação Internacional pela Defesa da Cultura (AIDC), foi realizado na Espanha, durante a Guerra Civil. O Congresso peregrinou por diversas cidades daquele país, entre os dias 4 e 17 de julho de 1937, e as duas sessões finais foram realizadas em Paris.[51] O evento teve o apoio da seção espanhola da AIDC, a Alianza de Intelectuales Antifascistas por la Defensa da Cultura, criada em 1936 logo após o início da guerra.

A mobilização em prol da Espanha pelos intelectuais antifascistas sul-americanos foi muito ampla e mereceria um trabalho específico sobre o tema. Nessa pesquisa destacam-se apenas alguns pontos: a participação de sul-americanos no II Congresso de Escritores e suas repercussões na imprensa do Cone Sul. No capítulo 5, apresentaremos-se ainda um estudo mais aprofundado sobre as reflexões dos intelectuais a respeito de seu papel naquele conflito. Para permanecermos focados na proposta desta pesquisa, a de mapear e analisar os diálogos intelectuais entre sul-americanos e franceses na luta antifascista, a Espanha deve ocupar um lugar subsidiário, apesar de ser um tema praticamente obrigatório quando se trata do antifascismo.

A respeito do II Congresso de Escritores, não foram encontradas referências historiográficas mais recentes sobre o tema. Continua atual a obra de Mario Schneider e Manuel Aznar Soler, na qual foram compilados os discursos, memórias e testemunhos do evento. Para Schneider, o encontro foi "una reunión más deliberante que resolutiva; más discursiva,

---

51 O Congresso se iniciou em Valência, continuou em Madri (entre 5 e 8 de julho), retornou a Valência (10 de julho), seguiu para Barcelona (11 de julho) e terminou em Paris (16 e 17 de julho de 1937).

más declamatoria que decisiva" (SCHNEIDER, 1987, p. 58). Os autores não chegaram a atribuir um papel central à IC na organização e desenlace dos debates, apesar de afirmarem a importância da delegação soviética e uma segura coordenação feita pelos inúmeros membros do PCF presentes no encontro; a comitiva francesa incluía Julien Benda, André Malraux, Luis Aragon, Paul Nizan, Jean Richard Bloch, Paul Vaillant-Couturier, entre outros. A quase total ausência de polêmica, segundo os autores, derivou de uma aparente repetição dos temas nos discursos, qualificados como "actos reiterativos, pesadamente monótonos, tanto que después dela tercera sesión los discursos parecen haber sido escritos y pronunciados por uma sola persona"[52] (SCHNEIDER, 1987, p. 198). Muito subsidiariamente a obra aborda os embates em torno da repercussão do livro *Retorno da URSS*, de André Gide, publicado em 1936 (e dos desdobramentos de *Retoques a meu Retorno da URSS*, de 1937); segundo o autor, os comentários que circularam nos dias do evento teriam resultado num posicionamento coletivo sobre o tema:

> El caso Gide sirvió para poner en claro las posiciones de los asistentes al Congreso que se dividió también en dos bandos como se dividió también el grupo de escritores españoles. Concretamente pienso que la ponencia colectiva contra el realismo socialista y en defensa de la libertad individual de creación aun cuando se está al servicio de una sociedad, fue resultado de las discusiones provocadas en torno al libro de Gide. (SCHNEIDER, 1987, p. 145)

Outra dissonância foi o discurso do poeta peruano Cesar Vallejo, que lhe valeu um isolamento intelectual até sua morte em 1938, em Paris (MASPERO, 2011; LÓPEZ SORIA, 1980). O discurso de Vallejo mesclava um misticismo cristão com uma dose de imaginação barroca, e acabou por acusar diretamente os intelectuais de não cumprirem com suas responsabilidades ao se calarem "ante las persecuciones de los gobernantes imperantes". Vallejo afirmou, perante os ouvintes reunidos que "nadie pronuncia una sola palabra en contra, y esta es una actitud muy cómoda" (AZNAR SOLER; SCHNEIDER, 1987, p. 116-117). Acusado de ser trotskista, Vallejo representava naquele momento apenas uma voz discordante da ortodoxia dos stalinistas presentes no evento.

---

52   A afirmação é reiterada por Tuñon: "Não houve polêmica porque nós estamos todos de acordo sobre o ponto essencial". Cf. GONZÁLEZ TUÑÓN, Raúl. "AU 1er. CONGRÈS international des écrivains...", *Commune*, Paris, ano 5, n. 49, set. 1937.

Quanto à participação direta de intelectuais sul-americanos no II Congresso de Escritores, encontramos referências apenas aos aiapeanos argentinos Córdova Iturburu, Raúl González Tuñón e Pablo Rojas Paz.[53] Tuñón estivera na Espanha desde princípios de 1935, logo após o levantamento dos mineiros de Astúrias em outubro do ano anterior; nessa ocasião conhecera Dolorres Ibarruri, Pablo Neruda (cônsul do Chile em Madri) e muitos poetas espanhóis, como Manuel Altolaguirre, León Felipe, Miguel Hernández, entre outros (ORGAMBIDE, 1998, p. 116-121).

De volta a Buenos Aires, em princípios de 1936, publicou *8 documentos de hoy*, que reunia textos relacionados a sua temporada na Espanha. Com o início da guerra, em julho daquele ano, articulou, junto com os espanhóis emigrados na Argentina, a possibilidade de trabalhar como correspondente no periódico *La Nueva España*, publicado pelo grupo de espanhóis emigrados. Com Iturburu, correspondente do diário *Crítica*, partiu para a Espanha no início de 1937; na viagem de navio os acompanhou Jules Supervielle, numa de suas constantes idas e vindas pelo Atlântico (ORGAMBIDE, 1998, p. 141).

O comprometimento de Tuñon com a Guerra Civil espanhola foi intenso. Um poema de sua autoria, em homenagem à jovem militante Aída Lafuente ("La Libertária"), morta na revolta de Astúrias em 1934, foi incorporado ao cancioneiro da guerra; segundo informação constante em sua biografia, o poema transformado em canto acabou perdendo sua autoria ao longo dos primeiros anos do conflito, ao ser incorporado no imaginário simbólico da luta antifascista. Segundo relato de Orgambide:

> Otro día, en medio de la guerra, Raúl asiste a un acto político en un teatro. Al final, un coro canta "La Libertaria".
>
> Raúl se acerca y pregunta
>
> ¿De quién es esta canción?

---

[53] Segundo Schneider (1987, p. 59), outros latino-americanos participaram do II Congresso de Escritores pela Defesa da Cultura: o peruano Cesar Vallejo; os chilenos Vicente Huidobro, Pablo Neruda e Alberto Romero; os mexicanos Octávio Paz, Carlos Pellicer, Juan de la Cabada, José Chavez Morado, Fernando Gamboa, José Mansidor, Gabriel Lucio, Silvestre Revueltas, Blanca Lydia Trejo; os cubanos Alejo Carpentier, Leonardo Fernandez Sánchez, Juan Marinelo, Nicolás Guillén, Félix Pita Rodriguez; o costa--riquenho Vicente Sáenz. Da lista apresentada nas atas do Congresso não contam as mulheres dos escritores, como Amparo Mom, Elena Garro etc., que contribuíram com reportagens e relatos sobre o evento.

> No lo conocemos. Es un autor anónimo. [54]

Durante o Congresso, Tuñón fez alguns pronunciamentos. O primeiro, em 6 de julho, na sessão de Madri, na qual afirmou que trazia uma mensagem da Argentina, "mensaje de los escritores y artistas dignos de Buenos Aires". Em sua locução, o argentino não se identificou como representante da AIAPE uruguaia ou de qualquer outro país sul-americano. Mas procurou justificar a ausência de outras vozes da América fazendo referência ao contexto político repressivo que afligia todos os países latino-americanos (incluindo o Brasil). Nessa justificativa afirmou:

> En la mayor parte de América Española, contando el Brasil, las minorías reaccionarias y fraudulentas valiéndose de medios que van desde la dudosa legalidad al crimen descarado, impiden el pronunciamiento de la mayoría, ahogan la libertad de prensa y de reunión, entregan las riquezas a los imperialismos, traban la acción sindical y persiguen a los intelectuales. Por eso no ha sentido en España, de una manera viva, la solidaridad de toda la América española, con excepción gloriosa de Méjico. Pero esa solidaridad existe. El clamor de toda la América en favor de España es tan unánime, tan angustioso, tan ardiente, que es ya un arma de lucha: como nunca América está unida a España y como nunca el destino de América depende de España. (SCHNEIDER, 1987, p. 88)

Na sessão de encerramento, em 17 de julho em Paris, Tuñón declarou que a delegação "hispano-americana" havia trabalhado em conjunto para a criação de uma seção de propaganda com o objetivo de fomentar a ajuda à Espanha em todos os países de língua espanhola e, além disso, divulgar entre eles "uma visão da Espanha, de sua guerra, de suas necessidades e seus problemas".[55] Note-se que, nessa fala, Tuñón excluía definitivamente o Brasil da comitiva que participara dos eventos e dos projetos de solidariedade à Espanha dele decorrentes. Ainda assim, o grupo cumpriu um relevante papel frente a todos os grupos de auxílio ao povo espanhol surgidos na América

---

54 Orgambide (1998, p. 122-123) transcreve o poema completo, do qual destacamos o seguinte trecho: "Estaba toda manchada de sangre, /estaba toda matando a los guardias,/estaba toda manchada de barro,/estaba toda manchada de cielo,/Estaba toda manchada de España".

55 Cf. GONZÁLEZ TUÑÓN, Raúl. "AU 1er. CONGRÈS international des écrivains...", *Commune*, Paris, ano 5, n. 49, set. 1937.

Latina, bem como na divulgação para a imprensa de versões alternativas sobre a guerra, que punham em xeque as versões publicadas nos grande meios.

Tuñón aludiu, ainda nesse discurso, ao ineditismo do comparecimento dos hispano-americanos no evento, atribuindo o sucesso às atividades da AIDC. Apesar da ausência de representantes uruguaios na reunião, a resolução final do II Congresso de Escritores pela Defesa da Cultura fez referência a dois delegados uruguaios como representantes da AIDC naquele país: os aiapenanos Emilio Oribe e Pereda Valder (sic) [Idelfonso Pereda Valdéz].

> É pela primeira vez, podemos dizer, que os escritores destes países distantes, nos quais a tragédia e as possibilidades magníficas são ignoradas, se unem sobre uma tribuna com seus mais ilustres colegas europeus. Isto é um milagre da solidariedade internacional, um milagre de nossa Associação. E ainda mais: é a Espanha que nos reuniu. [56]

Iturburu também se pronunciou na sessão de Madrid, aproveitando para propor um projeto de resolução para o evento, em nome da delegação argentina (SCHNEIDER, 1987, p. 73-78). Não há evidências de que a proposição tenha sido incorporada no pronunciamento final. A vivência do poeta na Espanha resultou no livro *España bajo el comando del pueblo*, publicado em 1938.

As primeiras notícias do evento chegaram às páginas do *Unidad* narradas por Álvaro Guillot Muñoz.[57] Tuñón e Iturburu ainda estavam na Espanha quando seus discursos foram publicados nos periódicos das AIAPES do Uruguai e da Argentina.

A mobilização a favor dos republicanos espanhóis no Uruguai foi tão ou mais intensa do que as ocorridas na Argentina. Pablo Rocca corroborou a importância dessa mobilização, referindo-se à solidariedade com a República espanhola como motor da AIAPE uruguaia:

> Sea como fuere, todo indica que en Argentina el movimiento intelectual antifascista careció de la eficacia del que articularan los uruguayos con la República española. Un movimiento que, con rápidos reflejos, empezó

---

56   Idem.
57   GUILLOT MUÑOZ, Álvaro. "El significado del Congreso de Escritores de Valencia", *Unidad, por la defensa de la cultura*, Buenos Aires, ano 2, n. 1, p. 4, ago. 1937.

por juntar los poetas en las antologías de 1937 y en agrupaciones – entre las que se destacó AIAPE... (ROCCA, 2009, p. 30)

O clima pró-republicano entre os intelectuais antifascistas do Prata fica evidente com as reações à visita do espanhol Gregório Marañón ao Uruguai e Argentina (e também Brasil), em 1937. O médico e escritor apoiara a República espanhola, mas a partir do início do conflito passou a condenar os comunistas. Visto como um "traidor da causa republicana", Marañón exilou-se na França e só retornou à Espanha durante a ditadura de Francisco Franco.

A AIAPE do Uruguai pronunciou-se veementemente contra ele, afirmando que os intelectuais da associação não tinham "interés ni en escuchar su palabra ni en estrechar su mano".[58] Na Argentina, Marañón foi recebido por Victoria Ocampo, o que despertou críticas de José Bergamín (PASTERNAC, 2005, p. 14-15).[59]

Em comparação com o que ocorreu no Uruguai e na Argentina, a mobilização da intelectualidade brasileira contra a presença de Marañon no país foi débil, e as repercussões do II Congresso de Escritores foram mínimas. O ânimo em torno da mobilização dos escritores visto por ocasião do I Congresso, realizado em 1935, havia sido praticamente destruído, fazendo com que esparsas referências ao evento tenham aparecido na imprensa do período. A maior repercussão foi registrada na *Revista Acadêmica*, vista como um oásis de militância em meio aos anos turbulentos da repressão.

Em agosto de 1937, certamente animada pelo II Congresso de Escritores pela Defesa da Cultura da Espanha, a edição apareceu recheada de referências ao conflito espanhol. No entanto, o único relato sobre o evento foi, paradoxalmente, a reprodução do discurso do general Miaja; entre tantas vozes de intelectuais, o pronunciamento do militar republicano foi o escolhido para pautar as discussões sobre o tema. Miaja foi também uma voz desconfortável à audiência do II Congresso de Escritores por exclamar a necessidade urgente de auxílio material, e não somente o moral, como o concedido por aquele tipo de encontro (SCHNEIDER, 1987, p. 91). No discurso reproduzido na *Revista Acadêmica*, Miaja faz referência à "passividade dos espectadores":

---

58 EL COMITÉ DIRECTIVO DE LA AIAPE. Ante la llegada del doctor Marañon. *AIAPE, por la defensa de la cultura*, Montevidéu, ano 1, n. 4, p. 3, abr. 1937.

59 CARTAS Abiertas, de José Bergamín a Victoria Ocampo. *Sur*, Buenos Aires, ano 7, n. 32, p. 67-74, maio 1937.

> Estamos certos de contar com o auxílio de muitas nações, que, em espírito, estão conosco. Mas não é isso que precisamos. De auxílio moral, como deveis ter visto, estamos bem servidos. Precisamos de um auxílio mais eficaz; precisamos que todos os antifascistas do mundo se agrupem para combater o fascismo mundial que nos quer esmagar. [...] E agora, para terminar, quero pedir que façais chegar a nossos irmãos do mundo a verdade exata sobre a nossa epopeia. E que eles não se deixem arrastar por uma passividade de espectadora a uma guerra como a nossa![60]

A revista *Dom Casmurro* publicou, em setembro de 1937, um pronunciamento formal dos intelectuais brasileiros em apoio à República. O manifesto, assinado por diversos intelectuais que militavam contra o fascismo desde 1933,[61] clamava pela defesa da democracia, num texto marcado por um tom mais conciliador do que radical. O documento afirmava que a intelectualidade apoiava o regime "legítimo" da Espanha, lembrando que o governo brasileiro mantinha "sua representação diplomática junto ao Presidente Azaña, sem que tenhamos dado sequer aos rebeldes o conhecimento de beligerância".

> Aos intelectuais é que toca imperiosamente o mais considerável e especial dever na defesa de uma democracia em perigo, porque é, sobretudo, no regime democrático que a liberdade de pensamento e de crença pode vicejar em toda sua plenitude, o que para a cultura, é essencial![62]

Esse fato coloca em evidência a importância de uma mobilização interna para a existência de um movimento de repercussão internacional. Enquanto no Uruguai e na Argentina o clamor dos intelectuais pela República espanhola foi intenso, no Brasil a mobilização foi tão dispersa e fragmentada quanto a luta antifascista dos intelectuais no país naquele momento.

A AIDC propôs que seu terceiro encontro internacional de escritores fosse realizado no México em 1939. Contudo, a União dos Escritores Soviéticos, organiza-

---

60 CONGRESSO de Escritores. *Revista Acadêmica*, Rio de Janeiro, ano 4, n. 29, ago. 1937.

61 Assinaram o manifesto, entre outros, Abel Chermont, Osorio Borba, José Lins do Rego, Graciliano Ramos, Brasil Gerson, Murilo Mendes, Aníbal Machado, Arthur Ramos, Caio Prado Jr., Santa Rosa, Paulo Werneck, Aparício Torelly, Moacyr Werneck de Castro, Carlos Lacerda, Joel Silveira etc.

62 OS INTELECTUAIS brasileiros e a revolução espanhola. *Dom Casmurro*, Rio de Janeiro, ano 1, n. 17, p. 6, 2 set. 1937.

ção filiada à AIDC, escreveu para Louis Aragon para expressar o profundo descontentamento com a escolha do México para sede do congresso, devido aos "problemas diplomáticos" entre o país e a URSS e por "outras razões que não é necessário mencionar" (TERONI; KLEIN, 2005, p. 589); as outras razões diziam respeito, obviamente, ao *affair* Trotsky, dissidente exilado nesse país desde 1937. Diante de tais resistências, a escolha do México como sede do evento não vingou e os EUA foram apontados como alternativa.

Entre 2 e 5 de junho de 1939 realiza-se um encontro *nacional* em Nova York, da Liga de Escritores Americanos, da qual participaram alguns escritores europeus e soviéticos, como Louis Aragon e Thomas Mann.[63] O terceiro encontro *internacional* nunca foi realizado, mas essa última reunião colocou em evidência a ascensão de um ator importante para a luta antifascista, os Estados Unidos.

CONGRESSO INTERNACIONAL DAS DEMOCRACIAS, EM MONTEVIDÉU (1939)

O Congresso Internacional das Democracias,[64] último encontro a ser analisado, significou a consolidação de uma gradativa mudança nos rumos da luta antifascista no Cone Sul. Como foi sendo demonstrado ao longo do trabalho, às vésperas da eclosão da Segunda Guerra Mundial os ideais pan-americanistas se fortaleceram graças a um desencanto com a Europa (fruto da derrota da República na Espanha, dos pactos de Munich e, posteriormente, dos acordos entre a Alemanha e a URSS) bem como pela busca de uma solução política que garantisse neutralidade e segurança continental.

Os debates e a repercussão dos eventos mostram que a adesão às políticas de Roosevelt não ocorreu sem reservas; contudo, esses embates são aqui apenas anunciados, não havendo a pretensão de compreender, em profundidade, as relações do antifascismo estadunidense com a intelectualidade do Cone Sul.

As escassas referências historiográficas sobre o encontro, realizado entre 20 e 23 de março de 1939 na sede do Ateneu de Montevidéu, posicionam o evento no arco da expansão das zonas de influência dos EUA. Segundo Juana Paris e Esther Ruiz (1987, p. 154), o Congresso "aupó la política del Buen Vecino". Já para Adriana Iop Bellintani (2002, p. 105), o encontro foi utilizado pelos "exilados e perseguidos políticos [...] para

---

63 TRIOLET, Elsa. "Nos amitiés dans le monde: Succès américain", *Commune*, Paris, ano 7, n. 73, p. 1190, set. 1939.

64 O Congresso apresenta, na imprensa, diversas denominações: Congresso Interamericano das Democracias, Congresso Internacional das Democracias da América etc.

expressar sua insatisfação frente às políticas nacionalistas atuantes na América Latina", configurando-se, então, como um evento de "resistência contra a ditadura". A autora destaca que o evento organizou-se em dezenas de comissões deliberativas divididas por assuntos: políticos, internacionais, econômicos e financeiros, culturais, sociais, raciais além da luta contra o imperialismo e o fascismo (BELLINTANI, 2002, p. 107).

A única informação a respeito dos organizadores oficiais do encontro aparece em *Claridad*, na Argentina, que atribui o evento a "los partidos políticos Colorado, Batllista, Nacional Independiente y Socialista y las instituciones cívicas y culturales del Uruguay".[65] Aparentemente, o PCU não constava entre os organizadores, como indica esta nota no boletim AIAPE:

> Afirmamos sin dudas ni vacilaciones que, si bien es verdad que como fuerzas políticas organizadas, solo tendrán representación los partidos democráticos de América, los que especialmente se llaman "democráticos" con exclusión de uno de los partidos del proletariado, cuya acción desinteresada y heroica por la democracia nadie puede honestamente poner en duda, aún con esta falla – a nuestro entender lamentable, el Congreso de Montevideo adquirirá significado mundial, por la parte que históricamente desempeña ya nuestro Continente en la lucha contra los avances del fascismo agresor. [66]

No encontro compareceram delegações oficiais e não oficiais de diversos países americanos: Argentina, Brasil, Bolívia, Canadá, Colômbia, Cuba, México, Paraguai, Porto Rico, Peru, Venezuela e algumas instituições da América do Norte (BELLINTANI, 2002, p. 108). A delegação brasileira não era oficial e foi composta por exilados e perseguidos políticos da ditadura do Estado Novo, por ex-militantes da ANL (comunistas ou não, como Roberto Sisson, José Barboza Mello e Pedro Mota Lima) e por ex-getulistas, como Flores da Cunha.[67]

---

65 SIGNIFICACIÓN del Congreso internacional de las democracias de Montevideo. *Claridad*, Buenos Aires, n. 333, fev. 1939.

66 EL CONGRESO de la Democracia. *AIAPE, por la defensa de la cultura*, Montevidéu, ano 3, n. 23, p. 3, jan./ fev. 1939.

67 Flores da Cunha, neste momento na oposição ao governo Vargas, chegou a publicar, entre junho de 1938 e maio de 1939, um jornal na província uruguaia de Rivera, chamado *Democracia*, dedicado a "denegrir a imagem de Getúlio Vargas e expor a toda população gaúcha e uruguaia as corrupções existentes no discurso nacionalista e moralista do Estado Novo". Além disso, segundo Belintani (2002,

A variedade de temas tratados no Congresso ampliou a participação nos eventos de militantes políticos de diversos partidos. A AIAPE uruguaia, alguns intelectuais argentinos e brasileiros e vários outros latino-americanos tomaram parte nas discussões, mais especificamente com relação aos assuntos culturais. Uma espécie de "congresso de escritores" foi realizado em meio às atividades do encontro. Foram anunciados como escritores presentes: Juan Marinello, Pablo Neruda, Pedro Motta Lima, Hector P. Agosti, Córdoba Iturburu, José Barboza Mello, Manuel Seoane, entre outros.

Os membros da AIAPE uruguaia foram grandes entusiastas do encontro, sobretudo, porque esse evento em prol da solidariedade continental estava sendo sediado em seu país e contava com a presença de ilustres convidados:

> El Congreso de las Democracias logro reunirlos en nuestra luminosa ciudad, en el corazón joven de nuestro pueblo [...] Escritores de América, pulso de América en acción, vinieron para asegurar desde aquí ante la atención del mundo, la mayoría de edad de nuestra ternura solidaria.[68]

A participação de escritores latino-americanos que também estiveram presentes nos outros Congressos de escritores, como Marinelo, Neruda e Iturburu, garantia a continuidade entre os eventos. Contudo, a tônica do encontro diferia daquela dos anteriores pela valorização da perspectiva americana, expressa tanto pelas resoluções no âmbito das relações internacionais como no plano da cultura. O uruguaio Emilio Oribe abordou esse tema em seu discurso, publicado posteriormente no boletim *AIAPE*, cujo título é bastante esclarecedor: "¿Por qué América imita a los Europeos? Cultura autóctona y universal". Oribe buscou balizar o peso das heranças culturais europeias e autóctones (indígenas) para a cultura americana, afirmando que "mientras no se revele un arte o una cultura de América del Sur, la visión que de ella se tendrá, dependerá del ángulo de la percepción étnica o histórica que se adopte". Suas

---

p. 120), Flores da Cunha articulava um golpe contra Getúlio, a partir de alianças com todos os opositores, de comunistas a nazistas; ele também acumulava grande quantidade de armas em algumas províncias do Uruguai para esse intento.

68 A nota ainda saudava a todos "aquellos que no pudieron llegar", como Luiz Alberto Sanchez, Jorge Icaza, Lombardo Toledano, Gerardo Seguel, Vicente Huidoro, Raúl González Tuñón etc. Cf. NOTAS editoriales e informativas: Escritores de América. *AIAPE, por la defensa de la cultura*, Montevidéu, ano 3, n. 24, p. 3, mar./ abr. 1939.

conclusões apontam para o fato de que a cultura no continente ainda estaria se desenvolvendo rumo a uma expressão autêntica, sendo fundamental o papel dos intelectuais para estimulá-la, sobrepesando as influências externas com uma nascente originalidade. Nesse sentido afirmou:

> 1. Nos é imposible, en absoluto, prescindir de las culturas anteriores que contribuyeron a nuestra formación histórica en la conquista, el coloniaje y a emancipación.
>
> 2. Dentro de los tiempos actuales, el medio americano del sur debe ir definiéndose a través de una lenta incorporación de ideas democráticas, humanistas y sociales lo que se refiere a las organizaciones políticas, hasta constituir una realidad histórica que imponga un nuevo espíritu de justicia y de bien a la humanidad.
>
> 3. A través de los más esencial del pensamiento y la acción de Bolívar, San Martín, Artigas, Sucre, Sarmiento, Alberdi, Hostos, Martí, Montalvo, González Prada, Rodó y otros pensadores y demócratas, puede percibirse bien en el presente y extenderse al futuro, una dirección del espíritu que será el característico de nuestra raza. [69]

Tal perspectiva americanista, ainda que Oribe se referisse especificamente à América do Sul, estava diretamente relacionada à estratégia de proteção continental contra o fascismo, que naquele momento tinha relação com a política estabelecida por Roosevelt nomeada de "política da boa vizinhança". Em paralelo, a atuação dos comunistas recém-aderidos à tese da União Nacional permitiu que se atribuísse um valor positivo à democracia como forma de referendar o desenvolvimento da burguesia nacional, questão privilegiada pela tese da IC para a América Latina. Enfim, democracia e americanismo foram os novos motes da luta antifascista, como fica evidente no discurso de Sosa:

> Y si en este punto la efectividad del Congreso no se discute, no cabe dudar que el entendimiento general en lo que respecta el apoyo a la política Roosevelt marca un grado de absoluto realismo político. No podía ser otra la posición de este Congreso en tal emergencia y toda excepción o

---

69   ORIBE, Emilio. "Cultura en el orden internacional", *AIAPE, por la defensa de la cultura*, Montevidéu, ano 3, n. 26, p. 1, jun. 1939.

> reparo en este sentido – muy bien intencionado, no obstante – no cabía dentro del marco de que esta verdad que estamos palpando, porque la política de Roosevelt, – por sobre cualquier otro peligro que se quiera verle, significa decidida guerra al fascismo, nuestra principal e primera preocupación [...]
>
> Aquí se grita simplemente por una unidad de esfuerzo colectivo, por hacer posible esa alianza dentro mismo de cada frontera, por no engañarnos y mirar de frente, sin temor a rótulos o nombres, a todos los que quieran colaborar en esta hora. Llámeseles como se quiera. Hay un solo nombre verdadero: UNIDAD. Y esa UNIDAD nació en la calle en todas las enormes demostraciones cívicas sucedidas, arrastró todo impulso partidarista para colocarse en un solo frente [...] con una sola divisa que ostentar: ANTIFASCISMO.[70]

Houve críticas à adesão a Roosevelt e aos EUA entre os participantes do Congresso, críticas essas que culminaram com a publicação de uma declaração final paralela, na qual foram colocadas ressalvas. Foi o caso do grupo organizado em torno do periódico *Acción*: Carlos Quijano, Arturo Ardao e Julio Castro. Ao menos os últimos dois assinaram o manifesto que esperavam ser agregado às resoluções finais do Congresso Internacional das Democracias.[71] Essa dissonância indicava a "existencia de dos concepciones antagónicas en lo que respecta a las relaciones entre el Sur y el Norte del Continente, que ha de gravitar en forma decisiva sobre el destino político de nuestros países". Uma delas, a majoritária, um "rooseveltismo desenfrenado y cuasi-religioso"; por outro lado, havia os que apresentavam reserva à adesão, compartilhada, segundo o texto, também pelos comunistas.

Um editorial, também publicado em *Acción*, explicitava as razões dessa discordância. Segundo o texto, havia três facetas no projeto de criação da Aliança das Américas (bloco unificado, incluindo os EUA, que atuava no continente contra o fascismo): a primeira delas referia-se ao pan-americanismo clássico; a segunda, à política da boa-vizinhança. Ambas eram vistas como "forma – obligada por las circunstancias

---

70 SOSA, Jesualdo. "El Congreso de la Democracia y la Responsabilidad Futura", *AIAPE, por la defensa de la cultura*, Montevidéu, ano 3, n. 24, p. 1-3, mar./ abr. 1939.

71 Assinaram a declaração o socialista argentino Benito Marianetti, o aprista Manuel Seoane, entre outros. Cf. DECLARACIÓN de varias delegaciones. *Acción*, Montevidéu, ano 8, n. 184, p. 8, 20 abr. 1939.

– del imperialismo yanqui"; a terceira, sobre a qual havia consenso, dizia respeito ao apoio dado a Roosevelt na luta contra o fascismo. O tema do anti-imperialismo voltou à tona às vésperas da guerra e, por conta dele, muitos rejeitavam o apoio incondicional a Roosevelt, como mostra o texto a seguir:

> ... porque bajo la presión del peligro fascista se tiende a formar en Latino-América una mentalidad popular panamericanista sin sentido crítico; que ve al Norte como tutor obligado del Sur; que todo lo espera de la buena voluntad de un hombre que ocupa efímeras posiciones de gobierno. [72]

Liborio Justo, nas páginas de *Claridad*, também registrou suas críticas ao Congresso. Tratando justamente de defender a luta anti-imperialista, Justo acusou os comunistas de se "venderem a Wall Street" por aceitarem as consignas de Roosevelt na luta antifascista:

> Ahora, los mismos que trajeron la consigna del Frente Popular, han inventado la teoría del imperialismo "democrático", es decir, del Imperialismo "fascista", el imperialismo "malo" que nos acecha y amenaza. Para ellos, solo existe hoy en nuestro continente el peligro nazi-fascista. Sólo Hitler, Mussolini y el Emperador del Japón son enemigos a los cuales debemos combatir. En cambio el imperialismo yanqui y el inglés ya no existen. Estos son los imperialismos "democráticos", los imperialismos buenos que nos van a defender de los otros y a los que debemos someternos. Han transformado la consigna marxista-leninista del antiimperialismo, en la consigna engañosa del antifascismo que ahora pretenden presentar como la expresión más alta del antiimperialismo. [73]

O Congresso Internacional das Democracias não ressoou na imprensa antifascista brasileira, apesar da adesão de periódicos e de intelectuais ao pan-americanismo, como visto no capítulo 1. Ainda assim, a participação brasileira no evento foi importante devido à presença de militantes e intelectuais que estavam

---

72 FIJANDO nuestra posición. *Acción*, Montevidéu, ano 8, n. 184, p. 8, 20 abr. 1939.

73 JUSTO, Liborio. "¿Debemos entregarnos a Wall Street para lucharmos contra el fascismo?", *Claridad*, Buenos Aires, n. 336, jun. 1939.

exilados no Prata.[74] O caráter de "resistência à ditadura" apontado por Belintani como uma das facetas do evento serviu como mote aos grupos que eram perseguidos ou já haviam sido condenados pelo Tribunal de Segurança Nacional (TSN) no Brasil. Vale lembrar que o grupo de exilados brasileiros encontrava-se numa situação difícil para apoiar a política da União Nacional defendida pelo PCB, pois não podia retornar ao país, nem se integrar à luta antifascista em curso naquele momento. A fala de Roberto Sisson mostra esse impasse:

> No teniendo ninguna razón para confiar en el señor Vargas, a ANL continuará luchando coherentemente por la democracia, ayudando al pueblo brasileño a reconquistar sus libertades ahora conculcadas, y a alcanzar su independencia económica.
>
> Realizar la alianza de las Américas con inclusión de gobiernos dictadores, sería sepultar definitivamente la democracia. Ya que estos constituyen verdaderas avanzadas del nazi-fascismo en el continente americano. (BELLINTANI, 2002, p. 118)

O Congresso foi visto com desconfiança pela grande imprensa uruguaia. Um recorte do jornal *Tribuna Popular* que foi enviado para a polícia brasileira apresentava manchete com a palavra democracia entre aspas e criticava a presença das delegações argentina e brasileira. Em relação à primeira, foram feitas observações que deixavam implícitas posições antissemitas, quando o jornal referiu-se à comitiva argentina como "más bien parecía representar a Palestina". Quanto ao Brasil, a crítica era feita ao fato de o país ter sido representado por comunistas, usando como exemplo José Barboza Mello. A referência a ele vinha acompanhada da reprodução, no jornal, de sua ficha na polícia argentina e uma fotografia de seu prontuário. A transcrição de parte do prontuário, apesar de ser um trecho longo, merece ser apresentada porque se refere a outros aspectos da militância de Barboza Mello nos países do Prata:

---

74 Um relatório da polícia política indica também que a delegação brasileira era composta por: "Universidade Nacional do Rio: Dr. Eros de Moura, Presidente do Diretório Acadêmico da Faculdade de Direito; Mulheres Intelectuais do Brasil: Delegação presidida pela professora Hortência Pereira Barreto; Personalidades: José Barboza Mello, Paulo Carrion, Doutor Eliezer Magalhães, Doutor Pompeo A. Borges, Carlos Franca, Dinarte Silveira, J. A. Mesplé, Dr. Sá Marques, Major Alcedo Cavalcanti e Dr. Antero de Almeida." Cf. Fundo Polícias Políticas, Setor Sul-americano, Notação 3, p. 1-5 – DESPS/APERJ

> Sus antecedentes en este Departamento según constancia en esta fecha del prontuario N. 6595, sección especial, son: Penales: no registra. Políticos y Morales: durante su residencia en la ciudad de Montevideo colaboró en la revista "Actualidad", y fue corresponsal de la revista "Monde", ambas editadas en esta ciudad, de neta tendencia izquierdista. A raíz de las recientes agitaciones políticas ocurridas en el Brasil, colaboró en el periódico "Uruguay", por cuya causa, y teniendo en cuenta la peligrosidad de sus actividades, las autoridades uruguayas le exigieron que abandonara el país, trasladándose a esta capital, donde, desde su llegada colabora en los diarios "Critica" y "Noticias Gráficas". Y últimamente ingresó como afiliado al "Comité Pro amnistía de los Presos y Exiliados Político de América", donde también actúa su esposa, Iris Bosio, organización colateral del Partido Comunista. Es defensor de los ideales que persigue en su país la "Alianza Liberal", cuya campaña contra su gobierno se destaca por su marcada tendencia comunista. [...] Durante la estada, en esta, de Luis Carlos Prestes – jefe de la última revolución brasileña – Barbosa Mello, asistió a varias reuniones con aquél, que se realizaron en la librería propiedad de Solidario Fueyo [...]
>
> Además, Barboza Mello es el autor convicto y confeso del folleto "Luis Carlos Prestes el Caballero de la Esperanza, y la Revolución Brasileña".
>
> Juzgue, el pueblo compatriota, por este primer "botón", el muestrario que nos hubiese ofrecido el "Congreso de las Democracias" si no mediase la inteligente y austera actividad de nuestra policía, constriñendo a los congresales a la obediencia de las leyes del país donde se proponían despotricar contra todos los demás países de nuestro continente en las personas de sus gobernantes.[75]

A participação dos brasileiros no encontro causou desconforto à diplomacia brasileira em Montevidéu, que tentou, a todo custo, impedir a realização do evento. O embaixador Batista Luzardo pressionou as forças policiais uruguaias nesse sentido, mas não teve sucesso. Luzardo exigiu, então, que fosse cumprida a Lei n. 9565 de 1936, que proibia críticas à política de países estrangeiros. Essa limitação desagradou

---

75 "DEMOCRACIAS" del Congreso. *La Tribuna Popular*, 25 mar. 1939. Presente no Prontuário n. 6079 – José Barboza Mello – DEOPS-SP/APESP.

aos argentinos, que foram abandonando o evento, o que também acabou por abreviá-lo em uma semana (BELLINTANI, 2002, p. 109-111).

A realização do Congresso Internacional das Democracias demonstra uma etapa importante na organização da intelectualidade do Cone Sul na luta contra o fascismo. Às vésperas da guerra e com a Espanha derrotada, a aproximação com as estratégias de Roosevelt para o combate ao fascismo significou, ainda que com todas as ressalvas, um novo mote que aglutinou os intelectuais em torno de um ideal comum.

Marcha (Rio de Janeiro)
Acervo do CEDEM

CAPÍTULO 5

Debates sobre os intelectuais frente à política

Neste capítulo são abordados três importantes problemas concernentes à relação do intelectual com a política, que estavam subjacentes aos debates sobre a mobilização do intelectual nos anos 1930. São eles: o engajamento político dos intelectuais, a autonomia de ideias frente às questões políticas e os limites da participação dos intelectuais nas lutas políticas.

Para este fim, propusemo-nos a recuperar as leituras da intelectualidade antifascista do Cone Sul a respeito de alguns personagens que suscitaram reflexões sobre a relação entre intelectuais e política. Henri Barbusse, Romain Rolland e André Gide mereceram destaque pela exaustiva referência a eles nos órgãos de imprensa pesquisados.

A primeira questão diz respeito ao engajamento político, tema relacionado a posições assumidas por Henri Barbusse e Romain Rolland frente à política da URSS e à militância comunista, amplamente comentadas na imprensa do Cone Sul. Os intelectuais franceses, grandes mobilizadores da cruzada antifascista, eram exaltados e, ao mesmo tempo, criticados pelos seus pares sul-americanos. Suas trajetórias eram vistas como modelos para o engajamento. A análise das inúmeras referências a Barbusse e Rolland na imprensa do Cone Sul permite compreender melhor o que significava engajamento político naquela circunstância.

A segunda questão diz respeito às reflexões sobre a possibilidade ou não da autonomia de ideias de intelectuais frente a questões políticas do momento, reflexões essas que foram desencadeadas pela recepção do livro *O Retorno da URSS*, de André

Gide. A obra, publicada em fins de 1936 após uma viagem do autor ao país comunista, é portadora de severas críticas à sociedade soviética, e as posições expressas no livro provocaram grande agitação no interior dos movimentos antifascistas, que resultaram em debate acirrado sobre os limites do engajamento intelectual.

A última questão diz respeito à derrota dos republicanos na Guerra Civil Espanhola, que provocou reflexões por parte dos intelectuais antifascistas sobre a eficácia de suas estratégias de luta contra o avanço dos fascismos. A guerra havia mobilizado intensamente a intelectualidade que apostou na Espanha como campo privilegiado da batalha em "defesa da cultura". As discussões são importantes porque mostram as dúvidas dos intelectuais em relação a seus instrumentos de luta.

O fato de os atores em destaque neste capítulo serem intelectuais europeus nos permite retomar, nesta parte final do livro, a questão da circulação das ideias. As análises aqui apresentadas deixam mais claras as conexões entre os intelectuais da França e do Cone Sul, evidenciando, uma vez mais, que os interesses comuns nem sempre indicavam convergência de ideias.

As trajetórias de Barbusse e Rolland: debates sobre o engajamento

A valorização de Henri Barbusse e Romain Rolland pelos intelectuais antifascistas do Cone Sul nos anos 1930 está seguramente relacionada ao contato estabelecido entre estes franceses e os latino-americanos na década anterior. Não é de se desprezar, por exemplo, a profusão de experiências *Clarté* ou *Claridad* surgidas no Brasil, na Argentina, no Chile e no Peru no início dos anos 1920, inspiradas pela iniciativa de Barbusse na criação de uma "Internacional do Pensamento"; vários desses empreendimentos derivaram do contato pessoal dos intelectuais sul-americanos com Barbusse, como Maurício de Lacerda, no Brasil e José Carlos Mariátegui, no Peru. (OLIVEIRA, 2011; HALL; PINHEIRO, 1986; GOLD, 1983). Já Romain Rolland, que também participara do grupo *Clarté*, manteve intenso diálogo epistolar na década de 1920 com Gabriela Mistral, José Ingenieros, Haya de la Torre etc., como demonstra Devés-Valdés (1999).

A iniciativa, naquele momento, estivera marcada pela mobilização do intelectual contra uma nova guerra. Henri Barbusse contribuía com o empreendimento por meio de um especial testemunho com sua obra *O Fogo* (1916), na qual relatava o cotidiano das trincheiras a partir de sua vivência nos campos de batalha da Primeira Guerra Mundial. Pode-se afirmar, portanto, que a longa experiência de mobilização antiguerreira de Barbusse e Rolland representa um ponto de conexão entre as duas décadas. O histórico das relações entre os intelectuais franceses e os sul-americanos pode explicar a intensidade com que seus apelos ressoaram na imprensa do Cone Sul.

A força do empreendimento *Clarté* fica evidente especialmente na recuperação biográfica de Barbusse por ocasião de sua morte, em agosto de 1935, quando os ideais da revista foram retomados e os textos dos anos 1920 republicados.[1] Já Romain Rolland, por ocasião de seu aniversário de 70 anos, foi homenageado pela AIDC e por diversas organizações antifascistas do Cone Sul. Ao lado dos inúmeros artigos de autoria de Rolland e Barbusse reproduzidos nesses jornais e revistas, que demandariam outra análise, estes dois momentos – a morte de Barbusse e o aniversário de Rolland – fizeram florescer textos opinativos na imprensa nos quais a trajetória desses intelectuais foi analisada; dos textos se podem abstrair alguns pontos importantes a respeito da atuação do intelectual.

O traço comum mais evidente às análises trata da valorização das experiências de metamorfose vivenciadas pelos escritores: Barbusse, do escritor frívolo ao crítico; Rolland, da "pretensão de independência" ao engajamento. Ambas as trajetórias apresentavam o mesmo ponto de inflexão, a Primeira Guerra Mundial, que propiciara aos dois a vivência necessária para o reconhecimento do "verdadeiro" caminho do intelectual. A valorização deste "tránsito de consciencias" (PASOLINI, 2008, p. 99) estava relacionada à trajetória dos intelectuais antifascistas como um todo, dos quais se esperava o "abandono da torre de marfim" e o alinhamento nas lutas políticas.

A inflexão de uma postura humanista num engajamento em Barbusse e Rolland, contudo, foi vista pelos intelectuais sul-americanos como ocorrida em temporalidades distintas: Barbusse tomou posição ao lado da URSS, aderindo ao comunismo em 1923. Apesar de muitas das biografias a respeito de Henri Barbusse o tratarem como um sacerdote laico ou um homem acima dos partidos (RELINGUER, 1994, p. 201), já se demonstrou que ele foi importante porta-voz do stalinismo, posição oriunda tanto de sua proximidade com Stalin como também de seu engajamento pró-URSS.

Já Romain Rolland nunca se filiou a partidos políticos apesar de militar ativamente em todos os movimentos pacifistas, antiguerreiros e antifascistas ao lado de comunistas. Ainda em 1914, declara seu distanciamento das guerras nacionalistas por

---

[1] É o caso do artigo "Clarté", em *A Manhã* (de 8 set. 1935, traduzido por Affonso Schmidt) ou ORGANIZACIONES y Propósitos del Grupo Claridad. *Claridad*, Buenos Aires, n. 293, set. 1935.

meio de um conjunto de artigos intitulados "Au-dessus de la mêlée"[2] (em tradução livre "Acima do conflito"), cujo sentido ambíguo marcaria sua trajetória política (FISHER, 1998, p. 39). O significado original tratava de um não posicionamento frente ao chauvinismo e ao militarismo, em uma proposta de distanciamento das razões que envolviam os países nas guerras, no entanto, mais de vinte anos após a divulgação desses artigos, seu nome e seu engajamento estiveram relacionados a este mal estendido, que parecia reafirmar a postura de não envolvimento do intelectual encerrado em sua "torre de marfim". Rolland tomou um posicionamento pró-soviético somente em 1935; com a morte de Barbusse no mesmo ano, ele passa a catalisar a mobilização antiguerreira e antifascista em todo o mundo, como se verá mais adiante. Essas trajetórias já indicam um ponto de reflexão: o entendimento do engajamento, nos anos 1930, passava indelevelmente pela defesa da URSS.

Durante os anos 1920 e 1930, Barbusse e Rolland militaram lado a lado em seguidas ocasiões, mas a relação nunca foi livre de conflitos. Entre 1921 e 1922, um debate travado entre os dois sobre a responsabilidade do intelectual tomou as páginas da imprensa: Barbusse acusado de "comunista neo-marxista" e Rolland, de "pacifista elitista" e adepto das "ideias puras" (FISHER, 1989, p. 91). Com relação ao Congresso de Escritores de Paris de 1935, já foi visto que Rolland acatou com reservas o manifesto de Barbusse, o que demonstra a permanência destes embates. Por outro lado, essas dissidências não pareciam ecoar entre os sul-americanos, que identificavam na dupla de franceses uma relação consensual, a exemplo do comentário do uruguaio Santiago Vitureira sobre si mesmo: "Ideologicamente se encuentra admirando la apostólica claridad de Romain Rolland y la ternura de lucha que fue Henri Barbusse".[3]

No momento da organização do Congresso de Amsterdã, em 1932, Henri Barbusse tomou a dianteira da articulação nacional e internacional entre os intelectuais. O testemunho de Annette Vidal, secretária pessoal de Barbusse, relata que, por casualidade, a tarefa ficou concentrada nas mãos de Barbusse, que cumpriu uma tarefa epistolar quase hercúlea para lograr responder todos os pedidos de informação.

---

2   Aparentemente esses artigos não foram traduzidos para o português ou espanhol, portanto, na imprensa proliferam distintas traduções da expressão: "Por encima de la refriega", "Por encima del tumulto", "Acima da confusão" etc.

3   VITUREIRA, Cipriano S. "El Aire Unánime", *Unidad, por la defensa de la cultura*, Buenos Aires, ano 2, n. 2, p. 10, set. 1937.

> Todos os textos que popularizaram a ideia do Congresso pediram para enviar diretamente as adesões e pedidos de informação a Henri Barbusse. [...] Responder individualmente a todas as cartas era coisa impossível, não respondê-las, impensável.
>
> Barbusse decide então ditar por telefone a Paris, para a ARAC [...] modelos de carta aos quais, em *post-scriptum*, nós pudéssemos responder às questões individuais colocadas pelos correspondentes. [...] De manhã o carteiro chegou com um verdadeiro carregamento de cartas. O dia inteiro se passou a responder as questões individuais e Barbusse passou a tarde inteira a assinar as cartas. Sentado à sua mesa, quando a assinatura estava posta, ele levantava ligeiramente a mão, eu retirava a carta assinada e Barbusse, incansavelmente, agregava sua assinatura ao pé da carta e, conforme o caso, algumas palavras de informação sobre o Congresso. (VIDAL, 1953, p. 243-244)

A narrativa acima oferece pistas para explicar a vasta rede de contatos de Barbusse com a intelectualidade mundial. Por um lado, a articulação teria ficado, propositalmente ou não, centralizada em sua pessoa; num segundo aspecto, Barbusse teria mesmo despendido um enorme esforço em se corresponder com cada indivíduo que havia se endereçado a ele, oferecendo a necessária pessoalidade inerente às correspondências.

Quanto ao Cone Sul, desde o anúncio da visita da comissão de investigação do Comitê contra a Guerra e o Fascismo para a averiguação da situação no Chaco, em 1933, a visita de Henri Barbusse era esperada. Em 1935, expectativa ganhou força e foi anunciada na imprensa, sobretudo comunista.[4] A vinda de Barbusse ao Brasil e à Argentina foi articulada pela intermediação da militante Étienne Constant. Moacir Werneck de Castro, por carta, afirmava: "Eu insisto uma vez mais em sua viagem ao Brasil. Estou certo de que nós faremos todo o possível para prepará-la. Você será acolhido com o entusiasmo que sua corajosa ação tem sempre despertado nos intelectu-

---

4   BARBUSSE, Romain Rolland e Michael Gold virão ao Chaco. *A Manhã*, Rio de Janeiro, ano 1, n. 19, p. 3, 17 maio 1935; HENRI Barbusse, abanderado contra la guerra, llegará a Buenos Aires. *El trabajador latino-americano*, Montevidéu, ano 7, n. 56, p. 28, jun. 1935; LA VENIDA de Barbusse. *Movimiento*, Montevidéu, ano 3, n. 13, p. 12, maio 1935.

ais sinceros e nas gerações jovens".⁵ Quanto à Argentina, Annette Vidal fazia algumas exigências mostrando que os planos de visita estavam mais avançados. Entre outras preocupações, Annette temia pelo clima de repressão policial na Argentina, que poderia impedir o escritor de se pronunciar publicamente:

> ... a princípio ele está disposto a fazer a viagem proposta à Argentina e ele pediu algumas informações complementares e, principalmente, a questão do financiamento da viagem. Na verdade, a questão é essa: em razão de seu estado de saúde, B. só pode fazer essa viagem em boas condições; além disso, ele pergunta se eu posso acompanhá-lo.
>
> Pessoalmente, eu gostaria da atenção dos organizadores da viagem sobre alguns pontos, de início, a questão da estação. B. não pode encontrar na Argentina nem fortes calores nem grandes frios [...]. Além disso, antes de partir, é necessário que B. saiba quais são as conferências que ele deverá fazer e em quais locais. [...] Não perca de vista que, em princípio, é proibido a B. falar em público e, para não ocorrer como ocorreu na América [EUA], uma programação em que ele foi obrigado a enfrentar esta regra todos os dias, se não muitas vezes por dia. [...] Com estas condições, você pode fazer os arranjos que julgar úteis, mas te peço insistentemente para colocar desde o princípio desta questão da saúde, afim de que B. não volte da A.L. no mesmo estado de fatiga extrema no qual ele voltou dos Estados Unidos.⁶

A programada viagem de Barbusse à América do Sul não ocorreu devido à sua morte em 30 de agosto de 1935 em Moscou (GOLD, 1983). Esse fato desencadeou forte reação entre a intelectualidade do Cone Sul. Na AIAPE argentina um funeral cívico foi realizado nos primeiros dias de setembro de 1935 (PASOLINI, 2008, p. 102); na CTIU uruguaia e no Clube de Cultura Moderna ocorreram na mesma época sessões públicas de homenagem, tendo Henri Wallon participado do evento no Brasil. Neste país ainda circulou um relato testemunhal dos funerais de Barbusse em Moscou;

---

5   WERNECK DE CASTRO, M. [Carta] 12 maio 1935, Paris [para] BARBUSSE, H., s.l. 3f. Solicita colaboração para o jornal *A Manhã* – Les archives du Parti Communiste Français (PCF), Paris.

6   VIDAL, ANETTE. [*Carta*] 12 mar. 1935, Miramar [para]CONSTANT, ETIENNE, s.l. 1f. Indica as condições necessárias para a viagem de Barbusse à América Latina – Les archives du Parti Communiste Français (PCF), Paris.

Osório César, o psiquiatra comunista, encontrava-se na URSS por ocasião de um congresso médico e narrou, por correspondência para *A Manhã*, a pompa e reverência com que o corpo do escritor fora velado entre os soviéticos: "E Moscou acaba de consagrar aos restos mortais do escritor francês honras... não ouso dizer régias. Parece que a URSS chora a perda de um herói nacional..."[7]

A trajetória intelectual e política de Henri Barbusse foi retomada por militantes de diversas tendências – socialistas, comunistas e liberais; as análises exaltavam distintos pontos de sua experiência, variando segundo a orientação política do autor.[8] Esse fato mostra que o engajamento comunista de Barbusse não era evidente para os intelectuais. Um ponto comum às análises foi a interpretação da trajetória de Barbusse a partir de metáforas como "claridade", "resplendor", "iluminação", numa segura referência à revista *Clarté*, mas também ao papel do intelectual como guia e farol para o esclarecimento das consciências. O escritor socialista uruguaio sintetiza essa associação: "... no en balde, [Henri Barbusse] encontró en el significado del vocablo CLARIDAD, su divisa, y en un yunque, sobre el cual se abría un chisporroteo de luz de estrellas su símbolo!".[9]

Para as vozes comunistas, o papel de Barbusse ia além da concepção ilustrada de guia e farol para o esclarecimento das consciências. Tratava-se de valorizar, no percurso do escritor, o engajamento direto nas lutas políticas, a ida ao campo de batalha, para, a partir deste movimento, o intelectual poder reocupar seu papel de paladino de uma nova consciência. Carlos Lacerda, em seu discurso sobre Barbusse, valorizou o homem de ação, "o homem que fugindo às posições e ao conforto, saia do gabinete de estudo e descia até o povo, o povo que ele amava e que ele queria libertar deste presente confuso e odioso".[10] Mesmo entre os escritores de centro-esquerda, como o aiapeano argentino Alberto Gerchunoff, o duro contato com a realidade foi exaltado no percurso intelectual de Barbusse: "Lo que sufrió en las trincheras, la visi-

---

7 [CÉSAR, Osório], Henri Barbusse e os funerais em sua honra. *A Manhã*, Rio de Janeiro, ano 1, n. 137, p. 2, 2 out. 1935. O relato da prisão de Osório Cesar, quando ele retornou deste congresso, pode ser encontrado em *Marcha* ("O crime de ter cultura", ano 1, n. 1, p. 6, 16 out. 1935).

8 Os periódicos socialistas argentinos *Izquierda, crítica y acción socialista* e *Claridad* referiam-se a Henri Barbusse como socialista.

9 BALLESTEROS, Montiel. "Limite de Barbusse", *El Sol*, Montevidéu, ano 13, n. 1164, p. 2, out. 1935.

10 EM HOMENAGEM a Henri Barbusse, do Club de Cultura Moderna. *A Manhã*, Rio de Janeiro, ano 1, n. 110, p. 1, 31 ago. 1935.

ón de muchedumbres inmensas hechas carne muerta, carne heroica y estúpidamente muerta y amasada en lodo, le dio la noción de su magistratura mundial y le indujo a trasformar su oficio en milicia".[11]

Uma crônica do brasileiro Álvaro Moreyra resgata poeticamente esse aspecto da vida de Henri Barbusse, por meio do qual o escritor fora retirado de seu isolamento e lançado para o meio da rua, a realidade social, o que marcara sua militância. O texto recupera um trecho do livro *L'Enfer* (1908) que narra a chegada de um homem, que, cansado de viagem, encerra-se em um quarto de hotel:

> As luzes da cidade se acendem. Pelas frestas da janela elas entram no quarto. O homem se levanta. Escancara a janela. Debruça-se. "É com certeza do gesto eterno dos que estão sozinhos, dentro de um quarto".
>
> Esse homem era Henri Barbusse. Henri Barbusse se debruçou na janela. O quarto era a vida.
>
> A janela foi a guerra. [...]
>
> O homem cansado do pequeno hotel se esqueceu da viagem e do passado.
>
> Ficou na rua, infatigável, clamando, aclarando.
>
> A morte que trouxe da guerra enfim o carregou.
>
> Foi-se embora.
>
> Mas falou tão alto que as suas palavras ficaram ecoando.[12]

Um segundo aspecto do percurso de Barbusse valorizado pelos discursos e textos dos intelectuais antifascistas trata-se da comunhão entre vida e obra, entre ação e pensamento. Hermes Lima declarou: "Seus dotes de escritor estiveram de tal maneira vinculados à sua ação social que não há como nele distinguir o revolucionário do

---

11 GERCHUNOFF, Alberto. "Párrafos sobre Barbusse", *Unidad, por la defensa de la cultura*, Buenos Aires, ano 1, n. 1, p. 4, fev. 1936.

12 MOREYRA, Álvaro. "Henri Barbusse e a liberdade", *Marcha*, Rio de Janeiro, ano 1, n. 5, p. 1, 22 nov. 1935.

romancista".[13] O discurso de Aníbal Ponce no funeral cívico de Barbusse narra, inclusive, o que se pode entender como certa mescla entre o personagem de seus romances e ele mesmo, o velho soldado com uniforme de guerra a lutar contra o fascismo:

> Su amistad generosa me había concedido un puesto a su lado, y al escucharlo así, tan cerca de mi cariño y de mi admiración, se me antojó que vestía de nuevo el capote gris y el casco de guerra: tal como lo veíamos siempre los que en *El fuego* aprendimos a reflexionar sobre la guerra; tal como lo tenía yo cuando muchacho, entre los retratos de mi pieza de estudiante. (PONCE, 1974, p. 549)

Essa composição entre a personagem de Barbusse e sua militância intelectual transformou-o em um símbolo da luta contra o fascismo. Tal assimilação possibilita compreender, por exemplo, a presença de um cartaz com o rosto de Barbusse, pintado por Antonio Berni, na manifestação do 1º de maio de 1936 em Buenos Aires, referida no primeiro capítulo deste trabalho. O intelectual brasileiro Hermes Lima referenda essa associação: "Homenagens a Barbusse são homenagens à causa antifascista das liberdades e da cultura".[14] A pequena nota na *Revista Acadêmica* possuía o mesmo tom: "E nós que queremos a vida, que queremos a vida para todos, continuaremos a gritar. E os nossos gritos significarão Barbusse também".[15]

Do intelectual engajado ao símbolo da luta antifascista, a trajetória de Henri Barbusse inspirou análises que levaram ao limite a idealização e exaltação do escritor francês. Proliferaram interpretações de sua vida que lhe atribuíam santidade ou mesmo inspiração cristã; parte dessa análise pode derivar da obra de Barbusse, *Jesus* (1927), na qual o escritor recupera a trajetória humana do profeta. O cronista brasileiro Aluízio Barata o considera um "escritor místico", já que "Jesus, no espírito de Barbusse, dá a mão a Marx, e com ele se alia na mesma obra de renovação e de reconstrução sociais. [...] E esse ardor místico na defesa da Civilização é o que justamente estabelece simpatia recíproca entre o escritor genial e todos aqueles que sofrem e que

---

13   LIMA, Hermes. "A defesa da cultura", *Movimento*, revista do Club de Cultura Moderna, ano 1, n. 4, p. 4-5, out. 1935.

14   *Ibidem.*

15   BARBUSSE. *Revista Acadêmica*, Rio de Janeiro, ano 2, n. 13, ago. 1935.

trabalham".[16] Cipriano Santiago Vitureira, no Uruguai, interpreta o percurso do escritor pela mesma chave.[17] As comparações derivavam de algumas características atribuídas à trajetória política e intelectual de Barbusse: constância, anunciação, abnegação, pregação, como se vê na leitura de Alberto Gerchunof:

> El hombre que asumía la predicación no se limitaba a aceptar contemplativamente la verdad nueva. Se esforzaba en difundirla y en imponerla. [...] Los gobernadores romanos, que encarnaban el fascismo nacionalista y las ideas aristocráticas del privilegio, no habrían organizado la persecución de esos extraños rebeldes, de esos mansos y trágicos revolucionarios que combatían con un signo y anunciaban a los esclavos del mundo la hora cercana de la liberación. Y en nuestro tiempo, que es también de caos y de génesis, reaparece el santo, no en la condición de alma extática, sino en postura de lucha y para quien la vida es un deber de militación (sic). Henri Barbusse nació con ese instinto y vivió con ese designio. Fue un santo, es decir, un mensajero humano y un héroe.[18]

Os sentidos dados à trajetória política e intelectual de Barbusse culminaram com manifestações de indivíduos ou associações pela continuidade de sua obra. Em todas elas, Barbusse foi reverenciado como exemplo para a luta contra a guerra e o fascismo. No Brasil, Roberto Sisson pela ANL afirma, em telegrama ao Comitê Mundial de Luta contra a Guerra e o Fascismo, o "compromisso de que o seu exemplo permanecerá vivo entre nós, que nos inspirará e que nos ajudará a mantermos bem alta a nossa combatividade …".[19] Na Argentina, em nome da AIAPE, Gerchunoff referenda "¿Quién lo supera encoraje magnífico y quien no le dará tributo de gratitud? Henos aquí para hacerlo".[20] Também no Uruguai, Ballesteros indica: "Es sano y es reconfortante poder expresar lo que, en síntesis ejemplar, significa este hombre, este arquetipo

---

16 BARATA, Aluizio. "O misticismo de Barbusse", *O Homem Livre*, Rio de Janeiro, ano 3, n. 106, p. 6, 31 ago. 1935.

17 VITUREIRA, Cipriano S. "Homenaje a Barbusse", *Movimiento*, Montevidéu, ano 3, n. 18, p. 12, nov. 1935.

18 GERCHUNOFF, Alberto. "Párrafos sobre Barbusse", *Unidad, por la defensa de la cultura*, Buenos Aires, ano 1, n. 1, p. 4, fev. 1936.

19 EM HOMENAGEM a Henri Barbusse, do Club de Cultura Moderna. *A Manhã*, Rio de Janeiro, ano 1, n. 110, p. 1, 31 ago. 1935.

20 GERCHUNOFF, Alberto. "Párrafos sobre Barbusse", *Unidad, por la defensa de la cultura*, Buenos Aires, ano 1, n. 1, p. 4, fev. 1936.

humano, en esta cumbre, una referencia de altura, para darle un norte al esfuerzo..."[21] O percurso de Henri Barbusse foi considerado exemplar principalmente porque não apresentou ambiguidades. Ele representou, nas interpretações estudadas, um modelo de intelectual engajado de caráter arquetípico ou mesmo sagrado, nos quais os intelectuais do Cone Sul poderiam se espelhar enquanto inspiração, talvez inatingível, do que seria considerado um ideal de engajamento.

Com relação a Romain Rolland, as leituras a seu respeito ganharam maior destaque, como já foi dito, após a morte de Barbusse. Inicialmente, o escritor foi exaltado por ter aceitado substituir Barbusse na presidência do Comitê Mundial contra a Guerra e o Fascismo. Pelo menos enquanto a sua atuação nesse âmbito, Rolland passou a atrelar seu papel ao de Henri Barbusse, como mostra sua criação de uma segunda revista *Clarté* (1936-1939), cujo editorial deixa claro sua filiação: "Nós queremos falar claro, então francamente. A lembrança de Barbusse nos guia". [22] Fisher (1998, p. 222) aponta que, a partir deste momento, Rolland assume um engajamento de "companheiro de viagem", passando a defender a URSS e um antifascismo mais agressivo.

Até aquele momento, o engajamento crítico de Romain Rolland na luta antifascista pelo menos desde fins dos anos 1920 o transformara em um personagem marcado por ambiguidades. Estas poderiam ser utilizadas pelos movimentos de direita para reivindicar fragilidades e titubeios nas concepções ideológicas da esquerda. É o que fica evidente num artigo presente em *Movimiento*, no Uruguai, com relação aos posicionamentos de Rolland sobre o papel do intelectual e do escritor no realismo socialista. Em 1934, logo após a realização do Congresso de Escritores de Moscou, Rolland teria escrito uma carta na qual fizera algumas reservas ao "dirigismo na arte".[23] Frente às reações de parte da intelectualidade uruguaia sobre o tema, Herib Campos Cervera, poeta paraguaio exilado em Montevidéu, manifestou-se em defesa de Romain Rolland: "Personas que profesan una ideología contraria a la de nuestra organización han hecho de la carta de R. Rolland todo un acontecimiento, con el resultado de querer enrolar a R. Rolland en las filas de la contra-revolución". A defesa de Romain Rolland, no entanto, tratava quase que de manobras retóricas para justificar algumas de suas

---

21   BALLESTEROS, Montiel. "Limite de Barbusse", *El Sol*, Montevidéu, ano 13, n. 1164, p. 2, out. 1935.

22   "Nous voulons voir claire, puis parler net. Le souvenir de Barbusse nous conduit...", LE COMITÉ DE REDACTION. DIRE QUE LE problème de la Paix... *Clarté*, Paris, ano 1, n. 1, ago. 1936.

23   CARTA de Rolland a los Escritores Soviéticos. *Movimiento*, Montevidéu, ano 2, n. 11, p. 6, dez. 1934. Traduzida do *Le Journal de Moscou*. n. 8, ano 1934.

posições sobre o tema; tais "brechas" no pensamento de Rolland culminaram com o seguinte posicionamento: "A pesar de que sostenemos que R. R. es uno de los nuestros, no podemos aún admitirlo como un teórico de nuestro movimiento".[24] Tratava-se de valorizar a incansável militância do intelectual francês, mas reprovando seu não alinhamento com as posturas comunistas:

> Desde los duros días de la guerra mundial, ha venido asumiendo siempre una posición humanista. Pero no debe confundirse su limpia posición beligerante con la de los soñadores utópicos del humanismo pequeño-burgués. Ciertamente ha habido no poca confusión, no pocos errores de formulación en sus escritos, pero su vida entere es un admirable ejemplo de infatigable militancia. Y cuando una posición como la suya, es sostenida con tanta perseverancia, es seguro que llegará un momento en que terminará por superar sus errores, que son naturales supervivencias de una posición en la que ha hecho estancia durante más de 20 años.[25]

A ascensão de Romain Rolland à presidência de honra do Comitê Mundial de Luta contra a Guerra e o Fascismo, em 1935, exigiu uma reavaliação positiva de sua trajetória, sobretudo no que concerne à sua defesa obstinada do pacifismo nos anos 1920. Destacam-se, nos inúmeros textos sobre Rolland produzidos pelos intelectuais do Cone Sul, as referências e justificativas a respeito do polêmico "Au-dessus de la mêlée", alguns buscando esclarecer o mal-entendido, outros apontando a transformação no pensamento de Rolland, quase como uma "autocrítica" nos moldes comunistas.

No número especial da *Revista Acadêmica* em homenagem a Romain Rolland, de setembro de 1936, há uma profusão de textos que mostram a variedade de interpretações sobre a trajetória do escritor francês. Além de textos elogiosos de autores europeus, provavelmente reproduzidos de outras publicações, escreveram Arthur Ramos, José Lins do Rego, Alfonso Reyes, Manuel Bandeira, Aníbal Machado, Carlos Lacerda (como Júlio Tavares), Sergio Milliet, Álvaro Moreyra, entre outros. Reverenciado como apóstolo, paladino da livre consciência e intelectual honesto, as leituras elogiosas sobre Rolland apontavam, em geral, a trajetória de humanidade de um personagem que reviu suas posições ao se render à realidade. Álvaro Moreyra, intelectual que se

---

24 CAMPOS CERVERA, H. "Romain Rolland y la U. de Escritores", *Movimiento*, Montevidéu, ano 2, n. 11, p. 5, dez. 1934.

25 *Ibidem.*

esforçava para manter sua independência, era grande admirador da obra de Rolland e não encontrou, no pensamento do escritor, contradição alguma:

> O título célebre "au-dessus de la mêlée" não serviu apenas para aquele artigo de 1914. É o título da própria vida de Romain Rolland – sempre acima da luta, alta entre todas as confusões. O combate não basta. Mais importante é o esclarecimento.
>
> Foi assim o intelectual puro, foi assim o extranho (sic) romancista; [...]; foi assim que acordou, um dia, na política, sem os políticos.
>
> Subiu para ver melhor.
>
> E subindo, não ficou sozinho.[26]

Por sua vez, Carlos Lacerda retratou a "correção de rumo" na trajetória do escritor, que teria compreendido, por meio da luta contra o fascismo, que militar contra a guerra não se assemelhava a ser pacifista: "Sua vida, que tem sido um programa de compreensão inteligente e de serviço dedicado, teve aí outro momento culminante: a transigência com as armas. Cruzar os braços diante do inimigo é [...] servir o inimigo. Lutar assim é capitular adiantado!".[27]

Aníbal Ponce ofereceu a leitura mais dramática sobre o processo de metamorfose de consciência em Romain Rolland. Localizando o escritor na "hermandad de Ariel", Ponce recuperou o que para ele foi a mais intransigente defesa da independência crítica do intelectual, de seu idealismo frente às lutas travadas em seu entorno. O mote "por encima del tumulto", segundo Ponce, o autorizava a sustentar "con una constancia tozuda los derechos indeclinables del intelectual a llevar con orgullo la túnica de gasas".

> En ningún otro escritor contemporáneo puede seguirse mejor que en Romain Rolland ese largo proceso que él mismo ha llamado de la agonía de "una obstinada ilusión", doloroso proceso que se inicia en el instante mismo en que el intelectual descubre que su pretendida independencia está condicionada por ocultas potencias que la dirigen, y que continúa a

---

26 MOREYRA, Álvaro. "Notas sobre Romain Rolland", *Revista Acadêmica*, Rio de Janeiro, ano 3, n. 22, set. 1936.

27 TAVARES, Julio [Carlos Lacerda]. "O futuro é hoje", *Revista Acadêmica*, Rio de Janeiro, ano 3, n. 22, set. 1936.

través de saltos, retrocesos, esclusas, codos bruscos, hasta el momento en que surge el resplandor que le da fin.[28]

A atuação intelectual de Romain Rolland nos países do Cone Sul foi bastante ativa. Cartas e telegramas foram divulgados na imprensa por meio das quais Rolland se manifestava sobre questões como a libertação de Luiz Carlos Prestes, a solidariedade às organizações antifascistas da Argentina e contra a ditadura de Benavides no Peru. Seus textos e manifestos, como o artigo em prol da união dos intelectuais contra o fascismo, "Em defesa da Inteligência", ressoaram largamente na imprensa entre 1936 e 1939. Naquele momento, a referência a Rolland tornou-se sinônimo de engajamento do intelectual, já sem ambiguidades ou vacilações. Paradoxalmente, nos momentos imediatamente anteriores ao início da Segunda Guerra Mundial e após o pacto Germano-Soviético, a postura de neutralidade defendida por grande parte dos antifascistas fez reviver a máxima "Au-dessus de la mêlée". Como se viu no capítulo 1, a crônica de Rubem Braga em defesa do não posicionamento retomou a importância de "estar acima do melado," numa referência satírica sobre o que representou um profundo drama de consciência para os intelectuais dos anos 1930.

Os intelectuais do Cone Sul viram em Barbusse e Rolland modelos de engajamento. Nesse caso, para além do que se poderia considerar um problema de influência direta da intelectualidade francesa sobre os sul-americanos, tratava-se de uma questão de identificação com a trajetória de personagens que tomaram a frente da mobilização internacional.

Com base nas questões levantadas acima pode-se pensar em Barbusse como modelo de um intelectual engajado. Com suas posições marcadas por certezas e suas ações motivadas pela vontade férrea de um militante comunista, o escritor simbolizou um modelo de engajamento que o aproximava de um santo ou de um mártir, este último reforçado por sua trágica morte. Por sua vez, Romain Rolland forjou lentamente seu engajamento, a partir de um caminho de dúvidas e vacilações, talvez próprio das atividades do pensamento e da crítica, mas que acabou por render-se à necessidade urgente de cunhar seu envolvimento em uma defesa irrestrita da URSS frente à emergência do cenário sombrio de uma nova guerra mundial. A "metamorfose de consciência" em Romain Rolland, mais do que em Barbusse, simboliza a dolorosa crise provo-

---

28 PONCE, Aníbal. "Romain Rolland, la agonía de una obstinada ilusión", *Unidad, por la defensa de la cultura*, Buenos Aires, ano 1, n. 1, p. 2, jan. 1936.

cada pela adesão incondicional a um dos lados de um mundo polarizado, que acabava por comprometer o pensamento crítico e a independência dos intelectuais.

O RETORNO DA URSS DE ANDRÉ GIDE: DEBATES SOBRE A CRÍTICA

André Gide, personagem muito presente entre os intelectuais antifascistas do Cone Sul, teve uma trajetória emblemática. O renomado literato francês, ativo ficcionista que dilacerou cânones morais do início do século XX, deu início a uma trajetória de "companheiro de viagem" do PCF a partir de sua participação no movimento Amsterdã, em 1932 (WINOCK, 2000, p. 291). A partir dessa aproximação, lida como "adesão ao comunismo", Gide colocou-se na linha de frente da mobilização do intelectual antifascista, tendo participado ativamente no Congresso de Escritores de Paris em 1935 e de inúmeros outros atos em "defesa da cultura" ocorridos naquele momento. Por esta razão, a repercussão de seu panfleto crítico sobre a realidade soviética desencadeou, além das reprimendas e de seu isolamento político, diversas reflexões feitas por seus contemporâneos a respeito da independência crítica do intelectual, sobretudo num cenário de intensa polarização no qual, como visto no caso de Romain Rolland, qualquer crítica poderia ser utilizada pelos adversários políticos.

Convidado para conhecer a URSS, como era de praxe entre os intelectuais simpatizantes do comunismo soviético, André Gide embarcou para Moscou em 1936; logo após sua chegada, assistiu aos funerais de Máximo Gorki e proferiu um inflamado discurso em homenagem ao escritor, na tribuna, ao lado de Stalin (WINOCK, 2000; LOTTMAN, 1985). De volta a Paris, André Gide decidiu relatar seu "terrível desconcerto" em relação à realidade testemunhada na URSS, e, a despeito das inúmeras pressões de amigos e de militantes, em 13 de novembro de 1936, publicou suas impressões pela editora Gallimard, em Paris.

O livro *Retorno da URSS* obteve estrondosa repercussão na França. Até setembro do ano seguinte, foram feitas oito reimpressões e cerca de 150.000 exemplares foram vendidos (LOTTMAN, 1985, p. 143). Naquele momento, a polarização política havia se intensificado com a recém-iniciada Guerra Civil Espanhola e as críticas à União Soviética, especialmente as feitas por André Gide, foram utilizadas, tanto pela direita como pela extrema-esquerda. Em resposta à repercussão de sua obra, sobretudo em relação às críticas que ela suscitou, o autor lançou, no ano seguinte, *Retoques a meu Retorno da URSS*. Não caberá neste item apresentar uma análise sobre as críticas feitas a Gide no ambiente intelectual francês, mas sim mostrar a repercussão desta obra entre os intelectuais antifascistas sul-americanos.

Na imprensa do Cone Sul, pelo menos desde 1935, os textos e obras de André Gide eram amplamente reproduzidos na região: como já foi mencionado, seu discurso "Pela defesa da Cultura" foi um dos mais reproduzidos após o Congresso de Escritores. Por ocasião do lançamento de *Retorno da URSS*, a repercussão foi praticamente imediata, tanto por meio de artigos na imprensa como pela tradução da obra para o português e espanhol. Sobre as traduções, vale a pena uma análise mais aprofundada.

No Brasil, a obra de Gide era conhecida entre as elites intelectuais pela leitura no francês original (SALGADO CAMPOS, 1996, p. 301). A primeira tradução de um livro de Gide para o português foi justamente *Retorno da URSS*, em 1937, dado que reforça o impacto do livro, já que a tradução era, necessariamente, um passo importante para a ampliação de público. O livro foi lançado em português menos de um ano após o lançamento da obra na França; chama a atenção o significado político da tradução precoce da obra, no contexto da repressão e de campanhas anticomunistas no país.

A obra foi lançada pela editora Vecchi, do Rio de Janeiro, da qual se tem poucas informações. Nas memórias de Joel Silveira (1998, p. 193) esta editora é mencionada como "de propriedade de italianos e *oriundi* que não escondiam sua simpatia por Mussolini".[29] A tradução do francês para o português esteve a cargo de Álvaro Moreyra, intelectual que lutou contra o fascismo ativamente. A edição continha apenas o nome do tradutor, sem prefácio ou apresentação da versão em português.

O que teria levado Moreyra a traduzir o livro de Gide? A consulta às inúmeras fontes, à historiografia e mesmo às memórias do escritor não ofereceram respostas (MOREYRA, 1954). A hipótese que parece mais plausível seria a de que, como Álvaro Moreyra prezava e cultivava sua independência intelectual, talvez tenha entendido o livro de Gide como um libelo à independência crítica e um gesto de autonomia do intelectual.

Em 1937, também foi criado o jornal literário *Dom Casmurro*, empreendimento de Moreyra e Brício de Abreu (que fazia publicidade do livro no alto de suas páginas). Num editorial deste mesmo ano, Brício de Abreu homenageou Álvaro Moreyra com algumas palavras que deixavam transparecer um conflito envolvendo o nome do

---

29   Na contracapa da edição de *Retorno da URSS*, a Editora Vecchi anuncia diversos outros títulos de seu catálogo, entre outras, muita literatura do italiano Pitigrilli e *Aspectos da Crise Mundial*, de Mussolini.

escritor, o que explicaria a ênfase dada no texto de Brício à sinceridade de Moreyra, que pode ser lida como exaltação à sua independência de pensamento.

> Sincero para os homens, sincero para todas as coisas, é para consigo mesmo de uma sinceridade até ao escrúpulo. [...] Um dia, [...] Álvaro quis ser sincero consigo mesmo e teve a ousadia de trazer a público essa sinceridade, defendendo um ideal de tranquilidade e paz e de elevação intelectual, sem partidarismos e sem política. [...] Fantasiaram-no de tudo, de agitador, de comunista, de exagerado, de tal forma que quem não o conhecesse teria dele fisicamente a ideia de um inumano cavalheiro de barbas e cabelos hirsutos, olhos injetados de sangue, à procura de uma presa inocente.[30]

O trecho refere-se ao fato de Alvaro Moreyra ter sido acusado de comunista e agitador. Talvez a tradução do livro de Gide tenha sido uma resposta a essas acusações, já que se tratava de uma obra que defendia uma autonomia em relação ao Partido Comunista. As fontes não permitem uma resposta segura. No entanto, a tradução de Gide não amealhou críticas de seus pares, inclusive comunistas, na imprensa. Pelo contrário, no ano seguinte, a *Revista Acadêmica* dedicou-lhe um número especial, para celebrar seu aniversário de cinquenta anos, com artigos elogiosos de Alfonso Reyes, Manuel Bandeira, Carlos Lacerda, Osorio Borba, Carlos Drummond de Andrade, Astrogildo Pereira, Aníbal Machado, Moacir Werneck de Castro, Oswald de Andrade, entre outros.[31] Osório Borba, por exemplo, reafirmou o papel de Moreyra como um intelectual independente: "Na França o classificariam como um *clerc*, apesar de sua antipatia pelo solene e pedantesco das classificações".[32]

Qualquer digressão feita em relação ao sentido político da tradução de autoria de Álvaro Moreyra de *Retorno da URSS* não será necessária para a versão em espanhol. Os direitos da obra foram adquiridos pela Editorial Sur, de Victoria Ocampo e a tradução veio a público em tempo recorde, ainda em 1936. A tradução foi feita por Ruben Darío (hijo).

---

30 DE ABREU, Brício. "Nós: Álvaro Moreyra", *Dom Casmurro*, Rio de Janeiro, ano 1, n. 15, p. 1, 19 ago. 1937.

31 *Revista Acadêmica*, Rio de Janeiro, ano 4, n. 41, dez. 1938. A homenagem de Oswald de Andrade chegou atrasada e foi publicada na edição seguinte, de fevereiro de 1939.

32 BORBA, Osório. "Alvinho faz 50 anos", *Revista Acadêmica*, Rio de Janeiro, ano 4, n. 41, dez. 1938.

Notória militante anticomunista, Ocampo (1936, p. 5-7) apresentou o livro por meio de uma breve introdução, na qual fazia uma profissão de fé de seu amor pela verdade. Sabendo da militância antifascista de *Sur*, de cunho liberal e católico, as palavras de Victoria Ocampo procuravam distanciar a leitura do livro das paixões do momento, das quais derivariam indelevelmente as leituras críticas ou elogiosas da obra de Gide.

> Este libro tendrá sin duda muchos lectores interesados. Llamo de esta manera a todos a los que vendrán a buscar en "REGRESO DE LA URSS" armas contra el comunismo; en seguida a los que pretenderán probar que este librito no tiene ninguna importancia y que era de esperar una reacción de esta especie por parte de Gide, que no entiende nada de marxismo.
>
> Es de temer que los lectores de extrema derecha como los de extrema-izquierda tomen al rábano por las hojas y den al libro un sentido que no tiene.
>
> A quien dirigimos esta traducción es al lector desinteresado y con quién contamos es con él. Llamamos lector desinteresado al que tiene hambre y sed de verdad y no hambre y sed de argumentos en pro o en contra de una causa determinada. (OCAMPO, 1936, p. 5-7)

O impacto das traduções nos meios políticos do Cone Sul foi seguramente maior do que a circulação da obra em francês poderia propiciar. Rubem Braga sugeriu que houve uma tentativa de aproveitamento político da obra no Brasil, ao ironizar "Aquele requerimento apresentado na Câmara por um dos senhores deputados sugerindo a publicação oficial do livro de Gide, o grande economista (sic). Aquele requerimento prova que os operários russos estão mais bem informados a respeito de Gide que os deputados brasileiros...".[33] Na Argentina, Álvaro Yunque afirmou que "Las vidrierías de las librerías católicas de Buenos Aires lo exhiben en un sitio de honor".[34] Aparentemente, a edição portenha circulou também no Uruguai, como indica a resenha de Antonio M. Grompone na revista *Ensayos*.[35]

---

33 BRAGA, Rubem. "A repercussão do livro de Gide", *Lanterna Verde*, Rio de Janeiro, n. 5, p. 150-154, jul. 1937.

34 YUNQUE, Álvaro. O retorno de Gide. Claridad, Buenos Aires, n. 309, enero 1937.

35 NOTAS Bibliográficas. Ensayos, Montevideo, año 1, n. 7, p. 78-79, enero 1937.

A repercussão da obra de Gide na imprensa antifascista e cultural do período não foi estrondosa;[36] artigos ou resenhas surgiram de forma pontual. Parte desses textos procurou rebater as acusações feitas por Gide contra a URSS. Mesmo que nosso intuito não seja investigar o conteúdo de tal contra-argumentação, cabe destacar o fato de que muitas delas se repetiam, permitindo supor que se tratava de "inspiração" nas "respostas oficiais" de militantes comunistas da União Soviética e da França.[37] Os artigos analisavam a atitude de André Gide e as razões que motivaram tal ato de crítica por parte de um intelectual comprometido com as lutas de seu tempo. Essas análises permitem compreender alguns aspectos do debate sobre a independência crítica do intelectual nos anos 1930.

O ponto mais evidente a ser destacado nas reflexões sobre a atitude de Gide é que o debate em torno da autonomia crítica esteve submetido a considerações de cunho moral. A liberdade de pensamento era valorizada, ao menos enquanto retórica, desde que se baseasse na busca da "verdade". E essa verdade em relação à realidade da URSS era permeada por visões utópicas ou comprometidas com o projeto socialista em curso. A acusação mais frequente dirigida a André Gide foi de disseminar calúnias e injúrias contra o país socialista. O julgamento, por si só, invalidaria a faculdade de um intelectual expressar-se livremente, já que os limites estavam dados. É o que se desprende do discurso do espanhol José Bergamín no II Congresso de Escritores pela Defesa da Cultura, que ressoou nas páginas do boletim *Unidad*, na Argentina.

> Lo que yo planteo aquí con una pregunta que nosotros, españoles y americanos, ya hemos dado respuesta, es si verdaderamente en este libro, por la autoridad y la responsabilidad de su autor, no se plantea una cuestión de libertad de crítica del pensamiento, de dignidad del pensamiento, o si realmente esa dignidad del pensamiento, esa libertad de la crítica que

---

36 Os jornais da grande imprensa não são fonte para esta pesquisa, mas neles seguramente houve repercussão do livro *Retorno da URSS*, estudo que caberá a pesquisas posteriores.

37 Este é o caso de Rubem Braga, em Lanterna Verde e Mels (pseudônimo não identificado), no periódico uruguaio *Acción*, que citam haverem lido o jornal comunista *Pravda*. Braga baseia ainda grande parte de sua argumentação no folheto de Fernand Grenier, *Réponse a André Gide*, publicado pelos Amis de Union Soviétique em Paris, que, segundo ele, "se compra por dois mil reis na Livraria Odeon". Ainda em *Claridad*, na Argentina, é publicado um artigo do *Pravda*, traduzido para o espanhol pela revista *Claridad*, de Madrid e reproduzido na revista portenha. Cf. BRAGA, Rubem, op. cit.; MELS, "André Gide, nuevo Judas", *Acción*, Montevidéu, ano 5, n. 146, p. 4, 21 jan. 1937 e LA RISA y las lágrimas de Andre Gide. *Claridad*, Montevideo, n. 311, mar. 1937.

todos nosotros defendemos hoy y defenderemos hasta el fin, no se encuentra en cierto modo envuelta, yo diría, que ahogada, desaparecida, por la injuria.[38]

O apelo à existência de uma verdade única em relação à URSS não foi unânime. O argentino Álvaro Yunque logrou situar o livro de Gide como fruto de uma versão da realidade, amplamente mediada pelo "idealismo burguês" do escritor, mas que, ainda assim, não perdera o status de verdade: "Todos nos creemos capaces de ver la verdad y sólo vemos la imagen que de la verdad nos hemos forjado nosotros mismo. [...] ¿Pero nos da la verdad o sólo una imagen deformada de la verdad? Posiblemente [Gide] nos da solo su verdad..."[39]

Desta consideração decorre um segundo aspecto. Se a verdade de Gide era pautada pelo seu idealismo burguês, compreendeu-se que a "conversão" do escritor ao comunismo não fora completa ou ainda que Gide não fora suficientemente obstinado para mantê-la. Sofía Arzarello diagnosticou: "La transformación ideológica de un hombre depende de sus reservas vitales; y en André Gide parecen agotadas".[40]

Havia um entendimento de que só disciplina e vontade férrea poderiam manter o intelectual na linha de uma ortodoxia ideológica. Em outros textos foram encontradas referências afirmando que a "metamorfose de consciência" em Gide nunca fora real; o aiapeano uruguaio Jesualdo inclusive o compara a Romain Rolland ao afirmar que "ese Gide que siempre fue tratado com cierta precaución entre los verdaderos luchadores proletários [...] [era] 'un poco por encima de la refriega'".[41] Segundo Yunque, a simpatia de Gide pelo comunismo o havia enfraquecido como escritor, já que ele nunca alcançara o verdadeiro engajamento e, nesse sentido, afirmou: "Nunca fue el un escritor revolucionario. Tan lejos se hallaba de serlo que, al despertarse hombre-comunista, necesitó enmudecer por cuatro años al escritor. El golpe había sido tan rudo que paralizó sus piernas. No

---

38 BERGAMÍN, José. "Reproche a André Gide", *Unidad, por la defensa de la cultura*, Buenos Aires, ano 2, n. 5, p. 4, jan. 1938.

39 YUNQUE, Álvaro. "O retorno de Gide", *Claridad*, Buenos Aires, n. 309, jan. 1937.

40 ARZARELO, Sofía. "La educación, la psicología, la industria y el arte soviéticos a través de André Gide", *AIAPE, por la defensa de la cultura*, Montevidéu, ano 1, n. 3, p. 10, mar. 1937.

41 [SOSA], Jesualdo. "El caso André Gide y los que tocan de oído", *AIAPE, por la defensa de la cultura*, Montevidéu, ano 1, n. 2, p. 5, dez. 1936.

podía avanzar".[42] Para o autor, as polêmicas em torno do caso Gide evidenciavam a incapacidade dos escritores e literatos (entre os quais ele próprio se incluía) em resolver imediatamente os problemas pautados pela realidade.

Na argumentação de Yunque, apesar de condenar o livro *Retorno da URSS*, depreende-se certa compreensão dos limites do engajamento do intelectual nas lutas políticas. Para o autor, a emergência de tais lutas exigiria dos intelectuais um posicionamento sobre assuntos que não dominavam, que demandariam ciência e profundo conhecimento da matéria; lembrava que Gide não se cansava de confessar que não entendia nada de economia política.[43]

Nesse aspecto, Rubem Braga, o único intelectual brasileiro a se pronunciar claramente sobre o assunto, valeu-se da confissão de Gide sobre o "desconhecimento do tema", utilizando-a como argumento para desmerecer a obra e o autor: "Sente-se em *Retour de l'URSS* a falta de jeito de um homem que aborda timidamente assuntos de que não entende, que hesita em dizer as coisas, que quer ser sincero e por isso mesmo acaba sendo incoerente. [...] Vê-se que Gide está fora de seu elemento".[44]

Pelos textos analisados nota-se, ainda, que tanto o engajamento quanto a crítica prescindiam de um profundo senso de defesa dos interesses coletivos; esse aspecto seria o ponto mais fraco da trajetória e da personalidade de André Gide, um notório e obstinado individualista. Jesualdo recuperou uma anedota sobre um encontro de Oscar Wilde e André Gide, em fins do século XIX, em que Wilde, "el más excéntrico y decadente de los individualistas", teria aconselhado Gide a não usar mais a palavra "eu" em suas obras.[45] Verídico ou não, o caso ilustra a visão estereotipada dessa faceta da personalidade de Gide colocada em evidência ao optar por publicar o livro.

O mesmo tema motivou um artigo de Sérgio Buarque de Holanda na revista *Dom Casmurro*, em meados de 1939. No ensaio, o autor refletiu sobre a trajetória e a "fisionomia literária" de André Gide para apontar o que para ele fora a maior descoberta do literato francês: "a vitória do individualismo está na renúncia à individualidade".[46] O texto, de cunho bastante erudito, fundamenta essa máxima que figura como um

---

42 YUNQUE, Álvaro. "O retorno de Gide", *Claridad*, Buenos Aires, n. 309, jan. 1937.
43 *Ibidem*.
44 BRAGA, Rubem, *op. cit.*
45 SOSA, Jesualdo, *op. cit.*
46 DE HOLANDA, Sérgio Buarque. "André Gide", *Dom Casmurro*, Rio de Janeiro, ano 3, n. 105, p. 4, 10 jun. 1939.

"traço de união" em toda a obra do literato francês. Apesar de o artigo não se referir explicitamente à obra *Retorno da URSS* e nem mesmo ao conteúdo da obra, supõe-se que Sérgio Buarque de Holanda estava entendendo a posição de Gide como expressão de um sacrifício pessoal que sugeria um libelo à independência de pensamento.

Os efeitos negativos da publicação do livro sobre a reputação de André Gide frente à esquerda e às organizações antifascistas foram imediatos. A consequência foi entendida por alguns intelectuais como um dos desdobramentos mais graves do caso. Sofia Arzarelo afirmou: "Si lamentamos la publicación de este libro es porque parece nacido para dañar a su autor".[47] Álvaro Yunque fez observação nessa mesma linha: "Temo que el 'Regreso de la URSS' de Gide sea el regreso de Gide a su original burguesía. Yo lo temo por él, por Gide, no por la URSS ni por el comunismo".[48] Em Paris, segundo Lottman (1995, p. 143), o autor fora proscrito: "Gide se convirtió en una *non-personne*. Su nombre desapareció de las publicaciones controladas por los comunistas y de los comités de sus organizaciones".

No entanto, como foi possível constatar, esse tipo de exclusão não aconteceu de maneira tão intensa na imprensa antifascista do Cone Sul, pois nela encontramos textos de sua autoria após o estrondoso caso.[49] O jornal comunista brasileiro *A Classe Operária* publicou, em fevereiro de 1937, no auge da polêmica, uma nota refutando as "calúnias" feitas *contra* Gide "pela imprensa burguesa" e replicando o discurso do intelectual francês feito nos funerais de Máximo Gorki, como uma evidência de que o caso Gide ressoou de forma diferente ou mesmo com certo atraso na imprensa partidária.

Ainda com relação à importância da liberdade de pensamento do intelectual, o livro de Gide desencadeou outro debate, a respeito do conformismo. Ao se deparar com a realidade soviética, Gide lançou a questão: "O triunfo da revolução levará os artistas a serem levados pela corrente? [...] O que acontecerá se Estado social transformado privar o artista de qualquer motivo para protesto? O que fará o artista se ele não possui mais contra o que se sublevar...?" (GIDE, 2009, p. 71). E mais: como ele deverá se portar diante do poder instituído, mesmo que este poder represente esperança de transformação social?

---

47   ARZARELO, Sofia, *op. cit.*

48   YUNQUE, Álvaro, *op. cit.*

49   Um exemplo é GIDE, André. "Montaigne", *Revista Acadêmica*, Rio de Janeiro, ano 4, n. 43, abr. 1939.

Entre os intelectuais do Cone Sul, Sofia Arzarelo afirmou que, na situação da URSS, só caberia uma literatura de colaboração devido ao projeto de transformação social em curso, o que não era o caso da intelectualidade dos países europeus e americanos. Nesse sentido, afirmou:

> En Europa y América la oposición de los intelectuales en este momento es heroica y llega al martirio. Gracias a su **forma** social la URSS, no tiene lugar, por ahora, más que a una literatura de colaboración. Y es perfectamente lógico no permitir el vocerío de los contrarrevolucionarios, de ex monárquicos y de los movidos por simples ambiciones personales.[50]

Ao lado do artigo de Arzarelo, foi publicado no boletim *AIAPE* uma nota de Elie Faure defendendo um "conformismo sano" e "indispensable para la creación de una nueva civilización".[51] Dentre os textos produzidos sobre o tema, somente o do uruguaio Antonio M. Grompone referendou a posição de Gide; o texto definia o intelectual como não conformista em qualquer circunstância porque a ele cabia a função primordial de despertar o pensamento crítico nas consciências adormecidas.

Outros comentários mais benevolentes em relação à obra de Gide consideravam a publicação do livro como inoportuna. Esse foi, inclusive, o argumento mais utilizado para tentar demovê-lo da ideia de tornar público seu relato (LOTTMAN, 1985, p. 143-147). A Guerra Civil Espanhola havia acirrado a batalha travada pelos intelectuais antifascistas e o fato de a URSS ser a única das grandes potências a intervir do lado republicano permitia que intelectuais como José Bergamín declarassem inoportuna qualquer crítica a URSS que estava do lado do povo espanhol.[52]

No Cone Sul, a preocupação maior em relação à obra de Gide dizia respeito ao fato de servir de "hacha en manos de los peores enemigos de la libertad".[53] Segundo Rubem Braga a obra forjava armas para os adversários. No uso político que a direita fez de *Retorno da URSS* residia o grande incômodo que a obra de Gide causara para a intelectualidade antifascista da região. Antonio M. Grompone afirmou:

---

50 ARZARELO, Sofia, *op. cit.*

51 FAURE, Elie. "Conformismo y no conformismo en André Gide", *AIAPE, por la defensa de la cultura*, Montevidéu, ano 1, n. 3, p. 10, mar. 1937.

52 BERGAMÍN, José, *op. cit.*

53 YUNQUE, Álvaro, *op. cit.*

> El libro ha provocado enconadas críticas de quienes pensaron en una traición de Gide que, apasionadamente, fue calificado hasta de nuevo Judas y elogios con fondo de hipocresía por aquellos que siempre reciben con satisfacción un ataque al régimen ruso, sea cual fuere el sentido y el espíritu del mismo.[54]

Ainda segundo o autor, *Retorno da URSS* seria apenas o relato de um homem em busca da verdade se este não estivesse inserido na acirrada luta política travada nos anos 1930: "De no haber existido esas dos corrientes, el libro de Gide sería sólo una exteriorización de su modo de pensar sin que significara un juicio definitivo sobre la URSS".[55]

Nessa situação de extrema polarização política que caracterizou a década de 1930, algumas questões tinham um caráter absoluto, ou seja, não havia espaço para dissidências ou questionamentos.

A PALAVRA OU O FUZIL: DEBATES SOBRE A GUERRA CIVIL ESPANHOLA

A solidariedade aos republicanos durante a Guerra Civil Espanhola (1936-1939) mobilizou inúmeros grupos sociais em diversos países, inclusive nos do Cone Sul. Neste item, não se pretende abordar o impacto do conflito nos países sul-americanos, tema já bastante abordado em outros estudos, mas analisar o posicionamento dos intelectuais antifascistas da região em relação a alguns aspectos do conflito: um deles se refere às inúmeras referências à Espanha como território no qual a luta contra o fascismo assumiu importância simbólica ímpar, sobretudo por meio das ações em "defesa da cultura"; um segundo aspecto diz respeito às reflexões inspiradas pela derrota dos republicanos, derrota esta que pôs em questão a eficácia das formas de luta dos intelectuais que haviam sido colocadas à prova nessa circunstância.

A solidariedade intelectual em relação ao conflito espanhol teve maior destaque na Argentina e no Uruguai do que no Brasil. A oposição ao fascismo que grassava na Espanha envolvia a defesa do laicismo, da igualdade social, da democracia e da cultura: esses eram, de maneira geral, os motes da luta contra o fascismo tanto no velho como no novo mundo.

---

54 NOTAS Bibliográficas. *Ensayos*, Montevidéu, ano 1, n. 7, p. 78-79, jan. 1937.
55 *Ibidem.*

Outro aspecto que deve ser levado em conta em relação à proximidade entre a intelectualidade antifascista do Cone Sul e da Espanha republicana diz respeito à postura dos governos autoritários (de Vargas, Terra e Justo) favoráveis aos nacionalistas espanhóis. Cabe lembrar que o governo uruguaio reconheceu precocemente o governo de Burgos (PARDO SANZ, 2009, p. 151). A defesa dos republicanos espanhóis inseria-se, portanto, nessa luta global contra o fascismo e as forças regressivas que o apoiavam.

> Así pues, había muchos elementos de identificación ideológica entre los sublevados españoles y los dictadores o líderes conservadores americanos. El golpe de estado de Franco, que se presentaba como una reacción contra los excesos de la democratización y una garantía para el orden social y el catolicismo, fue visto por muchos dirigentes como una reivindicación de su propio autoritarismo y la evolución republicana, como una advertencia de los riesgos de la democracia para las oligarquías tradicionales. (PARDO SANZ, 2009, p. 146)

Ainda com relação à solidariedade aos republicanos espanhóis, não se pode desprezar o apoio das comunidades de emigrados espanhóis presentes nos países, prioritariamente na Argentina e no Uruguai, mas não de todo ausente do Brasil. Como demonstra a pesquisa de Maria Luiza Tucci Carneiro (2011), os espanhóis foram "um dos grupos de estrangeiros mais visados pela Polícia Política" nos anos 1930; muitos jornais e revistas republicanos foram apreendidos com imigrantes, sobretudo operários. Nos países do Prata havia uma presença mais expressiva de intelectuais espanhóis, como era o caso do editor Gonzalo Losada, que vivia em Buenos Aires desde os anos 1920 (SOARES, 2007, p. 393). O apoio material e simbólico à Espanha chegou a mobilizar as camadas populares na Argentina, como se lembra Aráoz Alfaro (1967): "Yo no recuerdo fervor colectivo y popular más grande que el de los tiempos de la ayuda a España. Buenos Aires hervía de solidaridad"; no Uruguai, ocorreu o mesmo, segundo Rocca (2009, p. 15): "Nunca antes, y sólo después en los años setenta, escritores y pintores estuvieran tan cerca de un público realmente mayor".

Entre as associações de intelectuais, a AIAPE uruguaia foi a que mais esteve mobilizada pela causa espanhola. A mobilização da AIAPE argentina também foi importante, mas outros grupos surgiram no país com esse mesmo propósito e tiveram atuação mais expressiva, como foi o caso do Comisión Argentina de Ayuda a los

Intelectuales Españoles (SOARES, 2007, p. 390). No Brasil, na ausência de organizações formais de intelectuais entre 1936 e 1939, a solidariedade mais expressiva ficou por conta da *Revista Acadêmica e Cultura, mensário democrático*.

O ponto alto da solidariedade com o povo espanhol ocorreu por conta do assassinato do poeta Federico García Lorca, tanto pela violência do ato, quanto pela forte carga simbólica que o assassinato de um escritor pelos fascistas simbolizava para a luta dos intelectuais. Córdova Iturburu se refere ao episódio nos seguintes termos: "Cuando los telegramas de España difundieron [...] el asesinato del poeta, tuvimos la sensación, esta vez en carne de nuestra carne, de que nada sería bastante sagrado para detener el ímpetu bárbaro de las hordas mercenarias...".[56] Nesse momento, proliferam atos de homenagens e poemas ao mártir fuzilado na Espanha, assim como dezenas de antologias (ROCCA, 2009, p. 15). Há de se levar em conta que Lorca estivera na região do Prata entre 1933 e 1934, onde estabelecera alguns laços de amizade (SOARES, 2007, p. 390).

No Brasil, Álvaro Moreyra recordava que as notícias sobre o conflito na Espanha chegavam com atraso, como no caso da morte de Lorca, sugerindo que isto ocorria por causa da censura estatal sobre temas relacionados a ações violentas dos nacionalistas:

> Outubro de 1937 – Só agora os jornais, aqui, deram notícia do fuzilamento de Garcia Lorca pelos "nacionalistas" da Espanha. Telegrama da Associated Press, que custou a chegar: "Segundo notícia o jornal socialista de Valência, "Adelante", os insurretos fuzilaram o conhecido poeta andaluz Federico Garcia Lorca, cujos poemas, inspirados no rico "folk-lore" da Andaluzia, refletem a vida e as aspirações dos humildes trabalhadores espanhóis". Há seis meses, a imprensa de Buenos Aires tinha informado os seus leitores, dessa triste verdade. (MOREYRA, 1954, p. 162)

Ao lado de Lorca, o poeta Antônio Machado também esteve muito presente na revista em virtude de sua militância pela causa republicana e seu trágico falecimento em um campo de refugiados francês em 1939. A morte dos dois escritores foi interpretada como fruto da mesma ação bárbara: Lorca, fuzilado, e Machado, doente e exausto

---

56 ITURBURU, Córdova. "García Lorca, símbolo de la España mártir", *AIAPE, por la defensa de la cultura*, Montevidéu, n. 3, p. 8, mar. 1937.

da luta. A perda dos poetas estava inserida num mesmo ciclo de barbárie, como ilustra o trecho da reportagem na *Revista Acadêmica*: "Lorca abre o livro, Machado o fecha".[57]

O exílio precoce de artistas e intelectuais espanhóis nos países do Prata também contribuiu para ao apoio à causa antifascista. A atriz Margarita Xirgu, que se especializara nas peças de Lorca, visitou Buenos Aires e Montevidéu seguidas vezes, até instalar-se definitivamente em Montevidéu depois do levantamento nacionalista liderado por Franco em 1936.[58] Também se exilou precocemente em Buenos Aires a pintora Maruja Mallo.[59] Ambas chegaram a participar das atividades das AIAPEs do Prata, tendo contribuído com artigos para a revista, recebido homenagens e se engajado na vida cultural da região. A importância desse exílio intelectual ocorrido durante o conflito – diferente daquele ocorrido após a derrota republicana que deslocou milhares de espanhóis para as terras americanas, sobretudo México e Argentina – decorre do fato de que ele possibilitou a ampliação da solidariedade com a causa espanhola e com o conflito ainda em curso.[60]

De maneira geral, os intelectuais do Cone Sul entendiam que no conflito espanhol estava a essência da luta em "defesa da cultura". Neste sentido, afirmava-se por um lado que os fascistas bombardeavam museus e monumentos, assassinavam escritores e queimavam livros, e por outro que as ações do exército republicano representavam a salvaguarda da cultura em meio a tiros de metralhadora e bombardeios aéreos. É o que se pode constatar no texto *Civilización e Inquisición*, de Gervásio Guillot Muñoz em *Unidad*, que expressava, no próprio título, a oposição entre a barbárie e a cultura:

> En la España leal, la defensa de la cultura se cumple no solo con ardor, devoción y hasta con heroísmo, sino también con disciplina y clarividencia. Al principio del sitio de Madrid, el pueblo consciente de la misión

---

57 GARCIA Lorca e Antônio Machado. *Revista Acadêmica*, Rio de Janeiro, ano 4, n. 46, set. 1939.

58 UN SALUDO a Margarita Xirgu. *AIAPE, por la defensa de la cultura*, Montevidéu, ano 1, n. 7, p. 2, jul. 1937; BENGOA, Juan Leon. "Margarita Xirgu", *Unidad, por la defensa de la cultura*. Buenos Aires, ano 2, n. 1, p. 8., ago. 1937; etc.

59 A autora contribuiu, na Argentina, na revista da Aiape. Cf. MALLO, Maruja. "Maruja Mallo y el processo de la plástica", *Unidad, por la defensa de la cultura*, Buenos Aires, ano 2, n. 3-4, p. 7, out./ nov. 1937.

60 É importante ressaltar também o exílio, no início dos anos 1940, de Rafael Alberti e sua companheira Maria Teresa León, em Buenos Aires. O poeta espanhol e militante republicano mantinha, ao longo do conflito, correspondência com diversos intelectuais sul-americanos, como mostra a obra organizada por Rocca e González (2002).

> histórica, que realiza, salvó bajo el bombardeo de la aviación, las obras de arte del Museo del Prado y de las colecciones particulares. [...] En la España facciosa, consecuente con la tradición de la España negra, de los Torquemada y del Obscurantismo se acaba de perpetrar un espectacular atentado contra el pensamiento creador y contra la dignidad del espíritu. [...] mientras se ostentaba con énfasis los emblemas del *fascio* mancomunados con los de la Iglesia, se encendía una enorme hoguera para proceder a una quemazón de libros herejes. [...] Los organizadores de ese auto de fe esperan que la acción de las llamas y de las misas suntuosas podrán destruir las ideas junto con los libros.[61]

Tais ações em "defesa da cultura" eram levadas a cabo pela Junta de Incautación y Protección del Património Artístico, sob a coordenação do Ministério de la Instrucción Pública. A ação desta e de outras *Juntas* fazia parte da política cultural republicana que buscava conscientizar a população, por meio da imprensa, da necessidade de conservar todo tipo de arte, "poniendo como odioso equivalente la destrucción sistemática fascista y ensalzando el caso del pueblo que protege el arte" (ALVAREZ CASADO, 1998, p. 177). A imprensa se referia à importante atuação da Junta na tentativa de recuperar, proteger e/ou catalogar o patrimônio artístico e museológico espanhol, contando com o apoio de grupos de milicianos, principalmente. Na imprensa do Cone Sul, o 5º Regimento[62] era especialmente mencionado devido a seu caráter popular.

Essa idealização das práticas culturais republicanas era, pelo menos em parte, fruto de ações de propaganda que exaltavam a II República na Espanha como incentivadora da cultura (ALVAREZ CASADO, 1998, p. 173-174). No entanto, algumas vozes contestaram a importância da política cultural da Junta: Cesar Vallejo, em seu discurso no II Congresso de Escritores pela Defesa da Cultura, procurou desmistificar a atuação da Junta, bem como do 5º Regimento, relativizando o valor das obras de arte frente às vidas perdidas nas ações de salvamento:

> ... cuando hemos sabido como el 5º Regimiento había salvado los tesoros artísticos encontrados en el palacio del duque de Alba, y los había

---

61 GUILLOT MUÑOZ, Gervasio. "Civilización e Inquisición", *Unidad, por la defensa de la cultura*, Buenos Aires, ano 2, n. 2, p. 4, set. 1937.

62 Segundo Thomas (1978, p. 351-352), o Quinto Regimento, uma das milícias republicanas, foi formado a partir da iniciativa do Partido Comunista Espanhol (PCE), mas logo integrado por voluntários e militantes de diversas tendências; possuía sistema de abastecimento e artilharia próprios.

> salvado a precio del sacrificio de alguna vida, exponiendo la existencia de estos camaradas, haya algunos compañeros intelectuales que se hayan preguntado: "¿Es posible que el concepto de cultura se haya tamizado hasta tal punto que el hombre tenga que ser el esclavo de lo que ha hecho sacrificando su vida en servicio de una escultura, de un cuadro de pintura etc.?" Para nosotros, el concepto de cultura es otro, creemos que los Museos son obras más o menos perecederas de la capacidad más gigantesca que tiene el hombre, y querríamos [...] que en esta contingencia trágica del pueblo español suceda lo contrario. Que en medio de una batalla de las que libra el pueblo español y el mundo entero, los Museos, los personajes que figuran en los cuadros hayan recibido tal soplo de vitalidad que se conviertan también en soldados en beneficio de la Humanidad. (AZNAR SOLER; SCHNEIDER, 1987, p. 72-73)

Um segundo aspecto da identificação da Espanha com a atuação em "defesa da cultura" refere-se à valorização das ações educativas, sobretudo as iniciativas de alfabetização de adultos. Elas também foram apresentadas de forma romantizada, por meio de ampla circulação de imagens pela imprensa, que mostravam o esforço despendido no ensino das primeiras letras, feito a partir de gravetos utilizando o chão de terra das trincheiras como lousa,[63] ou do sacrifício dos professores para ensinar os milicianos a ler.[64] A extinção do analfabetismo do país graças à política cultural republicana também foi amplamente divulgada pela imprensa, com sentido claramente propagandístico, como ilustra o texto abaixo:

> No front fez-se coisa ainda mais heroica, única no mundo em toda a sua história! Única no mundo, em verdade, porque era a primeira vez que, em plena guerra, debaixo de bombardeio, nos intervalos de sangrentos combates, todo um exército de professores se lançava ao assalto do analfabetismo! Dentro do exército passava a existir outro exército: o EXÉRCITO DA CULTURA. Centenas, milhares de milicianos da cultura percorrem hoje as linhas de frente e os acampamentos, criam escolas de trincheira, dão aulas e fazem conferencias a 100 metros do

---

63   ITURBURU, Córdova. "La lección sobre la tierra", *Unidad, por la defensa de la cultura*, Buenos Aires, ano 2, n. 5, p. 7, jan. 1938.

64   TORAL, Delia. "A guerra na Espanha, guerra pela cultura", *Cultura, mensário democrático*, Rio de Janeiro, ano 1, n. 3, p. 8-9, dez. 1938.

inimigo, ensinam centenas de milhares de soldados a ler e a escrever, e no momento de combate, deixam o livro pelo fuzil, como simples soldado da República, para lutar ombro a ombro com seus alunos. [65]

A valorização da "educação de trincheira" passava também por elogios aos métodos utilizados pelos professores, que adaptaram as "cartilhas" à luta cotidiana e à realidade dos soldados. As cartilhas eram valorizadas como portadoras de métodos progressistas de ensino, que continham "frases completas, de profundo contenido antifascista, las que sirven al miliciano para grabar los más elementales rudimentos de la cultura...".[66]

Ao recuperar a dimensão cultural do conflito espanhol, o que se evidencia é que ela abarcava tanto um projeto de transformação social como uma ideia de preservação. Nesses dois sentidos, o da mudança e o da defesa, o intelectual obteve importante protagonismo. Nos países do Prata, o patrimônio cultural envolto na ideia de "defesa da cultura" espanhola estava mesclado com as próprias raízes culturais hispânicas na região. Mesmo que esta relação fosse ambígua e muita vezes conflituosa frente a toda formulação do nacional e das reivindicações de independência material e cultural recuperadas por estes países, a ideia de "Madre España" estava subjacente em muitas das formulações.

Outro aspecto retomado pela intelectualidade do Cone Sul com respeito à Guerra Civil Espanhola refere-se às tentativas de entender os limites da participação do intelectual neste evento. É relevante a repercussão que obtete no Cone Sul, por exemplo, os livros *A Esperança*, de André Malraux e *Os grandes cemitérios sob a Lua*, de George Bernanos; entre tantas obras testemunhais sobre a guerra da Espanha, esses dois, com perspectivas diferentes, davam conta de retratar o posicionamento do intelectual frente ao conflito. De um lado, a "semiconversão" de Bernanos, que revelou a violência dos nacionalistas espanhóis no testemunho de um católico conservador [67], de

---

65　*Ibidem*.

66　CARTILHA do miliciano. *Avance*, Buenos Aires, ano 1, n. 10. 16 set. 1937.

67　Georges Bernanos (escritor espanhol, conservador, católico e monarquista) é um apoiador do falangismo e do franquismo até meados de 1937, quando escreve uma série de artigos (que darão origem ao livro *Os grandes cemitérios sob a Lua*, de 1938) a respeito da violência dos nacionalistas contra a população espanhola. Sem significar um real "trânsito de consciência", já que Bernanos não se transforma em um apoiador da Frente Popular Espanhola e nem da República, a obra pode ser entendida como inserida na "grande crise de consciência da intelligentsia católica", segundo Michel Winock (2000, p.

outro, o relato de Malraux, intelectual antifascista dos mais ativos, que decide se engajar na guerra antifascista como soldado, pilotando um avião de combate. [68] Especialmente neste último caso, a postura de Malraux despertou admiração e respeito por parte dos intelectuais, pelo fato de ele ter se envolvido na batalha por meio de outros métodos que não os exclusivamente intelectuais, com o uso da pena e da palavra.

Nessa mobilização, os intelectuais do Cone Sul entendiam-se em relação ao conflito espanhol através da imagem de *retaguarda*. Na posição de "último batalhão" do Exército ou das milícias republicanas, os intelectuais estariam situados em um local cuja oposição era bastante contundente com o que em geral se postula como a posição essencial do intelectual: a vanguarda. Na fala da uruguaia Clotilde Luisi:

> ¿Sabéis quien forma esa retaguardia? ¿Sabéis quienes forman ese verdadero ejército, custodio ahora de la entraña espiritual del pueblo? Lo forman los hombres de ciencia, que en medio del fragor de la tempestad mantienen, como una luz impávida en el viento, la forma de la razón. [...] Lo forman los profesores, que después de los feroces bombardeos inician acaso sus clases con la serena frase de Fray Luis: "Decíamos ayer..." Lo forman los maestros, que como una nueva orden de monjes laicos, más generosa y desinteresada que la de los que llevan hábito, se van al frente ofreciendo sus vidas para enseñar a leer al miliciano y aún tienen tiempo para escribir libros nuevos donde aprensa a leer el soldado analfabeto, que ahora sabe escribir cartas. Lo forman los actores que van a las trincheras a representar escenas de una epopeya de altruismo y de valor; lo forman los artistas plásticos que en sus cuadros y carteles ponen ante los ojos del pueblo la expresión gráfica de las nuevas ideas. Lo forman los inventores de cerebro tranquilo; los escritores y oradores

---

387). Para o, o livro é similar ao de Gide enquanto relato sincero e humano sobre os equívocos e excessos, no caso de Bernanos, da direita nacionalista espanhola. É interessante notar que Bernanos é um dos poucos intelectuais espanhóis a exilar-se no Brasil, em 1938, ainda durante o conflito (ARINOS FILHO, 2005, p. 83-91).

68 Há inúmeras controvérsias sobre o verdadeiro desempenho de André Malraux como piloto de um avião de combate; contudo, ele teve um papel importante na organização de uma esquadrilha de aviões (Esquadrilha España) que auxiliou a República espanhola ainda no início do conflito (WINOCK, 2000, p. 360-363).

de encendida palabra. Y lo forman, sobre todo, los poetas, los poetas, camaradas, los poetas, canto del corazón de España!⁶⁹

Os simbolismos militares não acabam por aí. A atuação do intelectual no conflito era frequentemente analisada por meio de metáforas guerreiras. É o que evidencia a frase de Sofía Arzarello sobre os intelectuais: "Su voz esta sostenida por el brazo, es simultáneamente, esencia imponderable y acción; fusil que agujerea las tinieblas de los engaños y bandera de la verdad." ⁷⁰ Nydia Lamarque, no poema que dá título a este trabalho, conclama: "*Palabras como balas*, hay que usar contra vosotros, enemigos!"⁷¹ No mesmo sentido, Rodiney Arismendi anunciou o poder *bélico* da literatura com as seguintes palavras: "Puede, el escritor, si quiere y si es necesario, tomar el fusil para combatir el fascismo [...]. Pero su tarea verdadera, su gran tarea, no es esa. El posee un *arma* que no todos tienen: su vocación literaria. Esa arma debe ser esgrimida".⁷² A correlação entre a força das palavras e das armas foi estabelecida pelos intelectuais militantes dos anos 1930 que, com raras exceções, não pegaram em armas para defender a República espanhola.

Houve, contudo, para todos os que apoiaram a causa republicana, a possibilidade de participação na luta como voluntários nas Brigadas Internacionais; não foram poucos os que nela se engajaram, muitos deles brasileiros, uruguaios e argentinos (BATTIBUGLI, 2004; PORRINI, 2006; GONZÁLEZ *et al*, 2006). No entanto, a maioria desses voluntários não fazia parte do grupo de intelectuais que apoiava os republicanos. Para alguns intelectuais do Cone Sul, a guerra representou um paradoxo crucial relacionado à seguinte indagação: seria suficiente o engajamento pelas palavras em um conflito dessa dimensão?

Niall Binns (2006, p. 11) identifica, nos inúmeros livros de poemas surgidos em homenagem à Guerra Civil Espanhola na América hispânica, um tom de angústia

---

69 LUISI, Clotilde. "Iniciemos la campaña de ayuda", *AIAPE, por la defensa de la cultura*, Montevidéu, ano 21, n. 22, p. 11, dez. 1938.

70 ARZARELLO, Sofía. "Deberes y responsabilidades del intelectual en la lucha por la defensa de la cultura", *AIAPE, por la defensa de la cultura*, Montevidéu, ano 3, n. 26, p. 6, jun. 1939. Grifos do autor.

71 LAMARQUE, Nydia. "Vosotros, enemigos!", *Unidad, por la defensa de la cultura*, Buenos Aires, ano 1, n. 2, p. 15, fev 1936. Grifos do autor.

72 ARISMENDI, Rodiney. "El marxismo y la literatura", *AIAPE, por la defensa de la cultura*, Montevidéu ano 1, n. 9, p. 8, out./ nov 1937. Grifos do autor.

e certa amargura que poderia ser considerado uma atitude contemplativa e pouco engajada no conflito espanhol:

> Para varios de los poetas reunidos en el *Cancionero* y en las demás antologías, vivir la guerra y escribir sobre ella, y manifestarse en nombre de ella desde una retaguardia tan lejana es una fuente de frustración constante y de mala conciencia. Como dice el argentino Carlos Mastronardi, en su largo poema "España, la ofrecida":
>
> España, amiga mía ¿cómo quererte con palabras
>
> cuando otros te quieren con la sangre?

Um testemunho contundente dessa amargura em relação à postura dos intelectuais frente ao conflito espanhol se exprime no texto do brasileiro Emil Fahrat. Intitulado "Perdão, Espanha", o artigo dá conta de apontar como a derrota republicana pode ressoar entre aqueles que lutaram contra o fascismo na chave intelectual, que poderia significar uma luta feita a partir do conforto das mesas de trabalho, via certa exaltação platônica. Estaria Fahrat colocando à prova a eficiência do labor intelectual frente às lutas políticas ou especialmente frente aos conflitos armados?

> Nós temos vergonha, Espanha, porque ficamos em nossas casas; nós temos vergonha porque só fizemos falar de ti, chorar as tuas dores e cantar tuas vitórias; envergonhamo-nos porque enquanto corria teu sangue, da nossa face apenas desciam lágrimas covardes; porque enquanto teus filhos iam vencer em Guadalajara e morrer nos campos da Catalunha, nós apenas tentávamos somar nas mesas cômodas e sobre cadeiras macias o número de teus heróis; [...]
>
> Nós nos envergonhamos, Espanha, de só saber a tua geografia através da derrota dos teus exércitos populares, que lutaram sem nosso auxílio e caíram sem nosso apoio; temos vergonha porque não fomos teus amigos, mas apenas admiradores distantes, platônicos admiradores de teu estoicismo; temos vergonha porque te deixamos cair em opróbio, pisada pelas patas dos vândalos e rasgada pela espada dos que te venderam para vencer-te.

> Nossa dor é maior do que a tua, Espanha, porque fomos vencidos sem termos entrado na luta; [...] Perdão, Espanha, pelo que não fizemos por ti. Perdão também pelo que não pudemos fazer. Espanha, perdão por não termos tido nosso túmulo nas tuas trincheiras eternas.[73]

Esse sentimento frente à derrota da República era referendado por diversas expressões encontradas nas revistas como: "¿No están demás las palabras?"[74] ou "Estamos cansados de hablar, camaradas! ¿Seguiremos discutiendo mientras afuera aguardan las sombras?".[75] Essa descrença em relação aos instrumentos da luta intelectual mostra o impacto negativo que o fracasso republicano no conflito espanhol provocou nos intelectuais que lutaram contra o fascismo. Naquele mesmo ano, como já foi mencionado antes, o pacto Germano-Soviético e o início da Segunda Guerra colocam fim a uma etapa da luta antifascista. No que pode apurar a pesquisa que deu origem a este livro, apesar de toda mobilização dos intelectuais, a luta contra o fascismo entre 1933 e 1939 foi uma luta fracassada.

---

73 FAHRAT, Emil. "Perdão, Espanha", *Cultura, mensário democrático*, Rio de Janeiro, ano 1, n. 5, p. 12, fev./ mar. 1939.

74 SALVEMOS a los intelectuales españoles. *AIAPE, por la defensa de la cultura*, Montevidéu, ano 3, n. 27, p. 16, jul. 1939.

75 GONZÁLEZ TUÑÓN, Enrique. "Ocho tiradores al frente", *Unidad por la defensa de la cultura*, Buenos Aires, ano 1, n. 2, p. 9, fev. 1936.

O Homem Livre (São Paulo)
Acervo do Cedem

CONCLUSÃO

A luta antifascista entre os anos 1933 e 1939 foi uma luta derrotada; dois dos principais temas que haviam mobilizado os intelectuais nesse período, a luta contra uma nova guerra e contra a expansão dos regimes nazista e fascista italiano, sofreram um estrondoso revés. O início da Segunda Guerra, com a invasão da Polônia pelos alemães na segunda metade de 1939, terminou por cimentar, mesmo que temporariamente, as esperanças de uma efetiva pacificação do mundo e de algum controle sobre o expansionismo dos regimes fascistas.

No âmbito interno, nos países do Cone Sul, a situação não era melhor. A continuidade da ditadura de Vargas no Brasil, a transição "indolor" para a legalidade no Uruguai com o fim do regime de Gabriel Terra e, na Argentina, a permanência das fraudes eleitorais que culminariam na sequência de golpes de Estado na década de 1940 mostram que, politicamente, a luta dos intelectuais contra o fascismo não obteve sucesso. Mesmo a alternativa das coalizões frentistas, forjadas para combater o retrocesso representado por tais governos autoritários, naufragou por conta das diferentes configurações partidárias internas nos diferentes países. Neste panorama, ficou amplamente comprovado que, no caso da composição das Frentes Populares, as orientações da Internacional Comunista representaram apenas um elemento a mais no intrincado jogo político nacional.

Neste quadro torna-se difícil dissociar o papel dos intelectuais e de suas associações de uma conjuntura mais ampla, que engloba os partidos políticos, as lutas parlamentares e diplomáticas, além de elementos relacionados à realidade política internacional. Diante de todos esses fatores, é árdua a avaliação da efetiva "influência" da luta intelectual nesse contexto, sobretudo porque os intelectuais representaram uma categoria bastante difusa nesse cenário amplo e complexo no qual interagiam com muitas outras instâncias de mediação e com outros tipos de mediadores. No entanto, nos anos estudados a luta antifascista dos intelectuais do Cone Sul resultou em inúmeras declarações públicas: em "defesa da cultura", da Espanha, da Etiópia ou a favor da libertação dos presos políticos.

A pesquisa demonstrou que a luta dos intelectuais antifascistas não foi exclusivamente obra dos comunistas, pois muitos outros atores participaram dessa militância. A busca por desmistificar a ação dos comunistas no antifascismo foi um exercício de amplificar a leitura e a análise das fontes de forma a não incorporar os discursos dos atores, nem comunistas e nem policiais. Em paralelo, a análise dos sentidos tomados pelo engajamento nesse contexto demonstraram a centralidade da URSS para a militância; o apoio ou rechaço à esta experiência socialista foi marcante para a trajetória desses atores. Os intelectuais antifascistas encamparam, ainda que de forma restrita, a participação popular; essa incorporação se explica pelo desejo de se aproximarem das lutas populares, como também pela necessidade de ampliação da presença do público nas manifestações e marchas organizadas contra o fascismo nos países.

O fato de os intelectuais antifascistas não terem conseguido derrotar naquele momento os governos autoritários, os grupos fascistas locais e a expansão do fascismo no plano internacional não diminui a importância que a mobilização teve para a categoria dos intelectuais e para a valorização da cultura nos diferentes países. De maneira geral, os intelectuais antifascistas do Cone Sul colocaram a cultura na pauta das preocupações políticas daquele momento ao batalharem pela ampliação do acesso à cultura por meio da educação e das artes. A produção e a disseminação da cultura foram as grandes armas de contrapropaganda frente às ideologias autoritárias e fascistas, o que acabou por transformar, paradoxalmente, os períodos sombrios de regimes autoritários e conservadores no Cone Sul em momentos extremamente férteis para a atmosfera artística e literária. Da mesma forma, com avanços e recuos, os anos 1930 representaram um momento de afirmação do intelectual como sujeito coletivo, defensor do saber qualificado e capacitado para a efetiva intervenção em assuntos públicos.

O evidente protagonismo da cultura na luta dos intelectuais antifascistas também permite entendê-la como um ideal catalisador e mobilizador do intelectual, o que explica, pelo menos em parte, a heterogeneidade das vozes e tendências políticas envolvidas na luta antifascista. Como procuramos mostrar, o ideal de "defesa da cultura" permitiu a composição de forças que lutavam pela manutenção e preservação do patrimônio cultural, bem como daquelas que aspiravam à transformação social tendo, ao final, contribuído para ampliar a participação e o engajamento dos intelectuais na esfera pública.

Em meio a todos os elementos presentes na luta dos intelectuais, cabe destacar, ainda, as preocupações com o nacional, ligadas à força do anti-imperialismo presente na luta antifascista sul-americana, mas principalmente ao desejo de forjar um ideal nacionalista de esquerda, afastado das ideologias nacionalistas da extrema-direita. Como visto, para além da incorporação de novos próceres e mitos mobilizadores, a reivindicação do nacional incorporada na luta antifascista também estava relacionada à disputa com os conservadores, disputa esta que explica a evocação de heróis do panteão nacional.

O meio de expressão dos intelectuais antifascistas foi a imprensa, mostrando mais uma vez que ela representa uma forma privilegiada de divulgação de projetos políticos e de intervenção na realidade. Além disso, a imprensa mostrou-se um veículo privilegiado de intercâmbio cultural pelo seu potencial de difusão e circulação. Como buscamos mostrar, ela foi um dos principais suportes para a veiculação de ideias antifascistas entre os países do Cone Sul e destes com a França.

A respeito da circulação de ideias antifascistas entre o Brasil, a Argentina e o Uruguai, a pesquisa demonstrou o intenso intercâmbio de intelectuais e de impressos entre as associações antifascistas destes países. Cabe destacar que esses diálogos não foram determinados pela Internacional Comunista, mas estabelecidos por personagens que atuaram como mediadores valendo-se da imprensa como instrumento de mediação.

Vale ressaltar que o Uruguai se destacou como um importante foco para a articulação e desenvolvimento da luta antifascista no Cone Sul. O país serviu de refúgio para inúmeros militantes e intelectuais perseguidos, que mantiveram intensa atividade política no exílio. Ali também se desenvolveu a mais destacada associação de intelectuais antifascistas, que logrou articular boa parte da intelectualidade oriental das mais diversas tendências políticas. A heterogeneidade dos membros dessa associação evidencia a autonomia que a luta antifascista obteve no Uruguai, contrariamente ao que se poderia esperar do país sede do Bureau Sul-americano da Internacional Comunista (BSAIC).

O Uruguai também abrigou dois importantes congressos ocorridos no Cone Sul. Eles foram relevantes porque promoveram o diálogo e o fortalecimento do intelectual como sujeito coletivo. Como visto, nestes encontros houve maior ou menor participação dos comunistas e podemos considerar que, no geral, a heterogeneidade das vozes enriqueceu o debate intelectual.

Com relação à circulação de ideias entre os movimentos antifascistas do Cone Sul e a França, o que se pode comprovar é que eles também não foram comandados diretamente pela IC. Dentre todos os grupos surgidos no cenário francês – o Movimento Amsterdã-Pleyel, o Comitê de Vigilância dos Intelectuais Antifascistas (CVIA) e a Associação Internacional pela Defesa da Cultura (AIDC) – os diálogos ocorreram mais intensamente com esta última, que se configurou como um movimento internacional com características próprias.

A AIDC, da qual as associações sul-americanas entendiam-se como participantes, não teve uma atuação marcante internacionalmente, nem se dedicou efetivamente à coordenação de outros grupos que se consideravam parte do mesmo movimento. Esta débil presença da AIDC possibilitou que as associações de intelectuais do Cone Sul se desenvolvessem de acordo com o patamar de organização, capacidade de diálogo e de aglutinação de forças próprias a cada uma delas.

O estudo que compõe esse livro mostrou que a relação com os movimentos internacionais serve para dinamizar as lutas internas, e não sobredeterminá-las. Um exemplo disso é o surgimento das AIAPES na Argentina e no Uruguai; apesar de fazerem parte de um mesmo movimento internacional, relacionadas ao surgimento da Associação Internacional pela Defesa da Cultura (AIDC), cada uma dessas associações ganhou dinâmica própria por conta dos grupos que lhes davam suporte e das circunstâncias de sua fundação.

O estudo dessa conjuntura da luta antifascista serviu para explicitar alguns aspectos importantes sobre a circulação internacional de ideias. O primeiro deles evidencia a relevância dos intercâmbios para a legitimação e o fortalecimento dos movimentos no âmbito nacional. Em contrapartida, comprova que a existência de movimentos internos fortes e organizados é imprescindível para uma mobilização internacional capaz de estabelecer diálogos e intercâmbio de ideias. No caso do antifascismo entre 1933 e 1939, a pesquisa mostrou que os diálogos ocorreram e foram frutíferos.

Revista Diretrizes (Rio de Janeiro)
Acervo do AEL

REFERÊNCIAS

ABRAMO, Fúlvio. "Frente única Antifascista 1934-1984", *Cadernos do Centro de Documentação Mário Pedrosa*, São Paulo, 1984, ano I, n. 1.

AGUIRRE GONZÁLEZ, A. *La revolución de 1935: la lucha armada contra la dictadura*. S.l: Librosur, 1985. 151p.

ALDRIGHI, Clara. "Antifascismo italiano en Montevideo: el diálogo político entre Luigi Fabbri y Carlo Rosselli". In: _____ (Org.). *Antifascismo italiano en Montevideo: el diálogo político entre Luigi Fabbri y Carlo Rosselli*. Montevidéu: Universidad de la República-FHCE, 1996.

ALMEIDA, Miguel Tavares de. "Os trotskistas frente à Aliança Nacional Libertadora e aos levantes militares de 1935", *Cadernos AEL*, v. 12, n. 22-23, 2005. p. 81-119.

ALVAREZ CASADO, Ana Isabel. "Defensa y destrucción del patrimonio histórico español durante la guerra civil española en la prensa republicana", *Boletín de la ANABAD*, s.l., v. 48, n. 1, p. 171-186, jan./ mar. 1998.

AMADO, Jorge. *Curriculum*. Disponível em: <www.academia.org.br/abl/cgi/cgilua.exe/sys/start.htm?infoid=727&sid=244>. Acessado em: 14 fev. 2013

AMARAL, Aracy. *Arte pra que? A preocupação social na arte brasileira (1930-1970): subsídios para uma história social da arte no Brasil*. São Paulo: Nobel, 1987. 435p.

_____. *Tarsila, sua obra e seu tempo*. São Paulo: Ed. 34; Edusp, 2003. 528p.

ARÁOZ ALFARO, Rodolfo. *El recuerdo y las cárceles; memorias amables.* Buenos Aires: Ediciones de la flor, 1967. 191p.

ARINOS FILHO, Afonso. "Bernanos, Virgilio, Afonso", *Revista Brasileira*, Rio de Janeiro, fase VII, ano 9, n. 43, p. 83-91, abr./ jun. 2005.

AYÇAGUER, Ana María Rodríguez. "La diplomacia del anticomunismo: la influencia del gobierno de Getúlio Vargas en la interrupción de las relaciones diplomáticas de Uruguay con la URSS en diciembre de 1935", *Estudos Ibero-Americanos*, Porto Alegre, v. 34, n. 1, p. 92-120, jun. 2008.

AZNAR SOLER, M.; SCHNEIDER, L. M. *II Congreso Internacional de Escritores para la Defensa de la Cultura* (Valencia, Madrid, Barcelona, Paris, 1937) – *Pensamento Literario y Compromiso Antifascista*, Conselleria de Cultura, Educació i Ciència de la Generalitat Valenciana, 1987. v. 2. e 3

BANDEIRA, L. A. Moniz. "A Guerra do Chaco", *Revista Brasileira de Política Internacional.* v. 41, n. 1, p. 180-182, 1998.

BARBOSA, Carlos Alberto S. "Imagens em diálogo: cultura visual no Brasil e México em perspectiva comparada", *Patrimônio e Memória*, v. 6, n. 1, p. 105-120, jun. 2010.

BARBOZA MELLO, José. *Historia das lutas do povo brasileiro: Marcha de 4 séculos pela emancipação do país.* Rio de Janeiro: Editora Leitura, s/d [1971?].

BARRÁN, José Pedro. *Los conservadores uruguayos (1870-1933).* Montevidéu: EBO, 2004. 171p.

BATTIBUGLI, Thaís. *A solidariedade antifascista: brasileiros na guerra civil espanhola (1936-1939).* São Paulo: Edusp, 2004. 236p.

BELLINTANI, Adriana Iop. *Conspiração contra o Estado Novo.* Porto Alegre: EDIPUCRS, 2002. 181p.

BERSTEIN, Serge. *Le 6 février 1934.* Paris: Gallimard, 1975. 257p.

BERTONHA, João Fábio. *Sob a sombra de Mussolini: Os italianos de São Paulo e a luta contra o fascismo (1919-1945).* São Paulo: Annablume; Fapesp, 1999. 313p.

_____. Los fascismos en América Latina: Ecos europeos y valores nacionales en una perspectiva comparada. In: *El fascismo en Brasil y América Latina. Ecos Europeos y desarrollos autóctonos.* México: ENAH, 2012, no prelo.

BIAGINI, Hugo; ROIG, Arturo A. (Dir.). *El pensamiento alternativo en la argentina del Siglo XX: Obrerismo, Vanguardia y Justicia social.* v. 2, Buenos Aires: Editorial Biblos, 2006. 551p.

BINNS, Niall. "La Guerra Civil Española en Hispanoamérica: antologías poéticas desde una lejana retaguardia", In: *Congreso La Guerra Civil Española (1936-1939)*, s.l., 2006.

BISSO, Andrés. "El antifascismo latinoamericano: usos locales y continentales de un discurso europeo", *Asian Journal of Latin American Studies*, Seul, v. 13, n. 2, 2000. Disponível em: <www.ajlas.org/v2006/paper/2000vol13n0204.pdf>. Consultado em: 10 abr. 2013.

_____. *Acción Argentina: Un antifascismo nacional en tiempos de Guerra Mundial (1940-1946)*. Buenos Aires: Prometeo, 2005. 394p.

_____. *El antifascismo argentino*. Buenos Aires: Cedinci Editores, 2007. 680p.

_____; CELENTANO, Adrian. "La lucha antifascista de la Agrupación de Intelectuales, Artistas, Periodistas y Escritores (AIAPE) (1935-1943)". In: BIAGINI, Hugo; ROIG, Arturo A. (Dir.). *El pensamiento alternativo en la argentina del Siglo XX: Obrerismo, Vanguardia y Justicia social*. v. 2. Buenos Aires: Editorial Biblos, 2006, p. 235-266.

BOBBIO, Norberto et al. *Dicionário de Política*. 13ª ed. Brasília: UnB, 2007. 2 v.

BOM MEIHI, José Carlos Sebe. *Guerra Civil Espanhola: 70 anos depois*. São Paulo: Edusp, 2011. 204p.

BRAVO, Mario. "Prefácio", In: MOTA LIMA, Pedro; BARBOZA MELLO, José. *El nazismo en el Brasil: Proceso del Estado corporativo*. Buenos Aires: Editorial Claridad, 1938, p. 5-18.

BRESCIANO, Juan A. "El antifascismo ítalo-uruguayo en el contexto de la Segunda Guerra Mundial", *Rivista telematica di studi sulla memoria femminile*, v. 1, p. 94-111, 2009.

CAETANO, Gerardo. "Del primer batllismo al terrismo: crisis simbólica y reconstrucción del imaginario colectivo", *Cuadernos de CLAEH*, Montevidéu, v. 14, n. 49, p. 85-106, 1989.

_____; GARCÉ, Adolfo. "Ideas, política y nación en el Uruguay del siglo XX". In: TERÁN, Oscar (Org.). *Ideas en el siglo: intelectuales y cultura en el siglo XX latinoamericano*. Buenos Aires: Siglo XXI, 2004, p. 309-417.

CANE, James. "'Unity for the Defense of Culture': The A.I.A.P.E. and the Cultural Politics of Argentine Antifascism: 1935-1943", *The Hispanic American Historical Review*, v. 77, n. 3, p. 443-482, ago. 1997.

CAPELATO, Maria Helena; PRADO, Maria Lígia. *O Bravo Matutino: Imprensa e ideologia: o jornal Estado de São Paulo*. São Paulo: Alfa-Ômega, 1980. 176p.

_____. *Os Intérpretes das Luzes: Liberalismo e imprensa paulista (1920-1945)*. 376f. Tese (doutorado em História Social) – FFLCH-USP, São Paulo, 1986.

_____. *Multidões em cena. Propaganda política no varguismo e no peronismo*. 2ª ed. São Paulo: Ed. Unesp, 2009. 341p.

CARNAGUI, Juan Luis. "La ley de represión de las actividades comunistas de 1936: miradas y discursos sobre un mismo actor", *Revista Escuela de Historia*, Salta, v. 1, ano 6, n. 6, p. 161-178, 2007. Disponível em: <www.unsa.edu.ar/histocat/revista>. Consultado em: 07 jan. 2013.

CARNEIRO, Maria Luiza Tucci. "O lugar do impresso revolucionário: dos porões aos arquivos policiais", In: DUTRA, Eliana de Freitas; MOLLIER, Jean-Yves (Orgs.). *Política, Nação e Edição: O lugar dos impressos na construção da vida política. Brasil, Europa e Américas nos séculos XVIII-XX*. São Paulo: Annablume, 2006, p. 153-179.

CARVALHO, Flávio de. "Recordações do Clube dos Artistas Modernos", *RASM – Revista Anual do Salão de Maio*, n. 1, São Paulo, 1939.

CARVALHO, Marco Antônio de. *Rubem Braga, um cigano fazendeiro do ar*. São Paulo: Globo, 2007. 610p.

CARRE-PREZEAU, Jocelyne. *Amsterdan-Pleyel (1932-1939). Histoire d'un mouvement de masse*. Tese de doutorado, Université de Paris VII, Paris, 1993. 3 v. 486p.

CASTRO, Moacir Werneck de. *Europa, 1935: Uma aventura de juventude*. 2ªed. Rio de Janeiro: Record, 2002a. 223p.

CASTRO, Ricardo Figueiredo de. *Contra a guerra ou contra o fascismo: as esquerdas brasileiras e o antifascismo, 1933-1935*. Tese (doutorado em História) – UFF, Niterói, 1999. 346 p.

_____. "A Frente Única Antifascista (FUA) e o antifascismo no Brasil (1933-1934)", *Topoi*, Rio de Janeiro, v. 3, n. 5, p. 354-388, jul./ dez. 2002b.

_____. "O Homem Livre: um jornal a serviço da liberdade (1933-1934)", *Cadernos AEL*, Campinas, v. 12, n. 22-23, p. 61-76, 2005.

CASSONE, Florencia Ferreira. *Claridad y el internacionalismo americano*. Buenos Aires: Editorial Claridad, 1998. 309p.

CAUTE, David. *Le communisme et les intellectuels français (1914-1966)*. Paris: Gallimard, 1967. 477p.

CELENTANO, Adrián. "Ideas e intelectuales en la formación de una red sudamericana antifascista. *Literatura e Linguística*", Santiago, n. 17, p. 195-218, 2006. Disponível em: <www.scielo.cl/scielo.php?script=sci_arttext&pid=S0716811 2006000100013&lng=es&nrm=iso>. Acessado em: 25 nov. 2008.

_____. "El viaje brasileñista de Bernardo Kordon", In: MAILHE, Alejandra. *Pensar al otro / Pensar la Nación: Intelectuales y cultura popular en Argentina y América Latina*, Buenos Aires: Editorial Al Margen, p. 139-167.

COMPAGNON, Olivier. "L'Euro-Amérique en question. Comment penser les échanges culturels entre l'Europe et l'Amérique latine", *Nuevo Mundo – Mundos Nuevos*, Paris, fev. 2009. Disponível em: <nuevomundo.revues.org/54783>. Acessado em: 13 abr. 2010.

_____. "Le comparatisme: un défi pour l'histoire contemporaine de l'Amérique latine", *Séminaire Siglo XX–Século XX*, Paris, IHEAL, 2 mar. 2012. Apresentação oral.

CRESPO, Regina Aída. "Revistas culturais e literárias latino-americanas: objetos de pesquisa, fontes de conhecimento histórico e cultural", In: JUNQUEIRA, Mary Anne; FRANCO, Stella Maris Scatena. *Cadernos de Seminário de Pesquisa*. v. 2. São Paulo: USP-FFLCH;Humanitas, p. 98-116, 2011. Disponível em: <www.fflch.usp.br/dh/leha/cms/UserFiles/File/CSP2.pdf>. Acessado em: 13 abr. 2013.

CURSOS Y CONFERENCIAS, Buenos Aires, ano 6, n. 1, 1937.

DALMÁS, Carine. *Frentismo Cultural em prosa e verso: comparações, conexões e circulação de ideias entre comunistas brasileiros e chilenos (1935-1948)*. Tese (doutorado em História) – FFLCH-USP, 2012. 234p.

DE BULNES, Mabel N. Cernada. "El entramado cultural de Buenos Aires desde las páginas de Cursos y Conferencias", In: BIAGINI, Hugo; ROIG, Arturo A. (Dir.). *El pensamiento alternativo en la argentina del Siglo XX. Obrerismo, Vanguardia y Justicia social*. v. 2. Buenos Aires: Editorial Biblos, 2006, p. 605-618.

DE LUCA, Tania. "História dos, nos e por meio dos periódicos", In: PINSKY, Carla Bassanezi (Org.). *Fontes históricas*. São Paulo: Contexto, 2005, p. 111-153.

_____. "O jornal literário Dom Casmurro: notas de pesquisa". *Historiæ*, Rio Grande, 2 (3), 2011, p. 67-81.

DE LA CUEVA, Alicia. "Militancia política y labor artística de David Alfaro Siqueiros: de Olvera Street a Río de la Plata", *Estudios de Historia Moderna y Contemporánea de México*, México, n. 35, p. 109-144, jan./ jul. 2008.

DE LA LLOSA, Alvar. "Regards Croisés sur les Fronts Populaires (Espagne, France, Chili)", In : CHAPUT, Marie-Claude (Ed.). *Fronts populaires: Espagne, France, Chili*. Nanterre: Université Paris Ouest, 2007, p. 51-67.

DE SIMONE, Eliana de Sá Porto. *Käte Kollwitz*. São Paulo: Edusp, 2004. 229p.

DEL ROIO, Marcos. *A Classe Operária na Revolução Burguesa; A política de alianças do PCB (1928-1935)*. Belo Horizonte: Oficina de Livros, 1990. 338p.

_____. "Os Comunistas, a Luta Social e o Marxismo (1920-1940)". In: RIDENTI, Marcelo; AARÃO REIS, Daniel. *História do Marxismo no Brasil*, v. 5, Campinas: Ed. Unicamp, 2007, p. 11-72.

DEVÉS-VALDÉS, Eduardo. "La red de los pensadores latinoamericanos de los años 1920: Relaciones y polémicas de Gabriela Mistral, Vasconcelos, Palacios, Ingenieros, Mariategui, Haya de la Torre, el Repertorio Americano y otros más", *Boletín Americanista*, Barcelona, n. 49, p. 67-81, 1999.

DROZ, Jacques. *Histoire de l'Antifascisme en Europe (1923-1939)*. Paris: Editions La Découverte, 1985. 318p.

DUQUE FILHO, Álvaro Xavier. *Política internacional na revista Diretrizes (1938-1942)*. Dissertação (mestrado em História) – Faculdade de Ciências e Letras de Assis-Unesp, Assis, 2007. 130f.

DUTRA, Eliana de Freitas; MOLLIER, Jean-Yves (Orgs.). *Política, Nação e Edição: O lugar dos impressos na construção da vida política. Brasil, Europa e Américas nos séculos XVIII-XX*. São Paulo: Annablume, 2006. 621p.

EAGLETON, Terry. *A ideia de Cultura*. São Paulo: Ed. Unesp, 2005. 204p.

FALCÃO, João. *O Partido Comunista que eu Conheci*. Rio de Janeiro: Civilização Brasileira, 1988. 460p.

FERRARI, Danilo W. "Diretrizes: a primeira aventura de Samuel Weiner", *Histórica*, São Paulo, n. 31, 2008. Não paginado.

FISHER, David James. *Romain Rolland and the Politics of Intellectual Engagement*. Berkeley (CA): University of California Press, 1998. 361p. Disponível em: <http://ark.cdlib.org/ark:/13030/ft538nb2x9/>. Acessado em 13 abr. 2013.

FUNES, Patricia. *Salvar la nación: intelectuales, cultura y política en los años veinte latinoamericanos*. Buenos Aires: Prometeo, 2006.

GIDE, André. *Regreso de la URSS*. Tradução de Ruben Darío Hijo. Buenos Aires: Sur, 1936. 107p.

_____. *Retorno da URSS*. Tradução Álvaro Moreyra. Rio de Janeiro: Vecchi Editores, 1937. 121p.

_____. *Retour de l'URSS suivi de Retouches à mon "Retour de l'URSS"*. Barcelona : Gallimard, 2009. 212p.

_____. "Allocution d'Ouverture". In: TERONI, Sandra, KLEIN, Wolfgang. *Pour la défense de la culture: les textes du Congrès international des écrivains (Paris, juin, 1935)*, Dijon: Editions Universitaires de Dijon, 2005, p. 73-73.

GOLD, Peter J. "The Influence of Henri Barbusse in Bolivia", *Bulletin of Latin American Research*, v. 2, n. 2, p. 117-122, maio 1983. Disponível em: <www.jstor.org/stable/3338104>. Acessado em: 14 mar. 2011.

GONZÁLEZ, Lucas et al. *Voluntarios de Argentina en la Guerra Civil Española*. Buenos Aires: Ediciones del CCC, 2006. 227p.

GOMEZ, Eugenio. *Historia del Partido Comunista del Uruguay (hasta el año 1951)*. Montevidéu: Editorial Eco, 1990. 284p.

GRAMSCI, Antônio. *Os intelectuais e a organização da cultura*. Rio de Janeiro: Civilização Brasileira, 1988. 244p.

GROPPO, Bruno. "El antifascismo en la cultura política comunista", In: CONCHEIRO BÓRQUEZ, E.; MODONESI, M.; CRESPO, H. *El comunismo: otras miradas desde América Latina*. México: Universidad Nacional Autónoma de México, 2007, p. 93-118.

GRUZINSKI, Serge. "Os mundos misturados da monarquia católica e outras *connected histories*", *Topoi*, Rio de Janeiro, mar. 2001, p. 175-195. Disponível em: <www.revistatopoi.org/numeros_anteriores/Topoi02/topoi2a7.pdf>. Acessado em: 25 mar. 2010.

HALL, Michael M. e PINHEIRO, Paulo S. "O grupo Clarté no Brasil: da Revolução nos espíritos ao Ministério do Trabalho". In: PRADO, Antônio A. *Libertários no Brasil: Memória, Lutas, Cultura*. São Paulo: Editora Brasiliense, 1986. 306p

HALPERÍN DONGHI, Tulio. *La republica imposible*. Buenos Aires: Emecé Editores, 2007. 349p.

HOBSBAWM, Eric. "En torno a los Frentes Populares", *Estudios de historia social*, Madrid, n. 31, p. 193-200, 1984.

CÓRDOVA ITURBURU, Cayetano. *Cuatro Perfiles*. Buenos Aires: Editorial Problemas, 1941. 123p.

JUNQUEIRA, Mary Anne; FRANCO, Stella Maris Scatena. *Cadernos de Seminário de Pesquisa*. v. 2. São Paulo: USP-FFLCH; Humanitas, 2011. 128p. Disponível em <www.fflch.usp.br/dh/leha/cms/UserFiles/File/CSP2.pdf>. Acessado em: 13 abr. 2013

KAREPOVS, Dainis. *Luta Subterrânea: O PCB em 1937-1938*. São Paulo: Hucitec; Unesp, 2003. 454p.

KLEIN, Wolfgang. "La préparation du Congrès: quand l'appareil communiste ne fonctionne pas". In: TERONI, Sandra; KLEIN, Wolfgang. *Pour la défense de la* culture: les textes du Congrès international des écrivains (Paris, juin, 1935), Dijon: Editions Universitaires de Dijon, 2005, p. 35-63.

_____. "Après le Congrès: quand l'appareil communiste dit non". In: TERONI, Sandra; KLEIN, Wolfgang. Pour la défense de la culture: les textes du Congrès international des écrivains (Paris, juin, 1935), Dijon: Editions Universitaires de Dijon, 2005, p. 565-591.

KONDER, Leandro. *Introdução ao Fascismo*. Rio de Janeiro: Graal, 1977. 128p.

LACERDA, Carlos. *Depoimentos*. Rio de Janeiro: Nova Fronteira, 1978. 469p.

LAHUERTA, Milton. *Elitismo, autonomia, populismo: os intelectuais na transição dos anos 40*. Dissertação (mestrado em Ciência Política) – IFCH-Unicamp, Campinas, 1992. 409f.

LARRA, Raúl. *Etcétera*. Buenos Aires: Ánfora, 1982. 189p.

LAURENZA, Ana Maria de Abreu. *Lacerda X Wainer: O Corvo e o Bessarabiano*. 2ª ed. São Paulo: Ed. Senac, 1998. 251p.

LEIBNER, Gerardo. *Camaradas e Compañeros: Una historia política y social de los comunistas del Uruguay*. v. 1. Montevidéu: Trilce, 2011. 632p.

LOBATO, Mirta Zaida. *La prensa obrera*. Buenos Aires: Edhasa, 2009. 256p.

LÓPEZ SORIA, José Ignacio. "Vallejo en el II Congreso Internacional de escritores", *Revista de Crítica Literaria Latinoamericana*, Lima-Boston, ano 6, n. 11, p. 109-116, 1980. Disponível em <www.jstor.org/stable/4529950>. Acessado em: 15 mar. 2011.

LOTTMAN, Herbert R. *La Rive Gauche; Intelectuales y Política en Paris (1935-1950)*. Barcelona: Ed. Blume, 1985. 358p.

MAFFEI, Eduardo. *A batalha da praça da Sé*. Rio de Janeiro: Philobiblion, 1984. 113p.

MARTINS, Maria Antônia Dias. *Identidade Ibero-americana em revista: Cuadernos Americanos e Cuadernos Hispanoamericanos, 1942-1955*. Tese (doutorado em História) – FFLCH-USP, São Paulo, 2012. 232p.

MASINA, Léa. *Relendo o poema Antônio Chimango*. 2008. Disponível em: <www.celpcyro.org.br/v4/Fronteiras_Culturais/RelendoopoemaANToNIOCHIMANGO.htm>. Acessado em: 27 jan. 2013.

MASPERO, François. "Une brève biographie". In: VALLEJO, César. *Poèmes Humains – Espagne, écarte de moi ce calice*. Edição bilíngue. Paris: Éditions du Seuil, 2011, p. 11-26.

MEDINA, Mario Oliva. "Revista Repertorio Americano, algunos alcances sobre su trayectoria (1919-1958)", *Izquierdas*, Santiago de Chile, ano 1, n. 1, p. 1-22, jul. 2008. Disponível em: <www.izquierdas.cl/revista/wp-content/uploads/2011/07/oliva.pdf>. Acessado em: 15 jan. 2013.

MELLO, Ana Amélia de M. C. "Associação Brasileira de Escritores: dinâmica de uma disputa", *Varia Historia*, Belo Horizonte, v. 27, n. 46, p. 711-732, jul./dez. 2011.

MOLIER, Jean-Yves. "Quando o impresso se torna uma arma no combate político: a França do século XV ao século XX". In: DUTRA, Eliana de Freitas; MOLLIER, Jean-Yves (Orgs.). *Politica, Nação e Edição. O lugar dos impressos na construção da vida política. Brasil, Europa e Américas nos séculos XVIII-XX*. São Paulo: Annablume, 2006, p. 259-274.

MOREYRA, Álvaro. *As amargas, não...; Lembranças*. Rio de Janeiro: Lux, 1954. 331p.

MOTA LIMA, Pedro; BARBOZA MELLO, José. *El nazismo en el Brasil: Proceso del Estado corporativo*. Buenos Aires: Editorial Claridad, 1938. 219p.

NEPOMUCENO, Margarida. "Um modernista em ação na América Latina: a trajetória do gravador brasileiro Lívio Abramo no Paraguai", *Artelogie*, n. 1. set. 2012. Disponível em: <cral.in2p3.fr/artelogie/spip.php?article86>. Acessado em: 16 abr. 2013.

NEVES, Margarida de Souza; CAPELATO, Maria Helena Rolim. "Retratos del Brasil: ideas, sociedad y política". In: TERÁN, Oscar (Org.). *Ideas en el siglo: intelectuales y cultura en el siglo XX latinoamericano*, Buenos Aires: Siglo XXI, 2004, p. 99-210.

OCAMPO, Victoria. "Al Lector" In: GIDE, André. *Regreso de la URSS*. Buenos Aires: Sur, 1936, p. 5-7.

OLIVEIRA, Ângela M. "O longo resplendor: a revista *Claridad* argentina desde a internacionalização dos grupos Clarté à militância antifascista na década de 1930", In: *XXVI Simpósio Nacional de História*, 2011, São Paulo, USP, 2011.

ONETTI, Juan Carlos. *Infidencias sobre Torres García*. Disponível em: <www.torresgarcia.org.uy/uc_77_1.html>. Acesso em: 2 jan. 2013. Publicado originalmente em *Mundo Hispânico*, 1975.

ORGAMBIDE, Pedro. *El hombre de la rosa blindada*. Buenos Aires: Ameghino Editora, 1998. 254p.

OREGGIONE, Alberto (Dir.). *Diccionario de la Literatura Uruguaya*. v. 1. Montevidéu: Ediciones de la Banda Oriental, 2001.

PALAMARTCHUK, Ana Paula. *Ser intelectual comunista... Escritores brasileiros e o comunismo (1920-1945)*. Dissertação (mestrado em História) – IFICH-Unicamp, Campinas, 1997. 160f.

_____. *Os novos bárbaros: escritores e o comunismo no Brasil (1928-1948)*. Tese (doutorado em História) – IFCH-Unicamp, Campinas, 2003. 383f.

PARDO SANZ, Rosa. "Diplomacia y propaganda franquista y republicana en América Latina durante la guerra civil española", *Casa del Tiempo*, México, n. 24, p. 146-152, out. 2009.

PARIS, Juana; RUIZ, Ester. *El frente en los años treinta*. Montevidéu: Proyección, 1987. 155p.

PASOLINI, Ricardo. "El nacimiento de una sensibilidad política. Cultura antifascista, comunismo y nación en la Argentina: entre la AIAPE y el Congreso Argentino de la Cultura (1935-1055)", *Desarrollo Económico*, Buenos Aires, v. 45, n. 179, p. 403-433, out./ dez. 2005.

_____. "Scribere in eos qui possunt proscribere: Consideraciones sobre intelectuales y prensa antifascista en Buenos Aires y París durante el período de entreguerras", *Prismas, Revista de historia intelectual*, Quilmes, n. 12, p. 87-108, 2008.

_____. "Antifascismo, comunismo y mitos intelectuales: las representaciones de la figura de Aníbal Ponce", *V Jornadas de Historia Política*, Centro de Estudios Históricos, Facultad de Humanidades, Mar del Plata, 29 set. a 1 out. 2010.

PASTERNAC, Nora. "La revista Sur y el exilio literario español", *Revista Estudios. Filosofia/História/Letras*, México, v. 3, n. 72, p. 7-19, primavera 2005.

PATIÑO, Roxana. "América Latina: literatura e crítica em revista(s)". In: SOUZA, Eneida Maria de; MARQUES, Reinaldo. *Modernidades Alternativas na América Latina*. Belo Horizonte: Ed. UFMG, 2009.

PETITJEAN, Patrick. "Sur quelques aspects des sociabilités scientifiques franco--britanniques dans les années 1930 et 1940". *Les échanges franco-britanniques entre savants depuis le XVIIe siècle*, Maison Française d'Oxford, 24-25 mar. 2006. Disponível em: <halshs.archives-ouvertes.fr/docs/00/16/63/56/PDF/PP_Actes_Oxford_mars_2006.pdf>. Acesso em: 18 dez. 2012.

PINHEIRO, Paulo Sérgio. *Estratégias da Ilusão – A revolução Mundial e o Brasil, 1922-1935*. São Paulo: Companhia das Letras, 1992. 379p.

PITTALUGA, Roberto; LÓPEZ, Damián; OCKIER, Ethel (Eds.). *Publicaciones Políticas y Culturales Argentinas (1900-1986)*. Catálogo de Microfilmes I, II e III. Buenos Aires: Cedinci, 2007. 76p.

PONCE, Aníbal. "El primer año de la AIAPE", *Dialéctica*, Buenos Aires, ano 1, n. 6, p. 329-334, ago. 1936.

_____. "El recuerdo de Henri Barbusse", In: *Obras Completa*. v. 4. Buenos Aires: Cartago, 1974, p. 547-550.

PORRINI, Rodolfo. *Derechos Humanos y dictadura terrista*. Montevidéu: Vintén Editor, 1994.

_____. "Una retaguardia caliente: Uruguay y la Guerra Civil", *Brecha*, 2006. Disponível em: <www.pvp.org.uy/uruguayenlaguerracivil.htm>. Consultado em: 02 abr. 2013.

PRADO, Maria Ligia Coelho. "Repensando a história comparada da América Latina", *Revista de História*, São Paulo, n. 153, p. 11-33, 2005.

PRIESTLAND, David. *Bandera Roja: Historia Política y cultural del comunismo*. Tradução de Juan M. Madariaga. Barcelona: Critica, 2010. 667p.

RACINE-FURLAUD, Nicole. "Une revue d'intellectuel communiste dans les années vingt: 'Clarté'", *Revue française de science politique*, ano 17, n. 3, p. 484-519, 1967.

_____. "Le Comité de vigilance des intellectuels antifascistes (1934-1939). Antifascisme et pacifisme", *Le Mouvement social*, Paris, n. 101, p. 87-113, out./dez. 1977. Disponível em: <www.jstor.org/stable/3777881>. Acessado em: 14 mar. 2011.

RAMA, Angel. "La conciencia crítica", *Enciclopedia Uruguaya*, Montevidéu, n. 56, nov. 1969, p. 102-119.

_____. *A cidade das letras*. São Paulo: Brasiliense, 1985. 156p.

RAMOS, Graciliano, *Memórias do Cárcere*. v. 2. 15ª ed. Rio de Janeiro, São Paulo: Ed. Record, 1982.

RANGEL, Carlos Roberto do R. "A conspiração revolucionária da oposição brasileira a Vargas no Prata (1930-1934)", *Revista Eletrônica da Anphlac*, n. 2, p. 3-28, 2002.

RELINGUER, Jean. *Henri Barbusse, écrivain combattant*. Paris: Presses Universitaires de France, 1994. 288p.

RIOUX, Jean-Pierre. "As associações em política". In: RÉMOND, René (Org.). *Por uma História Política*. 2ª ed. Rio de Janeiro: Ed. FGV, 2003, p. 99-140.

ROBIN, Régine. *Le réalisme socialiste: une esthétique impossible*. Paris : Payot, 1986. 343p.

ROCCA, Pablo; ÁNGELES GONZÁLEZ, María de los (Orgs.). *Rafael Alberti en Uruguay. Correspondencia, Testimonios, Crítica*. Madrid: Sociedad Estatal de Conmemoraciones Culturales, 2002. 236p.

_____. "Las revistas rioplatenses: Encrucijadas (1942-1959)". In: ROCCA, Pablo (ed.). *Revistas Culturales del Río de la Plata. Campo literario: debates, documentos, índices (1942-1964)*. Montevidéu: Ediciones de la Banda Oriental, 2009, p. 9-32.

_____. *Dos revistas culturales en la guerra civil española. Literatura e imágenes en Boletín de AIAPE y Ensayo de Montevideo (1936-1939)*. Montevidéu: CCE; SADIL; FHCE, 2009. 94p.

ROLLEMBERG, Denise. *Exilio: entre raízes e radares*. Rio de Janeiro: Record, 1999. 375p.

ROMERO, José Luís. *Las ideas políticas en Argentina*. 2ª ed. Buenos Aires: Fondo de Cultura Económica, 2008. 316p.

ROMERO, Luis Alberto. *Breve História Contemporanea de la Argentina*. 2ª ed. Argentina: Fondo de Cultura Econômica, 2009. 332p.

RUBIM, Antônio Albino Canelas. *Partido comunista, cultura e política cultural*. Tese (doutorado em Sociologia) – FFLCH-USP, São Paulo,1986. 416p.

_____."Partido Comunista e herança cultural no Brasil". *Ciência e Cultura*, n. 41 (6), p. 552-565, jun. 1989.

SALGADO CAMPOS, Regina Maria. "Traduções brasileiras de André Gide", In: FLORY, Henrique Villibor. *Encontro de Professores de Línguas e Literaturas Estrangeiras* – Alemão, Espanhol, Francês, Inglês, Italiano, Japonês (4.: 1996, Assis) As Línguas Estrangeiras no contexto educacional brasileiro (Alemão, Espanhol, Francês, Inglês, Italiano, Japonês) – São Paulo: Arte & Ciência, 1996, p. 301-305.

SARLO, Beatriz. "Intelectuales y revistas: razones de una práctica", *América*, *Cahiers du CRICCAL*, Paris, n. 9-10, p. 9-16, 1992.

_____. *Una modernidad periférica: Buenos Aires 1920 y 1930*. Buenos Aires: Nueva Visión, 2007. 246p.

SCHNEIDER, Luis-Mario. *II Congreso Internacional de Escritores para la Defensa de la Cultura (Valencia, Madrid, Barcelona, Paris, 1937): Inteligencia y Guerra Civil Española*. v. 1. Valenciana: Conselleria de Cultura, Educació i Ciència de la Generalitat, 1987.

SCHWARTZMAN, Simon; BOMENY, Helena M. B; RIBEIRO COSTA, Vanda M. *Tempos de Capanema*, 2ª ed. São Paulo: FGV; Paz e Terra, 2000. Disponível em: <www.schwartzman.org.br/simon/capanema>. Acessado em: 1 fev. 2013.

SENA JÚNIOR, Carlos Zacarías F. de. *Os Impasses da Estratégia: Os comunistas e os dilemas da União Nacional na Revolução (im) possível (1936-1948)*. Tese (doutorado em História) – Centro de Filosofia e Ciências Humanas-UFPE, Recife, 2007. 453f.

SIGEL, Micol. "Beyond Compare: Comparative Method after the Transnational Turn", *Radical History Review*, n. 91, p. 62-90, inverno de 2005. Disponível em: <www.english.upenn.edu/sites/www.english.upenn.edu/files/Seigel-BeyondCompare.pdf>. Acessado em: 15 mar. 2010.

SILVEIRA, Joel. *Na Fogueira: memórias*. Rio de Janeiro: Mauad, 1998. 650p.

SIRINELLI, Jean-François. "Os Intelectuais". In: RÉMOND, René (Org.). *Por uma história política*. 2ª ed. Rio de Janeiro: Ed. FGV, 2003, p. 231-270.

SKIDMORE, Thomas. *Brasil: de Getúlio a Castelo*. 7ª ed. São Paulo: Saga. 1969. 512p.

SOARES, Gabriela Pellegrino. "História das Ideias e mediações culturais: breves apontamentos". In: JUNQUEIRA, Mary Anne; FRANCO, Stella Maris Scatena. *Cadernos de Seminário de Pesquisa*. v. 2. São Paulo: USP-FFLCH; Humanitas, p. 87-98, 2011. Disponível em: <www.fflch.usp.br/dh/leha/cms/UserFiles/File/CSP2.pdf>. Acessado em 13 abr. 2013.

_____. *Semear Horizontes: Uma história da formação de leitores na Argentina e no Brasil (1915-1954)*. Belo Horizonte: Ed. UFMG, 2007, 504p.

_____. "Novos meridianos da produção editorial em castelhano", *Varia HIstoria*, Belo Horizonte, v. 23, n. 38, p. 386-398, jul./ dez. 2007.

SOUSA, Lademe Correia de. "Arthur Reis, Afonso de Taunay, Câmara Cascudo e outros intelectuais brasileiros: uma viagem através das cartas", *XXVI Simpósio Nacional de História*, 2011, São Paulo, USP, 2011.

SOUZA, Marcos Alves de. *Cultura política do "batllismo" no Uruguai (1903-1958)*. São Paulo: Annablume, 2003. 168p.

SUBRAHMANYAM, Sanjay. "Connected Histories: Notes towards a Reconfiguration of Early Modern Eurasia", *Modern Asian Studies*, n. 31, v. 3, 1997, p. 735-762. Disponível em: <links.jstor.org/sici?sici=0026749X%28199 707%2931%3A3%3C735%3ACHNTAR%3E2.0.CO%3B2-S>. Acessado em: 15 mar. 2010.

SWIDERSKI, Graciela (Dir.). *El epistolario de Manuel Ugarte*. Buenos Aires: Archivo General de la Nación, 1999. 309p.

SZNAJDER Mario; RONIGER, Luis. *The Politics of Exile in Latin America*. Nova York: Cambridge University Press, 2009. 368p.

TARCUS, Horacio (Dir.). *Diccionario biográfico de la izquierda argentina: de los anarquistas a la "nueva izquierda" (1870-1976)*, Buenos Aires: Emecê editores, 2007. 776p.

TELIAS, David. "La campaña anti-inmigratoria en La Tribuna Popular y El Debate. (1936-1937)", *IV Encontro Brasileiro de Estudos Judaicos*, Rio de Janeiro, 2005. Disponível em: <http://www.ort.edu.uy/sobreort/pdf/teliasriodejaneiro.pdf>. Acessado em: 4 fev. 2013.

TERÁN, Oscar. *Aníbal Ponce ¿El marxismo sin nación?* México: Ediciones pasado y presente, 1983. 251p.

_____ (Org.). *Ideas en el siglo: intelectuales y cultura en el siglo XX latinoamericano*, Buenos Aires: Siglo XXI, 2004. 424p.

_____. *Historia de las ideas en la Argentina: Diez lecciones iniciales, 1810-1980*. Buenos Aires: Siglo XXI, 2008. 320p.

TERONI, Sandra; KLEIN, Wolfgang. *Pour la défense de la culture: les textes du Congrès international des écrivains (Paris, juin, 1935)*. Dijon: Editions Universitaires de Dijon, 2005. 665p.

TERONI, Sandra. "Défense de la culture et dialogues manqués". In: TERONI, Sandra, KLEIN, Wolfgang. *Pour la défense de la culture: les textes du Congrès international des écrivains (Paris, juin, 1935)*, Dijon: Editions Universitaires de Dijon, 2005, p. 13-33.

THOMAS, Hugh. *La Guerra Civil Española (1936-1939)*, 4ª ed. Barcelona: Ed. Grijalbo, 1978. 2 v.

TROISE, Emilio. *Los germanos no son arios*. Buenos Aires: AIAPE, 1938. 48p.

TROTSKY, Leon. *Literatura e Revolução*. Tradução de Luiz Alberto Moniz Bandeira. Rio de Janeiro: Zahar, 2007. 254p.

TUCCI CARNEIRO, Maria Luiza. "A Guerra Civil Espanhola sob o olhar do Deops/SP". In: BOM MEIHI, José Carlos Sebe. *Guerra Civil Espanhola: 70 anos depois*. São Paulo: Edusp, 2011, p. 159-181.

URUGUAYOS de Francia (Lautremont, Laforgue, Supervielle). *Capitulo Oriental: La historia de la literatura uruguaya*, n. 44, Montevidéu, 1969, p. 688-706.

VALLEJO, César. *Crónicas de Poeta*. Prólogo, seleção e notas de Manuel Ruano. Coleção La Expresión Americana, n. 21, s.d. 206p.

VECCHIOLI, Virginia. "La invención de la causa por los derechos humanos en la Argentina", *Primeras Jornadas de Estudios Sobre Compromiso Militante y Participación Política*, Olavarría, 2007, p. 1-23. Disponível em: http://historiapolitica.com/compromiso/>. Acesso em: 13 jun. 2012.

VIANNA, Marly de Almeida Gomes. "A ANL (Aliança Nacional Libertadora)". In: MAZZEO, Antônio Carlos (Org.). *Corações vermelhos: os comunistas brasileiros no século XX*. São Paulo: Cortez, 2003. p. 31-60.

_____. "O PCB: 1929-1943". In: FERREIRA, Jorge; AARÃO REIS, Daniel (Orgs.). *A formação das tradições: 1889-1945*. Rio de Janeiro: Civilização Brasileira, 2007, p. 331-364.

VIDAL, Annette. *Henri Barbusse, soldat de la paix*. Paris: Les Editeurs Français Réunis, 1953. 382p.

WECHSLER, Diana B. "Imágenes para la resistencia. Intersecciones entre arte y política en la encrucijada de la internacional antifascista. Obras y textos de Antonio Berni (1930-1936)", *XV Coloquio Internacional de Historia del Arte: la Imagen Política*, UNAM, México, 2006, p. 385-412.

WILLIAMS, Raymond. *Palavras-chave: um vocabulário de cultura e sociedade*. Tradução de Sandra Guardini Vasconcelos. São Paulo: Boitempo, 2007. 464p.

WINOCK, Michel. *O século dos intelectuais*. Tradução de Eloá Jacobina. Rio de Janeiro: Bertrand Brasil, 2000. 896p.

WOLIKOW, Serge. *Le Front Populaire en France*. Bruxelas: Editions Complexes, 1996. 320p.

_____. "Preface". In: TERONI, Sandra ; KLEIN, Wolfgang. *Pour la défense de la culture: les textes du Congrès international des écrivains (Paris, juin, 1935)*. Dijon: Editions Universitaires de Dijon, 2005, p. 7-9. 665p

Obras gerais

ABRAMO, Fúlvio; KAREPOVS, Dainis (Orgs.). *Na contracorrente da história: documentos da Liga Comunista Internacionalista (1930-1933)*. São Paulo: Brasiliense, 1987.

ALFARO, Hugo R. *Navegar es necesario: Quijano y el semanario "Marcha"*. Montevidéu: Ediciones de la Banda Oriental, 1984. 122 p.

ALTAMIRANO, Carlos. *Intelectuales: notas de investigación*. Bogotá: Norma, 2006.

_____. *Para un programa de historia intelectual y otros ensayos*. Buenos Aires: Siglo XXI, 2005.

_____ (Dir.). *Historia de los intelectuales en América Latina: Los avatares de la ciudad letrada en el siglo XX*. Buenos Aires: Katz, 2010.

ÁLVAREZ FERRETJANS, Daniel. *Historia de la prensa en el Uruguay: desde la estrella del sur a Internet*. Montevidéu: Fin de Siglo, 2008.

AMADO, Jorge. *Navegação de cabotagem*. São Paulo: Companhia das Letras, 1992.

ANTELO, Raul. "Graça de Kordon", *Travessia*, Florianópolis, v. 4, n. 6, 1983.

BERTAGNA, Federica. *La inmigración fascista en la Argentina*. Buenos Aires: Siglo XXI, 2007.

BERTONHA, João Fábio. "Plínio Salgado, o integralismo brasileiro e as suas relações com Portugal (1932-1975)", *Análise Social*, Lisboa, v. 46, n. 198, p. 65-87, 2011.

_____. "Los latinoamericanos de Franco. La 'Legión de la Falange Argentina' y otros voluntarios hispanos en los ejércitos nacionalistas durante la Guerra Civil Española", *Sociohistórica*, La Plata, 2012. No prelo.

BIAGINI, Hugo E. "Redes estudiantiles en el Cono Sur (1900-1925)", *Revista Universum*, Talca, n. 17, p. 279-296, 2002.

BISSO, Andres. "De la Acción Argentina a la Unión Democrática: el civismo como prédica política y estrategia partidaria del socialismo Argentino (1940-1946)", *Prismas, revista de historia intelectual*, Quilmes, n. 6, p. 257-264, 2002.

BOBBIO, Norberto. *Os intelectuais e o poder*. São Paulo: Unesp, 1997.

BOTREL, Jean-François. "Passeurs culturels en Espagne (1875-1914)". In: COOPER-RICHET, D.; MOLLIER, J. Y.; SILEM, A. *Passeurs culturels dans le monde des medias et de l'edition en Europe (XIXeme – XXeme siècles)*. Villeurbanne: Presses de L'Eusib, 2005, p. 211-223.

BRALICH, Jorge. "José Pedro Varela y la gestación de la escuela uruguaya", *Rev. Hist. edu. latinoam.*, Tunja, v. 13, n. 17, p. 43-70, jul./dez. 2011.

CAETANO, Gerardo. *El nacimiento del terrismo (1930-1933)*. T. I. v. 1. Montevidéu: EBO, 1989.

CAETANO, G.; RILLA, J. *Historia contemporánea del Uruguay: de la colonia al Mercosur*. Montevidéu: Fin de Siglo. 1994.

CAPELATO, Maria Helena. *Os arautos do liberalismo: imprensa paulista (1920-1945)*. São Paulo: Brasiliense, 1989.

_____. "Fascismo, uma ideia que circulou pela América Latina", *Simpósio da Associação Nacional de História*, 16, 1991, Rio de Janeiro, p. 51-63.

CARNEIRO, Maria Luiza Tucci; KOSSOY, Boris. *A imprensa confiscada pelo DEOPS: 1924-1954*. São Paulo: Imprensa Oficial, 2003.

CARONE, Edgar (Org). *O PCB: (1943-1964)*. v. 2. São Paulo: Difel, 1982.

CEVASCO, Maria Elisa. *Para ler Raymond Williams*. Rio de Janeiro: Paz e Terra, 2001.

CHILCOTE, Ronald H. *Partido Comunista Brasileiro: conflito e integração*. Rio de Janeiro: Graal, 1982.

D'ELÍA, Germán. *El movimiento sindical*. Montevidéu: Nuestra Tierra, 1969.

DEVÉS-VALDÉS, Eduardo; ALBULQUERQUE, Germán. "Presentación", *Revista Universum*, Talca, n. 15, p. 333-334, 2007.

DIMITROV, George. *A unidade operária contra o fascismo*. Contagem: História; Aldeia Global, 1978.

ESPAGNE, Michel. "Sur les limites du comparatisme en histoire culturelle", *Genèses*, Paris, v. 17, n. 1, p. 112-121, set. 1994.

FERRAZ, Geraldo. *Depois de tudo*. São Paulo: Paz e Terra, 1983.

FERREIRA, Jorge; REIS, Daniel Aarão (Orgs.). *A formação das tradições: (1889-1945)*. Rio de Janeiro: Civilização Brasileira, 2007.

FREGA, Ana; MORONNA, Mônica; TROCHÓN, Yvette. "Frente popular y concertación democrática: los partidos de izquierda ante la dictadura terrista", *Cuadernos del CLAEH*, Montevidéu, v. 10, n. 34, 1985.

FRIEDMAN, Gérman. *Alemanes antinazis en la Argentina*. Buenos Aires: Siglo XXI, 2010.

GRAMUGLIO, Maria Teresa. "Sur: uma minoria cosmopolita na periferia ocidental", *Tempo Social, revista de sociologia da USP*, v. 19, n. 1, p. 51-69, jun. 2007.

HERNANDEZ, Leila M. G. *Aliança Nacional Libertadora*. Porto Alegre: Mercado Aberto, 1985.

HUNT, Lynn. *A nova história cultural*. São Paulo: Martins Fontes, 1995.

KAREPOVS, Dainis. "PSB-SP: socialismo e tenentismo na constituinte de 1933-1934", *Revista Esboços*, Florianópolis, n. 16, p. 169-198, 2006.

LARRA, Raul. *Mundo de escritores*. Buenos Aires: Sílabas, 1973.

_____. "Anibal Ponce y la AIAPE", *Cuadernos de Cultura*, Buenos Aires, v. 8, n. 35, maio 1958.

LEFRANC, G. *El Frente Popular*. Barcelona: oikos-tau, 1971.

LEVINE, R. *O regime de Vargas – 1934-1938: os anos críticos*. Rio de Janeiro: Nova Fronteira, 1980.

LOWY, Michael (Org.). *O marxismo na América Latina: uma antologia de 1909 aos dias atuais*. São Paulo: Fundação Perseu Abramo, 2003.

MELGAR BAO, Ricardo. *Redes e imaginario del exilio en México y América Latina: 1934-1940*. Buenos Aires: Libros en Red, 2003.

MICELI, Sergio. *Intelectuais e classe dirigente no Brasil (1920-1945)*. São Paulo: Difel, 1979.

MORAES, João Quartim de (Org.). *História do marxismo no Brasil: partidos e organizações dos anos 1920 aos 1960*. v. 5. Campinas: Unicamp, 1998.

_____ (Org.). *História do marxismo no Brasil: teorias, interpretações*. v. 3. Campinas: Unicamp, 1998.

MOTA, Carlos Guilherme. "O Brasil do Estado Novo: matrizes político-ideológicas". In: PRADO, Maria Lígia Coelho (Org.). *Vargas & Perón, aproximações e perspectivas*. São Paulo: Fundação Memorial da América Latina, 2009.

NERUDA, Pablo. *Confesso que vivi: memórias*. São Paulo: Círculo do Livro, s. d.

OLIVEIRA, Rodrigo de la Torre. *Públicos leitores em formação: popularização das coleções de livros na Argentina (1902-1924)*. Dissertação (mestrado) – USP, 2010.

OROVIO, Consuelo Naranjo. "Los caminos de la JAE en América Latina: redes y lazos al servicio de los exiliados republicanos", *Revista de Indias*, v. 67, n. 29, p. 283-306, 2007.

PASOLINI, Ricardo. "La cultura antifascista y los 'intelectuales nuevos' en la década de 1930: el ateneo de cultura popular de Tandil", *Jornada Sobre la Política en Buenos Aires en el Siglo XX*. Tandil, 1997.

PÉCAULT, Daniel. *Intelectuais e a política no Brasil*: entre o povo e a nação. São Paulo: Ática, 1990.

PINTOS, Francisco R. *Historia del movimiento obrero del Uruguay*. Montevideo: Corporación Gráfica, 1960.

PIZARRO, Ana (Org.) *América Latina*: palavra, literatura e cultura. São Paulo: Memorial da América Latina; Campinas: Unicamp, 1994.

PRADO, Maria Ligia Coelho (Org.). *Vargas & Perón, aproximações e perspectivas*. São Paulo: Fundação Memorial da América Latina, 2009.

PRESTES, Anita Leocádia. *Luiz Carlos Prestes e a Aliança Nacional Libertadora: os caminhos da luta antifascista no Brasil (1934-1935)*. São Paulo: Brasiliense, 2008.

RANGEL, C. R. R. "O aliancismo nos discursos de esquerda no Brasil e no Uruguai", *Jornadas de História Regional Comparada*, Porto Alegre. v. 1, 2005. p. 1-16.

REIS, Mateus Fávaro. *Americanismo(s) no Uruguai: os olhares dos intelectuais sobre a América Latina e os Estados Unidos (1917-1969)*. Dissertação (mestrado em História)– FFCH-UFMG, Belo Horizonte, 2008. 232 fls.

RIOUX, Jean-Pierre; SIRINELLI, Jean-François (Dir.). *Para uma história cultural*. Lisboa: Estampa, 1998.

RODRIGUES, Helenice. *Fragmentos da história intelectual: entre questionamentos e perspectivas*. Campinas: Papirus, 2002.

_____. "O intelectual no "campo" cultural francês: do "caso Dreyfus" aos tempos atuais", *Varia Historia*, Belo Horizonte, v. 21, n. 34, p. 395-413, 2005.

ROJAS, Rafael. "Venturas y amenazas de un campo", *Revista Prismas: Dossier Encuesta sobre historia intelectual*, n. 11, p. 203-206, 2007.

SAID, Edward. *Representações do intelectual: as conferências Reith de 1993*. São Paulo: Companhia das Letras, 2005.

SALDANHA, José M. Fernandez. *Dicionario uruguayo de biografías (1810-1940)*. Montevidéu: Amerindia, 1945.

SALLA, Thiago Mio. *O fio da navalha: Graciliano Ramos e a Revista Cultura Política. 2010*. Tese (doutorado) – ECA-USP, São Paulo, 2010.

SARLO, Beatriz. *Paisagens imaginárias: intelectuais, artes e meios de comunicação*. São Paulo: Edusp, 2005.

SCARONE, Arturo. *Diccionario de seudónimos del Uruguay*. 2ª ed. Montevidéu: Claudio Garcia & Cia Editores, 1942.

SEGATTO, José Antônio et al. *PCB: memória fotográfica: 1922-1982*. São Paulo: Brasiliense, 1982.

SEVCENKO, Nicolau. *A literatura como missão: tensões sociais e criação cultural na Primeira República*. 2ª ed. São Paulo: Brasiliense, 1985.

SIRINELLI, Jean-François. *Intellectuels et passions françaises: manifestes et pétitions au XXeme siècle*. Paris: Fayard, 1990.

SKIDMORE, Thomas. "Failure in Brazil: from Popular Front to Armed Revolt", *Journal of Contemporary History*, v. 5, n. 3, Popular Fronts, 1970, p. 137-157. Disponível em: <www.jstor.org/stable/259679>. Acesso em: 15 mar. 2011.

SORÁ, Gustavo. *Traducir el Brasil: una antropologia de la circulación internacional de ideas*. Buenos Aires: Libros del Zorzal, 2003.

TARCUS, Horacio. "Revistas, intelectuales y formaciones culturales izquierdistas", *Revista Iberoamericana*, v. 70, n. 208-209, p. 749-772, jul./ dez. 2004.

TRINDADE, Hélgio. *Integralismo: o fascismo brasileiro na década de 30*. São Paulo: Difel, 1974.

TROCHON, Yvette; VIDAL, Beatriz. *El regimen terrista (1933-1938): aspectos políticos, económicos y sociales*. Montevidéu: EBO, 1993.

ULIANOVA, Olga; RIQUELME SEGOVIA, Alfredo. *Chile en los archivos soviéticos: Chile y Komintern (1931-1935)*. v. 2. Santiago: Dibam-LOM-USACH, 2009.

WILLIAMS, Raymond. *Cultura e sociedade (1780-1950)*. São Paulo: Nacional, 1069.

VAILLANT, Alain. "Poética de la escritura periódica: cuestiones de método y de historia literaria", *Secuencia*, México, n. 62, p. 195-206, maio/ ago. 2005.

VIANNA, Marly. *Pão, terra e liberdade: memória do movimento comunista de 1935*. Rio de Janeiro: Arquivo Nacional, 1995.

VIANNA, Marly de Almeida Gomes. *Revolucionários de 35: sonho e realidade*. São Paulo: Companhia das Letras, 1992.

ZUM FELDE, Alberto. *Proceso intelectual del Uruguay*. Montevidéu: Ediciones del Nuevo Mundo, 1963.

Ângela Meirelles de Oliveira

Fontes

Jornais e revistas

País	Cidade	Nome	Responsável	Data	Orientação
Argentina	Buenos Aires	UNIDAD por la defensa de la cultura	AIAPE	1936-1938	Antifascista
Argentina	Buenos Aires	Contra-fascismo	Comité de Ayuda Antifascista	1936	Antifascista
Argentina	Buenos Aires	Boletín del Comité Organizador del Congreso Anti-Guerrero Latinoamericano	Congresso Antiguerreiro	1932-1933	Comunista
Argentina	Buenos Aires	Frente Anti--Guerrero	Congresso Antiguerreiro	1933	Comunista
Argentina	Buenos Aires	La Internacional	Hector P. Agosti	1932-1936	Comunista
Argentina	Buenos Aires	Revista Soviet	Partido Comunista da Argentina (PCA)	1933-1935	Comunista
Argentina	Buenos Aires	1936 – Revista de orientação marxista	Partido Comunista da Argentina (PCA)	1936	Comunista
Argentina	Buenos Aires	Nuestra Revista	Partido Comunista da Argentina (PCA)	1937-1938	Comunista
Argentina	Buenos Aires	Sur	Victoria Ocampo	1931-1992	Cultural
Argentina	Buenos Aires	Actualidad	Editorial Actualidad	1932-1936	Cultural/Comunista
Argentina	Buenos Aires	Nueva Revista	Não informado	1934-1935	Cultural/Comunista
Argentina	Buenos Aires	Contra	Raúl González Tuñón	1933	Cultural/Comunista
Argentina	Buenos Aires	Avance	Partido Socialista Obrero (PSO)	1937-1938	Socialista
Argentina	Buenos Aires	Claridad	Antonio Zamora	1926-1941	Socialista

País	Cidade	Nome	Responsável	Data	Orientação
Argentina	Buenos Aires	Izquierda	Carlos Sanchez Viamonte e Rodolfo Aráoz Alfaro	1934-1935	Socialista
Brasil	Rio de Janeiro/RJ	A Manhã	Pedro Motta Lima	1935	Frentista
Brasil	São Paulo/SP	A Platea	Pedro Cunha/ Brasil Gerson	1888-1942	Frentista
Brasil	Rio de Janeiro/RJ	O Homem Livre	Hamilton Barata	1933-1936	Frentista
Brasil	Rio de Janeiro/RJ	Marcha	Francisco Mangabeira, Rubem Braga e Newton Freitas e Carlos Lacerda	1935	Antifascista
Brasil	Rio de Janeiro/RJ	Revista Diretrizes	Azevedo Amaral (1ª época) e Samuel Wainer	1938-1944	Antifascista
Brasil	Rio de Janeiro/RJ	Movimento	Clube de Cultura Moderna	1935	Antifascista
Brasil	São Paulo/SP	O Homem Livre	Frente Única Antifascista	1933-1934	Antifascista
Brasil	Rio de Janeiro/RJ	Jornal do Povo	Aparicio Torelly	1934	Comunista
Brasil	São Paulo/SP	A Classe Operária	PCB	1928-1942	Comunista
Brasil	Rio de Janeiro/RJ	Lanterna Verde	Sociedade Felipe d'Oliveira	1934-1944	Cultural
Brasil	Rio de Janeiro/RJ	Revista Acadêmica	Murilo Miranda	1933-1945	Cultural
Brasil	Rio de Janeiro/RJ	Dom Casmurro	Brício de Abreu	1937-1945	Cultural
Brasil	Rio de Janeiro/RJ	Boletim de Ariel	Gastão Cruls	1931-1939	Cultural
Brasil	Rio de Janeiro/RJ	Cultura: Mensário Democrático	Nabor Cayres Brito	1938-1940	Cultural /Comunista

País	Cidade	Nome	Responsável	Data	Orientação
Brasil	São Paulo/SP	Problemas	Hermínio Sachetta e Heitor Ferreira Lima	1937-1938	Cultural /Comunista
Brasil	Salvador/BA	Revista Seiva	João da Costa Falcão	1938-1943	Cultural /Comunista
Brasil	São Paulo/SP	Luta Social	PSB paulista	1933-1934	Socialista
Brasil	São Paulo/SP	O Socialismo	Francesco Frola	1933-1934	Socialista
França	Paris	Vigilance	CVIA	1934-1939	Antifascista
França	Paris	Informations	CVIA	1938-1939	Antifascista
França	Paris	Monde	Henri Barbusse	1928-1935	Antifascista
França	Paris	Clarté	Romain Rolland, Paul Langevin	1936-1939	Antifascista
França	Paris	Front Mondial	Comitê Mundial de Luta contra a Guerra	1933-1935	Comunista
França	Paris	Bulletin	Comitê Mundial de Luta contra a Guerra	1932	Comunista
França	Paris	Commune	AEAR	1933-1939	Comunista
Uruguai	Montevidéu	Acción	Carlos Quijano	1932-1939	Frentista
Uruguai	Montevidéu	Avanzar	Hector Grauert	1930-1940	Frentista
Uruguai	Montevidéu	AIAPE por la defensa de la cultura	AIAPE	1936-1944	Antifascista
Uruguai	Montevidéu	Monde	Pedro Cerruti Crosa	1936	Antifascista
Uruguai	Montevidéu	Justicia	PCU	1919-?	Comunista

País	Cidade	Nome	Responsável	Data	Orientação
Uruguai	Montevidéu	Trabajador Latino-americano	CSLA	1932-1933	Comunista
Uruguai	Montevidéu	Movimiento	CTIU	1933-1936	Comunista
Uruguai	Montevidéu	Ensayos	Eugenio Petit Muñoz	1936-1939	Cultural
Uruguai	Montevidéu	Marcha	Carlos Quijano	1939-1974	Cultural
Uruguai	Montevidéu	El Sol	Emilio Frugoni	1922-1967	Socialista

CORRESPONDÊNCIAS

REUNION DU SECRETARIAT MONDIAL DU JEUDI 10 JANVIER 1935 [Relatório] 10 jan. 1935. 15f.

H.B. [Henri Barbusse]. [Carta] 2 dez. 1934, s. l. [para] CONSTANT, ÉTTIENNE, s. l. Fornece orientações sobre o movimento antifascista na América Latina.

WERNECK DE CASTRO, M. [Carta] 12 maio 1935, Paris [para] BARBUSSE, H., s.l. 3f. Solicita colaboração para o jornal *A Manhã*.

A. K. [Alfred Kurella]. [Carta] 25 fev. 1933, Paris [para] BARBUSSE, HENRI. s.l. 3f. Relatório sobre as atividades dos comitês do movimento de Amsterdã.

A. K. [Alfred Kurella]. [Carta] 8 dez. 1932, Paris [para] BARBUSSE, HENRI, s.l. 1f. Relatório sobre as atividades dos comitês do movimento de Amsterdã.

MACEDO, JOSÉ [Carta] 3 maio 1935, Sicuani, [para] BARBUSSE, HENRI, Paris. 2f. Notifica a fundação da AEAR no Peru e solicita apoio de Henri Barbusse.

BARBUSSE, HENRI. [Carta] 2 dez. 1934, s.l. [para] CONSTANT, ÉTIENNE, s.l. 1f. Solicita orientação sobre a expansão do movimento contra a guerra e o fascismo na América Latina.

BARBUSSE, HENRI. [Carta] 2dec. 1934, s.l. [para] CONSTANT, ÉTIENNE. s.l. 1f. Solicita orientação sobre a expansão do movimento contra a guerra e o fascismo na América Latina.

BARBUSSE, HENRI [Carta], 16 jul. 1934, s.l. [para] ANÔNIMO, S.l. 1f. Relata a articulação do movimento contra a guerra e o fascismo na América Latina – Les archives du Parti Communiste Français (PCF), Paris.

VARELA, A. [Carta] 3 jan. 1935, Lisboa [para] BARBUSSE, HENRI, s.l., 1f. Recomenda a Barbusse alterações no tom do manifesto para a criação da União Internacional de Escritores.

VIDAL, ANETTE [Carta] 12 mar. 1935, Miramar [para]CONSTANT, ÉTIENNE, s.l. 1f. Indica as condições necessárias para a viagem de Barbusse à América Latina.

Prontuários e Dossiês (DEOPS/DESPS)

Arquivo Público do Estado de São Paulo (APESP)

Prontuário n. 1680 – Tarsila do Amaral. DEOPS/SP

Prontuário n. 0966 – Amador Cysneiros do Amaral. DEOPS-SP

Prontuário n. 6079 – José Barboza de Mello – DEOPS/SP

Prontuário n. 0511 – Pedro Motta Lima – DEOPS/SP

Prontuário n. 3096 – Brasil Gerson ou Wander Heyden Gorrensen – DEOPS/SP

Prontuário n. 4703 – Affonso Schmidt – DEOPS/SP

Prontuário n. 1936 – Osório César – DEOPS/SP

Prontuário n. 2241 – Club dos Artistas Modernos (CAM) – DEOPS/SP

Prontuário n. 100.000 – Moacyr Werneck de Castro – DEOPS/SP

Prontuário n. 99.977 –Álvaro Moreyra – DEOPS/SP

Prontuário n. 69.244 – Carlos Lacerda – DEOPS/SP

Arquivo Público do Estado do Rio de Janeiro (APERJ)

Prontuário n. 0346 – Newton Freitas. Fundo Polícias Políticas/DESPS

Prontuário n. 5878 – Rodolpho Guioldi. Fundo Polícias Políticas/DESPS

Prontuário n. 9206 – José Barboza Mello. Fundo Polícias Políticas/DESPS

Fundo Polícias Políticas, Setor Sul-americano, Notação 3. DESPS.

Fundo Polícias Políticas, Setor Sul-americano, Notação 3 A. DESPS.

Fundo Polícias Políticas, Setor Comunismo, Notação 11/cont. DESPS.

Fundo Polícias Políticas, Setor Comunismo, Notação 11d. DESPS.

Entrevistas

Luis Viegas da Motta Lima, 15 ago. 2012, Rio de Janeiro.

_____. por telefone, 20 abr. 2012.

Anita Leocádia Prestes, por email, 5 jun. 2012.

Manuscrito

JOSÉ Barboza Mello, s.l., manuscrito, 19?, 4p. – Arquivo da Associação Brasileira de Imprensa (ABI)

Arquivos

Argentina

Biblioteca del Congreso de la Nación Argentina – Buenos Aires

Centro de Documentación e Investigación de la Cultura de Izquierdas en Argentina – Cedinci – Buenos Aires

Brasil

Arquivo Edgard Leuenroth – AEL – Campinas

Arquivo Público do Estado do Rio de Janeiro – APERJ – Rio de Janeiro

Arquivo Público do Estado de São Paulo – APESP – São Paulo

Associação Brasileira de Imprensa – ABI – Rio de Janeiro

Ângela Meirelles de Oliveira

Centro de Estudos do Museu Republicano – Itu

Centro de Documentação e Memória da Unesp – CEDEM – São Paulo

Fundação Biblioteca Nacional – FBN – Rio de Janeiro

Instituto de Estudos Brasileiros – IEB – São Paulo

EUROPA

Bibliotèque de Documentación Internacionale Contemporaine – BDIC – Nanterre, França

Bibliotèque Nacionale de France – BNF – Paris, França

Institut d'Histoire Sociale – Nanterre, França

The International Institute of Social History – IISH – Amsterdã, Holanda

Les Archives du Parti Communiste Français – PCF – Paris, França

Les amis d'Henri Barbusse/Association Républicaine des Anciens Combattants (ARAC) – Villejuif, França

URUGUAI

Sección de archivo y documentación del Instituto de Letras. Universidad de la República – Sadil/UDELAR – Montevidéu

Biblioteca Nacional del Uruguay – BNU – Montevidéu

Archivo General de la Nación – AGN – Montevidéu

Apêndice

Tabela 1 – Textos de Álvaro e Gervásio Guillot Muñoz

Periódico	Ano	N.	Data	Título	Autor	p.
Unidad	1	2	fev./36	Rompiendo relaciones	Álvaro G. Muñoz	4
Unidad	2	1	ago./37	El significado del Congreso de Escritores de Valencia	Álvaro G. Muñoz	4
Claridad		325	maio/38	Aníbal Ponce: un humanista de espirito nuevo	Álvaro G. Muñoz	
Unidad	1	1	jan./36	Precedentes históricos del frente popular en Francia	Gervasio G. Muñoz	9
Unidad	2	1	ago./37	La gran tradición española	Gervasio G. Muñoz	9
Unidad	2	2	set./37	Civilización e Inquisición	Gervasio G. Muñoz	4
Unidad	2	5	jan./38	Grabados de María Carmen	Gervasio G. Muñoz	11
AIAPE	3	29	out. dez./1939	Como se ven de Paris nuestras AIAPES	Gervasio G. Muñoz	5
Avance		2	jul./37	La unión es consigna que recorre el mundo	Gervasio G. Muñoz	

Tabela 2 – Textos de José Barboza Mello

Periódico	Ano	N.	Data	Título	Autor	p.
Unidad	1	1	jan./36	La Bandera libertadora flamea en el sertão	Barboza Mello	7
Unidad	1	2	fev./36	Cuarenta Millones de bolsas de café	Barboza Mello	19
Unidad	2	1	ago./37	La candidatura presidencial de um escritor popular	Barboza Mello	9
Contra--fascismo	1	2	ago. set/1936	Victor Alan Baron, torturado y muerto	Barboza Mello	11-12
Claridad		305	set./36	Carta a Emil Ludwig	Barboza Mello	
Claridad		324	abr./38	Qué pasa atualmente en el Brasil	Barboza Mello	
Izquierda	2	8	out./35	La ANL y la realidad brasilera	Barboza Mello	
Acción	5	133	jun./36	Escribe Barboza Mello	Barboza Mello	9
Movimiento	3	13	maio/35	Huasipungo	Barboza Mello	9
Movimiento	3	16	set./35	La Alianza Nacional Libertadora del Brasil	Barboza Mello	10

Tabela 3 – Textos de Pedro Motta Lima

Periódico	Ano	N.	Data	Título	Autor	pg.
Claridad		325	maio/38	Los rumbos de la politica brasilera	Pedro Mota Lima	
Avanzar	7	112	nov./36	A un intelectual puro: de Pedro Motta Lima a Stefan Sweig	Pedro Mota Lima	3

Tabela 4 – Textos sobre Luiz Carlos Prestes

Periódico	Ano	N.	Data	Título	Autor	pg.
Claridad		304	ago./36	La campaña del comité mundial en favor de la libertad de Luis Carlos Prestes		
La internacional	18	3472	abr./36	Salvemos al héroe de Brasil, Luiz Carlos Prestes		
La internacional	18	3472	abr./36	Ghioldi, Prestes, Maroff		
La internacional	18	3472	abr./36	Por la libertad de L.C. Prestes y Rodolfo Ghioldi		
Nuestra Revista	2	6	ago./38	Salud al grande luchador brasileño, Luiz Carlos Prestes		
Justicia		3910	09/03/1933	Un saludo de Luiz Carlos Prestes al comité antiguerrero		4
Justicia		4079	27 mar. 1936	La vida del Héroe Luis Carlos Prestes		4
Justicia		4084	09 maio 1936	Por la libertad de Prestes, Guioldi y los 7000 presos en Brasil		4
Justicia		4084	09 maio 1936	La vida del Héroe Luis Carlos Prestes		4
Justicia		4086	24 maio 1936	Un llamado de la madre de Prestes		4
Justicia		4096	31 jul. 1936	Que significa el silencio reinante sobre la suerte de Prestes		4
Justicia		4280	09 dez. 1938	Amnistía para Prestes		1
Justicia		4293	03 mar. 1939	Amnistía para Prestes		3

AGRADECIMENTOS

Agradeço especialmente à minha orientadora, Maria Helena Rolim Capelato, pela generosidade e confiança em mim depositada para o desenvolvimento deste trabalho. Agradeço também pelos ótimos momentos de convívio e carinho compartilhados nestes anos de orientação.

Ao meu supervisor, Olivier Compagnon, que tornou o estágio doutoral realizável no *Institut des Hautes Etudes de l'Amérique latine* (IHEAL), uma jornada de intensa aprendizagem graças à sua disposição ao debate. A recepção calorosa e a orientação segura também foram imprescindíveis para o bom aproveitamento de minha temporada de pesquisa em Paris.

Ao professor Adrián Celentano, da Facultad de Trabajo Social (Universidad de la Plata, Argentina), pela disponibilidade e atenção despendida, o que foi fundamental para o contato com a historiografia e as fontes na Argentina.

Ao professor Pablo Rocca, da Facultad de Humanidades y Ciencias de la Educación (Universidad de la República, em Montevidéu), por me abrir as portas da Sección de Archivo y Documentación del Instituto de Letras (SADIL), além da orientação sobre os intrincados caminhos da intelectualidade uruguaia.

Agradeço também aos professores e professoras no Brasil: Maria Lígia Coelho Prado, Gabriela Pellegrino Soares, Mary Anne Junqueira, Elizabeth Cancelli, Marcos Napolitano, João Fábio Bertonha, Anita Leocádia Prestes, Daniel Aarão Reis Filho e Sean Purdy. Na Argentina: Patrícia Funes, Horácio Tarcus e Karina Jannello. No

Uruguai: Rodolfo Porrini e Clara Aldrighi. No Chile: Rodrigo Henriquez, Rolando Alvarez, Olga Ulianova e Ricardo Melgar Bao, do México.

Agradeço imensamente ao sr. Luiz Viegas da Motta Lima e sua família por conceder uma entrevista emocionada e cheia de lembranças nas quais sua própria militância nos anos 1960 confundia-se com a de seu pai, Pedro Motta Lima, nos anos 1930.

Agradeço aos amigos que me apoiaram durante a pesquisa, em especial à Maria Antônia Martins, Carine Dalmás e Caio Gomes por tudo que compartilhamos; também à Carolina Amaral, por todo apoio e companhia e Livia de Azevedo S. Rangel, pelo frutífero diálogo sobre os exilados no Prata. Além deles, Diego Nemec, Sofia Arroñade, em Buenos Aires, Maria Jose Bom Lemes, em Montevidéu, por toda ajuda nas tarefas de pesquisa de campo. Também aos amigos de Paris, pelos ótimos momentos: Anaïs Fléchet, Juan Carlos González Prieto, Eluska Saint-André, Astrid Garderes, Diogo Cunha, Tania Collier, Juliette Dummond, Silvia Capanema, Lucie Hémeury, Shisleni de Oliveira Macedo e Fabienne Pol. Aos meus amigos e parceiros de tantos anos Ana Uhle, pelo estímulo inicial, Mury Barbosa, Aline Abbonizio, Oriana Fulaneti, Fabiano Robba, João Campos e Sebastião Vargas.

A todos os amigos do Projeto Temático Cultura e Política das Américas: Circulação de Ideias e Configuração de Identidades (séculos XIX e XX) e do Laboratório de Estudo de História das Américas (LEHA/USP).

Às equipes de todos os arquivos e bibliotecas onde consultei documentos e jornais que serviram de fonte para este trabalho.

A minha mãe e irmão pela tolerância e apoio incondicional.

Ao Elie.

Agradeço o apoio financeiro da Capes para a realização da pesquisa, assim como os recursos da Fapesp para a publicação deste livro.

Esta obra foi impressa em São Paulo na primavera de 2016 pela gráfica *Renovagraf*. No texto foi utilizada a fonte Adobe Jenson Pro em corpo 10,5 e entrelinha de 15,75 pontos.